台湾研究系列

The Taiwan Strait: Unconventional
Security Cooperation

陈先才 著

两岸非传统安全合作

九州出版社
JIUZHOUPRESS

图书在版编目（CIP）数据

两岸非传统安全合作 / 陈先才著. -- 北京 ：九
州出版社，2018.3
ISBN 978-7-5108-6797-2

Ⅰ．①两… Ⅱ．①陈… Ⅲ．①海峡两岸－安全－合作
－研究 Ⅳ．①D618

中国版本图书馆CIP数据核字(2018)第053993号

两岸非传统安全合作

作　　者	陈先才　著
出版发行	九州出版社
地　　址	北京市西城区阜外大街甲 35 号（100037）
发行电话	(010)68992190/3/5/6
网　　址	www.jiuzhoupress.com
电子信箱	jiuzhou@jiuzhoupress.com
印　　刷	三河市国新印装有限公司
开　　本	720 毫米 ×1020 毫米　16 开
印　　张	21
字　　数	355 千字
版　　次	2018 年 7 月第 1 版
印　　次	2018 年 7 月第 1 次印刷
书　　号	ISBN 978-7-5108-6797-2
定　　价	62.00 元

本书科研项目资助：

两岸关系和平发展协同创新中心、国家社会科学基金一般项目"两岸关系和平发展中的非传统安全合作"（13BZZ066）

目　录

第一编　非传统安全合作的理论解析

第二编　两岸非传统安全合作的分析框架

第三编 两岸非传统安全合作的实践探索

第四编　两岸非传统安全合作趋势与展望

第一编　非传统安全合作的理论解析

相较于两岸过去长时期陷入军事对峙与政治对抗的紧张态势，自 20 世纪 80 年代中后期以来，两岸关系有了很大的改善与缓和。当前，尽管海峡两岸尚未正式结束敌对状态，①也未签署和平协议，但两岸之间却能开展大规模的民间交流，甚至能够跨越传统地域疆界之限制，克服两岸政治意识形态之对立，在诸如打击犯罪等领域开展某些跨界的共同治理。更为重要的是，随着两岸民间交流与社会互动的越发热络，两岸之间的这种合作呈现出朝制度化方向发展的趋势。上述情形说明即便两岸之间存在诸如政治对立、军事对峙等传统安全领域的矛盾，但这些障碍并不能完全阻碍两岸在非传统安全领域的某些合作。事实上，当前两岸在非传统安全领域的合作已经取得了相当程度的进展，特别是 2008 年以来，两岸开创和平发展的新局面，双方在非传统安全领域的合作条件更为充分，成绩也非常彰显，客观上对海峡两岸的传统安全关系有一定的改善。

　　是故，海峡两岸非传统安全合作虽然在总体上受制于两岸传统安全关系的发展状况，但非传统安全仍然有其自身运作的逻辑与规律，加强对非传统安全及其合作理论的研究，对于增强两岸在非传统安全领域的合作，维护两岸交流秩序以及改善两岸在传统安全领域的关系都具有一定的现实意义。

---

① 如 2013 年 10 月 21 日，台湾防务部门负责人严明在回答民进党籍"立法委员"萧美琴的质询时，表示以台湾军方的立场来看，两岸目前还是敌对关系，称台湾现在的"最大威胁"来自中国大陆。

第一章　非传统安全问题的产生

从战略角度来看，国家安全是一切安全的基础，但国家安全并不是孤立的存在，而是与其他安全息息相关。亦即安全的范畴除了国家安全之外，还包括诸如国际安全、全球安全、地区安全、个人安全等。在当代，国家安全不仅仅是指避免国外武力侵入的军事安全问题，还有可能是指政治、经济、人口、环境，甚至国际恐怖主义等问题。安全问题的多样化已成为当代社会的显著特征。事实上，安全在当代已成为一种综合性的概念，包括政治安全、经济安全、环境安全以及其他非传统性的安全。

冷战结束以来，随着国际形势及国际体系的变化，国际安全理论也有了新的发展，出现了诸如"综合安全""共同安全""合作安全"以及"新安全观"等提法。

综合安全观强调安全的多面性，将安全概念扩大范围，把经济和其他非军事层面都纳入安全的范畴。综合安全观认为国际安全环境与经济环境相互影响，应该重视从经济角度思考安全问题，通过维护安全与稳定来为经济发展服务。国家安全的威胁并非都来自于外部，许多威胁是来自内部的因素，而且它的重要性与急迫性可能较前者更为直接。综合安全观认为国际社会是越来越紧密的相互依存关系，安全问题也越来越复杂，国家安全已非一国之力可以应对，而应透过国际的共同合作来对付。俄罗斯学者较早提出了综合性安全观，并将之视为国家安全战略的重要基础。综合安全观的内涵除传统的安全要素外，还特别纳入了诸如人口、宗教、生态、信息、文化及精神等领域的安全问题。①

共同安全观特别强调安全本身具有不可分割的特色。共同安全凸显国际或区域安全对于国家安全的扩散效应，强调国家之间的安全是相互依赖的关系，

---

① ［俄］A·X·沙瓦耶夫：《国家安全新论》，魏世举、陆石原译，军事谊文出版社 2002 年版，第 3—4 页。

亦即安全是共有的，需要共同维护。任何国家或行为体都不能也不该在损害他国利益的前提下维护和增进自身利益。所有国家都享有安全的合法权利，而且强调以共同安全的模式取代个别国家的安全行动。共同安全观认为军事力量并不是最有效的解决争端的手段，认为安全是相互的产物，无法单纯透过军事优势来获得，同时，和平需要培养与经营，而非靠武力来固守。因此，共同安全观提倡军备裁减，认为此举有助于增加互信，而互信增加将有助于减少对军备的需求，还提倡共同参与国际安全决策机制，让国际社会的更多成员都能成为共同安全不可分割的一部分，这无疑将有益于国际安全的维护。

合作安全观是指通过安全主体在一定范围内的合作来谋求国家安全、地区安全甚至全球安全的主张。1988年，美国重要智库布鲁金斯学会提出了"合作安全"的概念，后来逐步形成完整的安全理论，并被一些国家的政治领袖在国际场合所倡导。例如，加拿大政府曾主张在亚太地区实行合作安全，并举行了"北太平洋合作安全对话"一系列会议，澳大利亚政府也在东盟对话及联合国大会上引用合作安全的概念，并强调合作安全更为实际可行。[1]

新安全观是中国政府在1997年的东盟论坛上提出的重要概念。新安全观强调国家安全不仅仅是军事上的安全，而应包括经济、科技、政治、军事在内的综合国力的新安全观。[2] 同年，中国政府还提出了"立体安全"观，强调除国防安全外，还包括信息安全、网络安全、金融安全、经济安全等内容。[3]

虽然冷战后军事安全在国家安全中仍然居于重要的地位，但经济安全显然已居综合安全之首位。"9·11"事件爆发后，以恐怖主义为代表的非传统安全问题已对民族国家的安全，包括地区安全及国际安全都构成了严重的威胁。非传统安全议题开始被国际社会所关注。在这里，非传统安全议题是西方对冷战后国际上除军事安全问题之外的各类安全问题和威胁的总称。[4]

非传统安全是相对于传统安全而言的特定概念，但非传统安全并非新鲜事物，它一直与传统安全相伴相随。长期以来非传统安全之所以没有引起人们高度的关注，主要是由于传统安全一直占据国家安全研究的主导地位。事实上，非传统安全的许多内涵在传统安全盛行时期就已开始孕育，在冷战期间乃至之

① 刘耀进：《国家安全学》，中国政法大学出版社2004年版，第298—299页。
② 张召忠、周碧松：《明天我们安全吗？》，浙江人民出版社2001年版，第11页。
③ 张祥山：《非传统不对称安全威胁初探》，载《展望与探索》2006年第11期，第41页。
④ 俞晓秋：《国家安全的新焦点——非传统安全》，载《世界知识》2004年第12期，第42页。

前的相当长的时期内，世界各国的经济、环境、社会安全等政策，总体上多以军事、政治安全为最高指导原则。只是在冷战结束之后由于经济全球化因素，传统安全的重要性相对下降，而经济、生态、社会及文化等非传统安全的重要性得以凸显出来。①

非传统安全与传统安全共同的基础概念就是"安全"。迄今为止，人们对非传统安全概念的内涵和外延众说纷纭，其原因就在于人们对"安全"这一核心概念的认识存在着不小的差异。不少国际关系学者认为"安全"本身就是指一种状态。在汉语中安全的含义是指稳定、没有危险、不出事故、不受威胁。在英语里，安全的含义则是指免于危险、没有恐惧的状态。② 一般而言，当出现使个人、群体、社区、民族、国家或国际社会拥有的某些基本价值受到威胁的问题，这个问题就是安全问题。③ 对非传统安全的概念进行学理上的界定，一直是学者们在努力尝试的事情。大卫·鲍德温认为对安全概念进行界定时，应该考虑从"谁的安全""何种价值的安全""多少安全""来自何种威胁的安全"，以及"通过何种方式实现安全"等方面来加以说明。④ 具体而言，也就是"谁的安全"或"什么的安全"，即是指强调安全的主体是何物；什么样的价值观和利益受到了威胁，即安全的目标是何物；什么东西导致了不安全，即安全的威胁是来自何物；如何才能实现安全和维护安全，即安全的手段是什么。不管是传统安全研究还是非传统安全研究都必须要对这些问题进行回答，因此，在试图对非传统安全概念做出界定时，应该从安全主体、安全目标、安全威胁和安全手段等因素来加以考虑。⑤

众所周知，安全是人类自诞生以来维持生存和发展的最基本需求。由于安全不仅是一个"发展得非常不完全的概念"，而且是一个"具有高度争议性的概念"，⑥ 因此，厘清安全概念的内涵和外延成为我们研究非传统安全问题的逻辑

---

① 傅勇：《非传统安全与中国》，上海人民出版社 2007 年版，第 34—35 页。

② *Webster's Ninth New Collegiate Dictionary*,Merriam Webster Inc.,Springfield,Massachusetts,U.S.A. 1994,p.1062.

③ 陆忠伟：《非传统安全论》，时事出版社 2003 年版，第 13 页。

④ David Baldwin, "The Concept of Security", *Review of International Studies*.Vol.23,1977, pp.5-26.

⑤ 余建华等：《上海合作组织非传统安全研究》，上海社会科学院出版社 2009 年版，第 38 页。

⑥ Barru Buzan,*People,State and Fear,An Ageanda for International Security Studies in the Post-Cold War Era*,Boulder :Lynne Rienner,1991,pp.3-5.

起点。

非传统安全概念的提出与安全研究的争议密切相关。安全研究几乎如同人类历史般长远，同时也与战略研究相互伴随，从而使得人们已经很习惯运用战略思想，来认知与应对实际的安全议题。事实上，战略思想的核心立论，是在研究分析如何应用军事与政治、社会、经济等的复合性手段，以利于在战争中创造出有利条件。简言之，军事安全的实质就是国家安全，将国家视为至高的安全指涉对象，亦即所谓的国家安全就是国家利益之最高表现。[①] 然而在全球化的冲击下，人们感到有必要重新认识或应用更务实的途径来处理安全议题。安全研究学者对安全概念是否需要扩展一直存在着争论，传统的安全理论学者仍然认为军事安全是安全问题的焦点，而安全研究扩大论者认为安全范围应该包括军事以外的其他威胁人类生存与安全的领域，即非传统安全领域。

"非传统安全"，其英文词是 Nontraditional Security，在西方学者的著作及论文中有时也用"非常规安全""非传统威胁""非传统问题""新威胁""新安全"等这类词汇。"非传统安全"一词见于冷战后期西方国际安全与国际关系研究界，最早出自何人何时难以查证。如何界定非传统安全概念的含义，至今在美国等西方国家从事国际安全、国际政治学、国际关系和非传统安全问题研究的学者们中尚无明确一致的定论。

1998 年美国布鲁金斯学会与日本国际交流中心合作出版了《新安全议程》。该书虽然被认为是非传统安全领域研究中较有权威的文集，但该书并未对"非传统安全"一词给出明确的定义。西方学者在反思传统安全观的基础上，结合美国等西方国家，乃至冷战后世界面临的一些现实安全问题和威胁，多从安全主体而言，如非传统威胁、跨国威胁、新威胁、软威胁、多样性威胁、非军事性的威胁等，提出了诸如非传统问题、跨国问题、跨国安全、综合安全、合作安全、共同安全、人类安全与软安全等提法。这些新的概念或提法与非传统安全相关，反映出冷战后国际社会对安全威胁、安全利益、安全目标和安全保障认识和理解的多样性。以跨国安全问题为例，简言之就是指影响数国、地区和全球安全的问题，它使人们开始将对安全问题的思考焦点从外部转向国内及其境内的人民身上。当然，这些也是国家安全利益的重要组成部分。事实上，为维护国家或行为体的安全与利益，在既有的经验法则中，最直接而务实的做法

---

① 黄秋龙:《两岸总体安全下的非传统安全威胁》，台湾"法务部调查局"展望与探索杂志社，第 1 页。

就是军事与政治手段的应用。固然，这可视为传统安全的国家观念，并且是以军事与政治手段为主轴，其他手段为辅助，但也从未排斥社会、经济等非传统安全的途径。

国家安全观的扩展和安全概念的泛化所衍生的各种领域安全的提法与问题，并非都可以笼统地归纳为非传统安全问题的范畴。在美国和西方国家学者的研究著作和论文中，有一个大致的非传统安全领域的"问题清单"。这份清单包括资源短缺、人口膨胀、生态环境恶化、民族宗教冲突、国内动乱与国家分裂、经济和金融危机、恐怖主义、信息网络攻击、大规模杀伤性武器扩散、贫困化、跨国犯罪、走私贩毒、经济难民和非法移民、传染疾病流行、地下经济、国际腐败、海盗、非法洗钱等。[①] 也有学者还把技术与武器的非法转让、核等危险材料的偷运、全球化的负面影响、民主化趋势和人道主义干预、自然灾害、国家治理问题也列入其中。[②] 由此可见，非传统安全的范畴确实相当广泛。

---

① Paul B.Staresed.,Introduction,The New Security Agenda:A Global Survey,Tokyo,Japan Center for International Exchange,1998.

② 陆忠伟：《非传统安全论》，时事出版社 2003 年版，第 32—33 页。

第二章　非传统安全观的理论来源

　　"安全"一词由来已久，它始终与人类社会相伴相随。在人类社会漫长的历史进程中，无论是原始社会，还是封建社会，抑或是近代资本主义社会，甚至复杂的当代社会，安全都是受到高度关注的重要议题。长期以来，国际社会对安全理论的研究主要是以国家或民族作为主要对象，而在这种观念上建构起来的安全理论及其论述，大体上都是格外强调和突出军事因素的重要性，也就是传统安全理论的视角。传统安全理论视角认为军事因素较政治、经济、社会及环境更为重要和凸显。而非传统安全议题之出现，在很大程度上当然是与人们对传统安全手段及效能的某种失望有直接关系。非传统安全观体现了对传统安全观的反思。因此，非传统安全观的理论素养主要源自于传统安全观，新现实主义安全理论、新自由主义安全理论、建构主义安全理论、"哥本哈根学派"安全理论以及批判主义安全理论等都为非传统安全观的形成和发展提供了丰富的理论来源。

第一节　新现实主义安全理论

　　现实主义在国际安全研究中长期占据着主导性的地位。传统现实主义认为，人性本恶是一切安全分析的起点，权力则是各行为体追逐的目的，均势和结盟是实现安全目标和安全利益的手段。与传统现实主义相比较，新现实主义进一步深化了对安全问题的研究。新现实主义的代表人物肯尼思·华尔兹认为，国际体系的结构是无政府状态，不存在合法的集中控制力量。结构的变化以及随之而来的国际体系的变化是由各行为体实力对比的变化所造成的。[①] 新现实主

[①]　Kenneth Waltz,*Theory of International Politicics*,McGraw-Hill,1979,p.96.

义者认为，国家间的竞争与冲突是不可避免的。在无政府的状态下，国家必须依靠自身的力量来维护自己的安全，但国家面对的威胁随处可见，集中各种手段以应对威胁是国际生活的基本方式。新现实主义主要强调国家应该重视相对的权力、安全与生存的问题。[①] 新现实主义的安全理论主要包括均势理论、安全困境、威慑理论等等。

均势理论主张者认为，均势是国际关系中力量对比的一种实际状态，是一个国家在对外关系中所采取的具体政策，又是一种按均衡原则组织起来的体系。在国际关系中，均势状态反映国际政治中权力均衡和不均衡的各种态势及权力态势转变的各种结果。安全困境的概念最早由美国学者约翰·赫兹提出，他认为，在国际关系中，每个个体始终担心被对方侵害、统治或消灭，因而为求得自身安全势必多多益善地追求实力和权势，而这又会使对方感到不安全，从而也尽可能地追求实力和权势，结果就进一步加剧了原本的安全担忧。[②] 安全困境常被用来分析国际安全中的许多问题，如威慑与信任、军事联盟与种族冲突、核军控与不扩散等。尽管安全困境在国际安全中确实是常见的情形，但该理论也存在一些局限性，例如它完全排除了国际关系中的良性竞争关系和国际合作关系，过分夸大了安全问题上的疑惧心理在导致国际紧张、对抗和冲突方面的重要性。威慑理论是关于威慑的基本概念、历史渊源、地位作用、内在机制、方法手段以及与其他相关学科的关系等方面的系统性认识。[③] 它是冷战时期居主导地位的一种国际安全理论。威慑理论被一些学者认为是 20 世纪国际关系领域最重大、最深奥的学术创造。例如在第二次世界大战后美国先后提出了诸如"遏制战略""大规模报复战略""灵活反应战略"等理论，都是威慑理论的重要范畴和实践运用。

而冷战后，国际格局急剧变化，特别是美苏两极世界体系的崩解，使得爆发世界大战的现实威胁大为降低，加之全球化的快速发展，极大地改变了当前世界各个国家及地区的关系，对于世界上绝大多数国家及地区而言，其最为迫切的现实威胁并非来自于战争或冲突，而是经济及社会发展等问题，特别是随着世界经济发展的不平衡局面不断加剧，由此而引发的一系列国际及地区的不

---

①　罗伯特·O.基欧汉编，郭树勇译，秦亚青校：《新现实主义及其批判》，北京大学出版社 2002 年版，第 181—182 页。

②　John H.Herz(1950), "Idealist Internationalism and Security Dilemma." *World Politics*, (2),pp.157-158.

③　楼海强：《威慑理论与理论威慑》，载《现代军事》1998 年第 2 期，第 26 页。

稳定因素日渐增多，这些因素反而成为全球最为棘手的难题。贫困问题、种族问题、恐怖主义、环境污染、国际犯罪等非传统安全问题已成为国际社会普遍关心的议题，人们再也不能仅仅用应付传统安全威胁的办法来处理非传统安全问题。

第二节　新自由主义安全理论

与现实主义理论不同，自由主义认为安全的因素包括国内外政治结构、文化与价值观，重视民主对安全的影响，强调经贸关系的发展可以避免国家之间发生战争，增加安全度、健全国际安全体制可以防止或制止国际冲突，主张通过国际合作、国际组织和国际法来实现和平。新自由主义的代表人物罗伯特·基欧汉和约瑟夫·奈认为，国家间日益发展的相互依存，深刻地改变着国际关系的性质，使得在安全问题上的国际合作日益成为可能，而国际制度则为这种合作提供了一个框架。新自由主义主要强调安全制度在建立国际和平规范以及采取和平手段解决彼此的纷争中的作用。

新自由主义安全理论主要包括集体安全理论、国际机制理论、合作安全理论及综合安全理论等等。

集体安全的构想最初出现于17世纪的欧洲三十年战争，但真正兴起却是缘于第一次世界大战后理想主义政治家为实现世界和平与安全而做的努力，国联和联合国的成立可谓是集体安全思想两次最重要的实践。因此，集体安全理论是一种总结历史、关注现实、重视未来的理论。集体安全是国际社会设想的以集体力量威慑或制止其内部可能出现的侵略者和侵略行为的办法，是用以保护每一个国家安全的一种安全保障体系。[①] 集体安全理论的核心原则体现为"安全共享、风险共担"。

国际机制的研究始于美国，这一概念及其基本思想最早也是美国学者提出的。严格说来，完整意义上的国际机制是冷战结束后，国际社会逐步向全球化和一体化方向发展以来，才在实践中得到了真正启动的。国际机制理论认为，国际机制概念不仅适用于国际政治经济领域，也适用于解释国际安全领域的合作问题。国际安全机制是在安全领域发展起来的国际机制，或国际机制在安全

---

① 倪世雄：《当代西方国际关系理论》，上海人民出版社2001年版，第376页。

领域的应用。它主要探讨在相互依存时代国际合作的可能性和国际机制的效用性问题。新自由制度主义认为，国家是追求绝对利益的理性自我主义者，只关心自己的得失，承认权力在国际机制中的作用，但主张国际机制是国际关系中的独立变数，强调国际机制在帮助国家实现共同利益中的重大作用。不确定性是国际机制形成的理论核心。世界政治存在广泛的不确定性，国际机制是通过降低不确定性来促进国际合作的。国际机制的作用主要表现在对国家行为的影响。这种影响主要通过两种方式实现，一是有关国家对国际安全机制的原则、规范、规则进行内化，从而克制自己的行为，二是这些原则规范对国际冲突的限制和对和平的维护。

合作安全是在对传统安全观进行反省的基础上所发展出来的安全观。冷战结束后，国际关系总体上趋向缓和、经济发展成为国际形势的基本特征。安全的含义已演变为一个综合概念，其内容由军事和政治扩展到经济、科技、环境、文化等诸多领域，寻求安全的手段趋向多元化，加强对话与合作成为寻求共同安全的重要途径。合作安全是国际行为体通过政治、经济、军事等领域的广泛合作，实现国际安全或地区安全，进而实现各自行为体安全目标的一个手段或模式。① 合作安全在各国和国际社会谋求和平与发展的各种努力中，起着越来越重要的作用。随着贸易自由化和经济全球化发展，国家之间的安全利益关系更趋复杂，"你中有我，我中有你"。各国间的交叉利益有可能成为国际安全合作的基础，但是共同的安全利益则是各个国家安全合作的主要客观基础。所谓"共同安全""协商安全"等合作安全手段得到广泛的运用。

综合安全的提出是与国际关系中政治经济化和经济政治化发展趋势相适应的。冷战结束以来，虽然军事手段及传统的军事安全仍然起着不可或缺的作用，但包括金融、贸易、投资和技术合作等内容在内的综合因素在国际安全中的地位明显上升。安全的内容日益繁杂，例如经济安全，甚至金融安全、贸易安全，以及网络安全、生态安全等方面的重要性日益提高。生存和发展是一个国家和民族根本的内在需求，然而，当前生存和发展之间相互促进、相互影响、相互制约的内在联系显著加强，对国家安全构成威胁的因素日趋增多，也日益复杂，各行为体在安全上面临的威胁和挑战趋于多元化、多边化、多层次化。任何行为体都不可能像过去那样单凭自身力量或某一领域的增强来谋求并确保其安全，

---

① 石宝东：《合作安全模式与传统安全模式》，载《中国国情国力》2000 年第 4 期。

各行为体更加强调政治、经济、军事等领域的紧密联系。

第三节　建构主义安全理论

建构主义的分析前提是，世界是社会的而非仅仅是物质的，行为体的身份和利益不是"给定的"，而是来源于互动的情势中并由此被社会地建构。这意味着国际政治中的稳定格局是行为体对其所处环境及各自角色等的共有理解造成的结果。[①]

建构主义把社会建构的假设引入安全研究，强调社会建构对国际安全的影响，承认知识对于改造国际结构和安全政治的重要性。建构主义的安全理论主要有两个重要概念：一是"安全共同体"，可以理解为路径依赖和社会建构，它既有物质的也有规范的基础。安全可以透过共同体而不是权力来实现，因为安全是可以被建构的，不安全并非国际体系的特定条件。二是"安全文化"。建构主义认为国家安全利益是由反映了一定文化因素的行为体来界定的。这并不是说权力（即物质力量）对于分析国家安全不重要。建构主义对认同、规范、文化的强调，并不排斥国家作为行为体和军事安全作为安全的一种形式的存在。

建构主义认为世界是演绎的过程，现实主义所认识的国际社会无政府状态，与其说是物质现象，不如说是一种文化甚至观念的现象。[②]客观而论，建构主义并非对现实主义的全面否定，而是透过既有的现实主义现象、观念甚至假定等等，给予更多的概念性思考，希望在概念中连接更多领域、层面与议题，好让研究者可以对研究对象获得更多的知识，也就是说研究国际政治之旨趣并非只在于追求普遍的行为准则，而是要考虑到这种准自然科学的认识论。现实主义并不排斥主权国家追求国家权力在研究国际政治中的优先性，只是现实主义是比较静态地对国家行为做无差别的指称，建构主义则倾向动态的解释，能对国际社会何以出现建构或被解构的关系，进一步提出说明。

---

　　① 　Ben Rosamond,*Theories of European Integration*,Hampshire:Macmillan,2000,p.198.

　　② 　Peter M.Hass and Ernst B.Hass, "Pragmatic Comstructivism and the Study of Internation Institution," *Millennium:Journal of International Studies*,Vol.31,2002,pp.581-583.

第四节　"哥本哈根学派"安全理论

　　以哥本哈根和平研究中心为核心的安全研究学派，运用国际社会诸多行为体之间的安全认知与利害关系，来解释相互依存的国家安全。哥本哈根学派提出的"复合安全理论"，成为冷战后西方国际关系学界研究安全议题最为著名的学派之一。该学派认为复合安全体是由无政府状态的互动与地理因素所塑造而成，国家不再是唯一的安全指涉对象，军事也非唯一的安全领域。哥本哈根学派认为复合体内部单元间的安全相互依赖，比位于复合安全体外部单元的关系更为紧密。在这里，"安全复合体"主要是指关于国家间安全关系的相对强度，它是由权力分配、善意与敌意关系所塑造的特定区域模式。[①] 哥本哈根学派把安全讨论的重心放在次国家、国家和国际体系三个层面，研究领域区分为军事、政治、经济、社会和环境五个领域，特别是提出了社会安全的概念。哥本哈根学派认为这是理解后冷战时期欧洲新安全议程的最有效方式。20 世纪 90 年代中期，社会安全越来越成为人们讨论的话题，其中一个重要的观念是所谓安全化。总之，该学派非常强调传统的军事、政治要与非传统领域的经济、社会、环境等安全议题相复合。[②]

　　哥本哈根学派安全理论是把个别领域视为一个整体来考虑，因为这些领域共同构成了安全本体的一个向度。因此，哥本哈根学派对安全领域的分析，相对于传统安全理论而言，除了包括指涉对象与行动主体的分析单元之外，还把在安全领域中具有实质影响的机能性的行动主体，作为安全分析的单元。[③] 机能性的行动主体的分析单元，可以进一步解释非国家或民族的安全指涉对象，如全球环境与资源的保护、金融安全、资讯网络、人口增长、疾病防控、恐怖主义、武器扩散，以及跨国毒品、洗钱、海盗犯罪等相关指涉对象，无不经常在国际社会行为主体间的内外部微观行为中，相互转化成若干宏观效应。这种

---

　　①　Barry Buzan,OleWaever&Jaap de Wilde (1998),*Security:A New Framework for Analysis*,pp.11-22.

　　②　Barry Buzan , "The Logic of Regional Security in the Post Cold World," in BjornHetnne,AndrasInnotai and Osvaldo eds., *The New Regionalism and the Future of Security and Development* (London:Macmillan Press,2000),p.19.

　　③　Barry Buzan,OleWaever,andJaap de Wilde,*Security:A New Framework for Analysis* (London:Lynne Rienner Pulishers ,1998),pp.36.

观点说明了安全事务的本质，并不全然取决于政治精英或利益集团的行为主体。因为可以把同样的安全事务归因成不同层次，从而进一步去考察安全行动的过程，检视行为主体与社会之间是如何重视以及建构安全实践的。

第五节　批判主义安全理论

批判主义的安全理论是对传统安全研究的某种程度的批判。由于传统安全观在现实中出现很多问题，促使理论界去思考安全研究的本体与方法，批判理论就注意到了后冷战时期国家职能转换，以及国际社会中非国家行为体出现的现实。因此，批判理论宣称国家并非如现实主义所认为或所假定，国家也不是本身具有权力，国家权力要经由政治运用才能够得以体现，国家是历史与社会力量建构的产物。批判主义理论对整体社会结构采用互为主体的相对概念来论述，认为国家的本体并不是如现实主义所言由客观因素所决定的，国家不应该是与个人相分离的，而应该是受到更多主观的思想、观念等因素所共同作用的。[①]

因此，批判主义理论认为改变国际政治就在于改变人们对国际政治的认识。批判主义理论从而把现实主义的概念予以精致化，在本体论上修正了现实主义，采取理性主义，把人们的行为与人性，作为客观、既定世界反映的概念来理解，进而转向主张国际社会是主体能动与社会实践的产物，强调行为者认同的社会建构，以及认知到共享的意义对国际社会研究分析的重要性。同时，批判主义理论在方法论上也对现实主义进行了批判，认为现实主义主要在沿袭自然科学的问题解决理论方法，把世界视为可被发现的对象，在可控制的条件中把相关变数设定在问题领域中，以进行精确的路径分析与检证，从而归纳出若干具有规律的命题或通则，从而将问题予以控制和解决。

批判主义理论认为后冷战的国际情势具有如此高的不确定性，因此，研究的对象既然是变动不拘，所运用的概念与方法就应该不断变化且更多元化，以充分理解与解释这些现象。不应只是围绕主权国家中心论的自我利益来理解，换言之，在许多安全实践的经验模式中不难发现，透过人民与社会关系甚至于其他行为体的整体安全，行为体自己才能得到更多具体的安全。所以，安全是

---

① Barry Buzan, Ole Waever, and Jaap de Wilde, *Security: A New Framework for Analysis* (London: LynneRiennerPulishers, 1998), pp.34-35.

一种彼此互为主体的社会建构观念，许多的安全威胁、指涉的客体以及具体的安全措施，其实都可以透过人们的观念成为各种可能与易变。

批判主义的安全理论在现阶段要成为一项具体的安全政策，还有一段不小的距离，但它在启迪人们转变传统安全观念方面发挥着不可低估的作用和价值。

第三章　非传统安全与传统安全的联系与区别

第一节　非传统安全与传统安全的联系

非传统安全是与传统安全相对的概念，传统安全是指领土完整，即主权不受侵犯，安全威胁主要来自外部。非传统安全即除了传统安全以外的危及一国或地区安全的全部因素，包括经济安全、政治安全、文化安全、科技安全、人才安全、信息安全、生态安全、能源安全、国际恐怖主义、民族分裂主义、跨国犯罪等。[①]

非传统安全的内涵和外延都是由传统安全扩展而来的，对非传统安全的认识是也在传统安全观的基础发展起来的。在国家安全领域，政治安全和军事安全一直是国家安全的重心所在。这与近代民族国家产生和国际体系形成的基础直接相关。由于主权的排他性和独立性以及国际社会的无政府状态，国家间的利益冲突自然不可避免，安全问题始终伴随着国家的始终，军事实力和诉诸战争是维护国家安全（即国家主权与利益）的最有效手段或最后的手段，故军事实力是国家安全保障的核心要素。即使在今天，军事实力仍然是保障国家安全的重要前提，它是国家安全的主要方面。从这个意义来说，国家安全就等于国家的军事安全。传统国家安全观所关注的核心问题就是如何应付主权独立、领土完整所面临的外部武力或威胁使用武力的挑战。[②] 传统安全观强调的就是以政治安全和军事安全为主要内容的安全观。

---

① 曹文振:《经济全球化对中国非传统安全的挑战》，中国社会科学院国际论坛"关于中国的非传统安全与国际关系理论"会议论文，第 1 页。

② Tsuneo Akaha:Nontraditional,Security Issues in Northeast Asia and Prospects for international Cooperation, prepared for presentation at "Thinking Outside the Security Box:Nontraditional Security in Asia : Governance, Globalization,and the Environment," United Nations University Seminar,United Nations,NewYork,March 15,2002.p.1.

冷战结束后，人们在对国家安全、国际安全和全球安全问题加以重新认识和检讨时，就把冷战时期的安全观称之为传统安全观。因此，非传统和传统观的区别就在于对安全认知的视角、安全的主体、安全的性质界定、安全含义的内容有所不同。也就是说，非传统安全观是有别于传统安全观的一种安全观，也可称之为一种新安全观。有观点认为，以国家安全为重的是传统安全，以人类安全为重的则是非传统安全或新安全。也有观点认为，非传统安全包含国家安全与人的安全。

非传统安全本质上指的是一种安全观念和现实存在的问题。它是相对于传统安全而言，传统安全观是一种国家安全至上、政治与军事安全为主、以武力或战争方式解决国家间矛盾和冲突的安全观念。而非传统安全观与之有很大的差异性。它强调的是除地理与政治上的国家实体外更广泛的安全，如地区安全、全球安全和人类安全，由非政治和军事威胁与因素引起并影响各国安全的跨国性问题，一国内部问题外溢或蔓延而引发其他国家和所在地区的不安全以及解决问题手段的多样性。

冷战后军事安全的重要性下降，经济安全、生态安全、社会安全和文化安全的重要性就显露出来，使得它们与军事安全一样，成为国家安全的重要组成部分。严格地讲，多数非传统安全因素事实上久已有之，例如恐怖主义的历史相当悠久，生态污染直接与近代以来的工业化有关，但是，全球化时代的特殊环境和条件，如新的全球性贸易和人员往来、各种信息传播手段的改进、大规模杀伤性武器的扩散、国际法和国际规范的强化等等，使得这些对人类正常活动的威胁变得日益严重。

目前虽然各国的国情和社会发展程度以及安全需求不同，但传统安全问题与非传统安全问题均同时存在，彼此关联和相互影响，因此我们必须在重视传统安全问题的同时，更多地关注非传统安全的威胁。

在全球化的今天，任何国家的安全都面临传统安全和非传统安全的双重挑战。传统安全关注战争与和平的问题，非传统安全关注社会与发展问题。在目前的安全环境中，不仅存在着主权国家之间的政治、军事等传统安全关系，同样也存在着主权国家与非国家行为体之间的非传统安全问题，两者共同构成了冷战后国家和人类面临的安全威胁。

非传统安全问题与传统安全问题之间并没有绝对的界限，在一定条件下，两者可能相互转化。客观而言，传统安全与非传统安全是相互联系的，非传统安全问题随着矛盾激化可能演化为武装冲突和局部战争，进而造成程度更严重、影响更广泛的传统安全问题。例如 1997 年亚洲金融危机引发的社会动荡、政权更迭和国家分裂等危机。而传统安全手段也可以用于解决非传统安全问题，比如美国用军事力量打击恐怖主义这一非传统安全威胁。一些原来属于传统安全领域的问题可能演变为非传统安全问题，如一国内部的少数民族问题及宗教冲突、经济危机等问题都可能超越边界而外溢，影响到周边国家及地区的稳定与安全，使之成为跨国安全问题。同时，二者又没有绝对的界限，两者相互渗透，许多军事问题往往是通过非军事手段来解决的，而不少非传统安全问题可能会演变为或引发军事冲突。例如，2005 年 11 月，法国首都巴黎地区发生骚乱，有近千辆汽车被烧毁，并向全国和周边国家蔓延，法国时任总统希拉克宣布国家进入紧急状态，这是非传统安全问题直接威胁国家安全的典型案例。①

第二节　非传统安全与传统安全的区别

一、安全主体有别

传统安全关注的对象和主体只是国家，注重的是国家安全，侧重军事和政治安全，而地区安全与全球安全只是国家安全的向外延伸而已。非传统安全关注的对象不只是国家，还包括作为个体人与整个人类及地球的安全。

传统安全的主体是单一的，传统安全研究一向是以国家为中心的。该理论认为在无政府状态下，国家是唯一能够提供安全的机构。这种认知与国际关系研究一直把民族国家当作主要国际行为体有直接关系。而在非传统安全研究中，国际组织、非政府组织以及个人等非国家行为体都可以成为安全的主体，传统的以国家安全为主要内容的安全研究受到越来越多的挑战。随着非传统安全问题的兴起，非传统安全研究在关注国家安全的同时，还要关注个体安全、群体安全、国内社会安全、国际社会安全、人类安全等。这里的个体、群体、国内社会、国际社会和整个人类都是安全的主体，因为它们明显不同于国家行为体，因此，人们习惯于将它们称为非国家行为体。

① 余建华:《上海合作组织非传统安全研究》，上海社会科学院出版社 2009 年版，第 48 页。

二、具体威胁有别

传统安全理论一般把国家安全面临的主要威胁定义为军事威胁，而国家也总是把军事安全放在优先地位，以防止对其生存构成的种种威胁。对比传统意义上联盟之间的军事冲突，全球体系下的安全威胁概念越来越模糊。"无论是政府之间（不清楚谁是对手，有时对手在另一种环境下会成为盟友），还是决策层之间（有些威胁，如毒品和有组织犯罪是超越国界的；有的威胁如恐怖组织是国家性的）的，或是在军事、经济、生态等其他令人担忧的方面之间，都越来越难划分清晰的界限。"[1]特别是冷战的结束改变了安全研究的几乎所有假定，政治、经济和环境等问题领域已经扩大了安全研究的议题。仅仅如传统上将政治、安全等划分为高级政治，将经济、环境划分为低级政治的简单划分显然失去效用。[2]而非传统安全的突出使人们不断将安全视线由高级政治转向低级政治，由军事威胁转向非军事威胁，由对称性威胁转向非对称性威胁，将威胁来源由国家行为体转向非国家行为体。非传统安全研究的对象不只是军事威胁，还包括政治、经济、科技、文化等多个层面的综合安全，包括经济安全、信息安全、文化安全、生态安全、跨国犯罪与安全、核扩散与安全、民族主义与安全、移民与安全、社会矛盾与安全等等。

三、应对手段有别

传统的国家安全问题较为单一，集中于军事威胁和战争威胁，体现为结构性与整体性的威胁和暴力。非传统安全问题更为多样，且各种问题在不同程度上具有关联性、多样性，并非都是暴力性的。因此，在应对安全的手段方面，传统安全与非传统安全的手段存在一定的差异。传统安全在安全手段方面推崇军事手段，过度依赖军事力量来维护安全，安全手段比较简单。而非传统安全的治理手段则多元化，相对复杂。因为战争的形式发生了变化，更多的努力是使用经济、政治、文化的手段而不是军事手段，国家从来没有像现在这样依靠国际社会和国际机制。传统安全强调以军事实力、结盟和战争手段应付威胁，非传统安全强调威胁多样性，应对措施的综合性和国家间双边与多边非对抗下

① Cable,Vincent,"What is International Economy Security?",*International Affairs*,Vol.23,No.4 (1989),p.351.

② Andrew T.H.Tan and J.D.Kenneth Boutin(eds),Non-traditional Security Issues in Southeast Asia,Singapore Institute of Defense and Strategic Studies,2001,p.1.

合作的重要性。传统安全信奉现实主义的安全观,国家间的安全关系成为彼此竞争关系。非传统安全注意到国家安全利益与相对性,互动与合作,而非仅仅是零和博弈关系。

四、安全性质有别

传统安全观认为安全的性质是单边安全,认为国家的安全可以分离,因此国家为了追求自身相对利益的最大化,常常置其他行为体利益于不顾,并造成国家之间的合作难以进行。非传统安全则强调安全的不可分割性。非传统安全理论认为安全不仅包括一国本身或其盟国,甚至还要包括其对手和中立国。非传统安全理论认为国际社会的固有冲突可以通过合作特别是借助战略来加以克服。国际安全应建立在共享生存的基础上,而不是以彼此毁灭相威胁。

五、形成根源有别

传统安全问题与非传统安全问题的成因及影响有所不同。传统威胁主要表现为行为体之间,是来自于外部的安全威胁,非传统威胁则既有外部的威胁,也可能有来自内部的威胁,或者是内外威胁相互作用的结果。它甚至可能是蓄意的、人为因素所造成,抑或可能经由国家,或经由组织、团体和个人造成,如恐怖主义威胁。

第四章 非传统安全领域合作的国际模式

非传统安全问题自古有之，但其受到国际社会的高度关注与重视却是发生在冷战之后的事情。冷战结束以来，国际社会面临的非传统安全威胁不断增多，严重影响到世界各国及地区的安全与稳定，甚至严重危及国际及区域的经济发展及社会繁荣。国际社会在应对非传统安全威胁的实践过程中，也越来越认识到单靠某一国家或某一地区的力量是无法有效解决非传统安全的威胁的。因此，国际社会越来越重视透过合作的方式来面对非传统安全问题，并在长期的实践过程中发展出了一些各具特色的合作模式。

尽管两岸之间的非传统安全合作，无论是其属性还是实践都与国际社会国家之间的合作存在很大的差异性，但毕竟非传统安全议题本身具有跨境性、扩散性的特征，国际社会非传统安全合作的成功经验无疑值得海峡两岸去借鉴，特别是在当前海峡两岸之间人员交流密集，相互往来频繁的情势下，两岸之间面临的非传统安全威胁越发严重，两岸理应借鉴和参考国际合作的一些经验，推动两岸在非传统安全领域合作的发展，进而为两岸人民谋求更大的福祉。

本文在深入考察国际社会在非传统安全领域合作的基本状况的基础上，对国际社会非传统安全合作的模式进行了全面梳理，概括出具有典型代表意义的亚太模式、美国模式及欧洲模式等几种类型。下面就这三种模式进行全面的阐述与分析。

第一节 亚太模式

非传统安全国际合作的亚太模式，即指亚太地区的一些国家和地区在应对非传统安全威胁方面，比较注重从社会深层次来审视和处理，不主张过分依赖军事手段来解决非传统安全问题，而是非常重视对话与协商在应对非传统安全威胁中的作用。亚太模式的具体类型还包括东盟合作模式、中国—东盟合作模式以及上海合作组织等模式。这里必须要指出的是，目前亚太模式的发展还不够充分，基本上还处于初创阶段，虽然亚太模式的发展有其前瞻性，但目前尚不能完全应对该地区在非传统安全领域面临的日益复杂的形势与挑战，这也是亚太模式当前遭遇的最大挑战。

一、亚太模式的内涵及特征

（一）基本内涵

亚太模式的核心还是合作安全观。即强调国际社会在非传统安全合作实践过程中，对非传统安全议题的安全性质、安全内涵及其应对策略要通过多边协商、多边合作等安全手段来解决，认为这是适合亚太地区特别是东亚区域环境的必要举措。众所周知，亚太地区不但国家众多，而且国与国之间的矛盾和纠纷不少。这里不但存在着领土主权的争端，还有民族矛盾以及历史恩怨的纠结；这里不但有大国之间的战略博弈，如中国、日本、印度等，也有诸多小国之间的利益冲突存在；这里不但各国的政治体制完全不同，而且意识形态也存在重大差异。这里既有社会主义制度的国家，也有资本主义制度的国家，甚至还有少数的君主体制国家存在。不同政治制度的国家在这一区域内共存，亚太区域的这一属性，注定了只能建立起一系列的多边主义合作机制，完全有必要强调广泛的合作安全。

非传统安全合作的亚太模式承认国家与国家之间的发展模式存在一定的差异性，但国家无论大小，无论贫富和何种政治制度或意识形态都具有发言权，无论成员国的观点是否一致，都可以透过多边协商而不是强制约束来决定非传统安全政策的走向。因此，亚太模式比较强调在平等、尊重主权的前提下，采取多边协商、共同合作和综合性的安全手段。其合作模式也是灵活多样的，既有较强约束力的多边安全机制，也有仅具有论坛性质的多边安全对话机制，旨在增进相互信任的双边安全磋商，以及具有学术性质的安全对话和促进经济利益融合等维护安全的有效手段。总之，亚太模式比较强调透过交流与合作来增强在非传统安全领域的合作。

从表面上看，亚太模式与欧洲模式有其相似的一面。例如都不主张过分依赖军事手段，非常重视对话与协商在国际非传统安全合作中的作用。但亚太模式与欧洲模式仍然有所不同，亚洲各国更加注重从亚太地区客观形势特点出发制定安全合作框架，对于合作机制化建设采取多样化、多层次、逐步推进、滚动发展的推进方式，对于该地区一体化的政策和组织机构之发展却持谨慎态度。而欧洲模式则比较强调制度及法律在非传统安全合作中的作用。

（二）主要特征

非传统安全国际合作的亚太模式，其特征主要有以下几个方面：

1. 多元化特征

多元化是亚太模式的突出特征之一。与欧洲或者美国相比较，亚太地区不但国家众多，各国实力大小不一，而且还存在制度及意识形态之巨大差异，亚太各国之间的关系也非常复杂，彼此互信程度非常低，这也使得亚太国家之间在推动非传统安全合作过程中的难度增大，困难重重。任何单一的合作机制或路径显然无法适应和满足亚太地区在非传统安全领域的合作。因此，现实环境决定了亚洲各国只能从本地区的客观形势出发，来制定本地区在非传统安全领域开展合作的框架与制度安排，特别是在非传统安全机制化建设方面，更是采取了多样化、多层次的策略。亚太模式的多元化特征，主要体现为合作机制的多元化、合作层次的多元化以及合作方式的多元化等方面。

2. 复杂性特征

现代国家的利益需求往往呈现出复杂性的一面，无论是传统安全领域，还是非传统安全领域，都存在不同的利益需求，这也使得亚太国家之间在非传统安全合作上的利益需求非常复杂。其原因相当复杂，既有各成员背后国家利益的差异性，也有各成员对其国家利益的不同认知和优先排名顺序不一致的考虑和冲突，还有历史观及现实因素的冲突等等，这使得合作成员之间的互信基础严重不足，从而使亚太国家在非传统安全合作方面存在着严重的利益博弈。同时，由于亚太国家普遍与外部世界的联系较多，也容易受到外部势力的制约与牵制，因此，亚太国家在非传统安全合作领域或多或少会受到外部力量的影响，大大增加了合作的复杂性。此外，亚太模式的复杂性还表现为这里既有双边合作的机制，也有大量的多边合作机制，甚至还有混合机制的掺杂。亚太国家在非传统安全领域合作的复杂性之根源还在于成员之间的政治互信较低，从而阻碍了非传统安全合作的深入发展。例如，在亚太国家的灾害管理合作中，武装部队救援和大型先进设备救援等就可能受到成员之间政治互信不足、民间认同较低的影响，① 从而大大降低灾害危机管理的成效。

3. 逐步式发展

非传统安全合作的亚太模式，其最主要的特征之一就是逐步式发展和螺旋式推进，无法用一个单一的制度框架来约束。以东盟国家在非传统安全领域的合作实践为例。东盟目前虽然已经建立起制度性的非传统安全政策，但东盟内部各个国家之间的利益不同，各国关注点也不同，互信基础不牢固，这一现实迫使东盟在推进非传统安全方面合作也只得采取逐步展现、慢慢积累、螺旋式推进的方式。

4. 松散性特征

松散性是非传统安全国际合作亚太模式的一个重要特征。亚太地区不少国家对其国家利益之考虑及关注点存在很大差异，特别是对于东盟而言，它本来就是由东南亚地区的众多中小国家组成，民族、宗教矛盾错综复杂。虽然东盟内部早已存在一些制度及组织安排，但由于各成员国之间因领土、领海问题产生纠纷甚至冲突，内部松散，安全合作相对薄弱，东盟组织机制远未成熟到步调一致、用一个声音说话的程度。事实上，亚太国家对于地区一体化的政策和组织机构普遍持谨慎态度，即便是迫于现实之需要建立了一些框架性的合作机制与机构，但其运作实践并不顺畅。从亚太地区实际状况来观察，这些都是符合亚太地区形势的特点，也使亚太国家在非传统安全合作机制方面相对比较松散，无法就一些突发性的危机事件做出快速的反应。

5. 稳定性不足

亚太模式的重要特点就是其在非传统安全领域虽然建立起一些机制，但机制的稳定性不足。其主要原因还是该区域各国实力不一，特别是具有重要影响力的大国之间的互信不足，大国之间的双边合作机制不够稳定等。此外，虽然该地区大国之间在非传统安全领域的合作已建立了不少的合作机制，但彼此之间缺乏沟通与联系，自然会制约整个亚太地区在非传统安全领域开展合作的广度与深度，也根本不能适应当前日益复杂的安全局势之需要。例如，当前中美两国作为世界和亚太地区具有举足轻重影响力的大国，双方之间虽然建立起一系列的合作机制，但双方的互信基础不足，特别是双方之间的双边稳定机制还不够充分，尤其是美国仍然有遏制中国崛起的战略意图，这使得双方无法建立

---

① 余潇枫主编，米红、徐黎丽副主编：《中国非传统安全研究报告》（2011~2012），社会科学文献出版社 2012 年版，第 58 页。

起稳定的战略协作关系。此外，近年来，随着中日矛盾的上升，中日双边关系下降，美日同盟与中国之间更是缺乏对话与沟通机制。中、美、日大国之间双边关系的不稳定，自然也会使亚太模式的稳定性明显不足。

6. 实用性特征

实用性仍然是非传统安全国际合作亚太模式的重要特征之一。尽管亚太模式面临诸多的问题与挑战，但由于亚太国家采取了较为务实的思维，特别是以实用主义为导向，因此，亚太国家在非传统安全领域的合作取得了重大的进展。

以中国与东盟之间的合作为例，双方在非传统安全领域的接触与合作起步较早，但真正开展实质性的合作却是源于1997年爆发的东南亚金融危机。这场巨大的危机成为中国与东盟在非传统安全开展合作的重要加速器。东南亚金融危机之后，中国与东盟都认识到双方之间必须加强合作，共同应付来自金融领域的风险和危机。2002年11月1日，第六次东盟与中国（"10+1"）领导人会议发表了《关于非传统安全领域合作联合宣言》，启动了中国与东盟在非传统安全领域的全面合作。2004年双方又签署了《非传统安全领域合作谅解备忘录》，强调进一步加强双边合作。此后，双方展开了经济安全、打击跨国犯罪合作、公共卫生合作、环境合作、能源安全合作等全方面、多领域的联系。例如，在经济安全领域，为应对金融危机，中国与东盟共同签署了《中国与东盟全面经济合作框架协议》，推动中国—东盟自由贸易区的进程。中国东盟自贸区自2010年1月1日起正式实施，作为中国发起的第一个自由贸易区，也成为世界上最大的发展中国家所组成的自贸区，其规模涵盖19亿人口、6万亿美元国内生产总值和4.5万亿美元的贸易额。2014年中国与东盟贸易额高达4803.94亿美元，十年间贸易增加了5倍，投资也增加了3倍。在全球经济不景气的大背景下，中国与东盟贸易额保持这个增长速度，中国为东南亚区域一体化创造了新的动力。同时，为抵御金融危机，中国与东盟等国家达成了货币互换的"清迈倡议"，以制止国际金融投机者对该地区货币的狙击，控制类似于1997年金融危机的发生、扩散或蔓延。这是东亚地区第一个区域性金融安全机制，在该机制的安排下，形成了网络状的双边互换结构，而互换金额由原来的2亿美元扩大到10亿美元。[①]2003年亚洲债券基金和亚洲债券市场计划正式启动，此举被认为是清迈倡议后金融合作中的新领域。2006年第九届"东盟与中日韩财长

---

① 汪新生：《中国—东南亚区域合作与公共治理》，中国社会科学出版社2005年版，第18页。

会议"召开，会议对《清迈双边货币互换协议》的主要原则进行了修订，2008年东盟和中、日、韩财政部长同意，为筹建中的共同外汇储备基金出资至少800亿美元，以帮助参与国抵御可能发生的金融危机。在反恐方面，在中国的推动下，东盟成立了反恐区域训练中心，并于2003年正式运作。在禁毒方面也有合作，2000年的"东盟＋中国"国际禁毒会议，通过了《曼谷政治宣言》，签署《"东盟＋中国"禁毒行动计划》，旨在加强双方禁毒合作，帮助东盟实现到2015年成为无毒地区的目标。2001年中国、老挝、缅甸与泰国四国禁毒合作部长级会议在北京举行，发表《北京宣言》，部署禁毒合作的工作。当前，中国与东盟正在建立司法、情报、信息、查缉毒品、引渡毒贩、反洗钱和其他有关禁毒执法的高效协调机制，特别是重点加强调查与预警方面的合作，打击沿湄公河流域非法贩运毒品和易制毒化学品的活动。

总之，尽管中国与东盟之间存在利益的差异性，但双方本着务实主义的思维和立场，使双边在非传统安全领域之合作不断取得进展。

二、亚太模式的基本类型

亚太地区各国国情不一，利益相对复杂多元，使得非传统安全国际合作亚太模式的类型较多，形态不一。概括起来具有代表性的主要有东盟模式、上海合作组织模式、中国—东盟合作模式等等。

（一）东盟模式

冷战结束以来，非传统安全合作成为东亚地区特别是东盟国家一体化的重要推动力量。东盟国家在非传统安全领域的合作取得了较大的进展，而且东盟的合作也推动了整个东亚地区国家在非传统安全的合作。东盟模式也越来越成为非传统安全国际合作亚太模式的重要内容和主要体现。

东盟国家之所以越来越重视非传统安全领域的合作，主要是因为近年来，东亚地区不但频繁爆发诸如海啸、干旱、地震等自然灾害，而且也时常遭受严重的经济及金融危机，给各国造成了巨大经济损失和人员伤亡，这些非传统安全领域的威胁侵蚀着东盟国家和地区的繁荣与稳定，这些新的非传统安全领域的巨大威胁已成为摆在东盟各国面上的一项紧迫的议程。总的来看，东盟在非传统安全领域的合作层次较多，机制非常复杂。

1. 东盟国家在非传统安全合作上已建立起基本的框架与制度安排

以东盟现有的灾害安全管理合作机制为例，这里既有东盟内部国家与国家之间的灾害管理合作机制，又有东盟地区论坛下的灾害管理合作运作机制；既有"10+3"灾害管理合作运作机制，又有东亚峰会框架下的灾害管理合作；等等。例如，①东盟国家之间的灾害管理合作。2003 年东盟成立了东盟灾害管理委员会。该委员会由各成员国负责灾害管理的国家机构的负责人组成，担负着协调和执行该地区灾害管理活动的职责。2005 年东盟各国签署了《东盟灾害管理及应急反应协议》，其目的是加强东盟地区各国在防灾、救灾及灾后重建方面的合作。该协议对东盟国家在应对灾害危机方面进行了详细的部署与规范。例如，根据该协议 2010—2015 年的工作计划，其合作内容就包括东盟国家要加强在灾害风险预警、评估和监测、防灾和减灾、备灾和响应、灾后恢复[1] 等领域的合作。②东盟地区论坛框架下的灾害管理合作。救灾合作是东盟地区论坛开展实务合作的重要领域之一。东盟地区论坛每年召开一次救灾会议，制定了《人道主义援助和减灾战略指导文件》《减灾工作计划》《救灾合作指导原则》等框架性文件。近年来，武装部队参与救灾和联合救灾演习已成为东盟地区论坛框架内新的合作亮点。2009 年和 2011 年东盟地区论坛分别在菲律宾和印度尼西亚举行联合救灾演习，旨在提高成员国联合应急行动的能力，并开始提升成员国文官与武官之间在减灾行动中保持协调一致的能力。③"10+3"框架下的灾害管理合作。2004 年爆发印度洋海啸后，防灾救灾成为"10+3"的重要合作领域之一。《第二份东亚合作联合声明》及《2007～2017 年"10+3"合作工作计划》提出了灾害管理领域的合作措施，强调要加强在洪水、山崩、地震和减灾方面的军民合作。在 2011 年召开的"10+3"峰会上，决定进一步探讨建立灾害管理中心的可能性，使东亚地区能够快速和有效地应对包括自然灾害在内的各种紧急情况。[2] ④东亚峰会框架下的灾害管理合作。减灾是 2007 年 1 月第二届东亚峰会确定的几个重点合作领域之一。2009 年第四届东亚峰会发表《东亚峰会灾害管理帕塔亚声明》，表示成员国将致力做到 14 个方面的工作，包括支持灾害管理能力建设合作等，以及支持中国关于建立亚洲减灾研究中心的提议等等。2011 年，第六届东亚峰会将灾害管理列为五大优先合作领域之一，继续推进东盟灾害管理合作，尤其是加强地区快速反应能力和人道主义救援。

---

[1] 余潇枫主编：《中国非传统安全的研究报告》，社会科学文献出版社 2012 年版，第 59 页。

[2] "Chairman's Statement of the 14 ASEAN Plus Three Summit", Bali, Indonesia, 18 November 2011.

2. 东盟与区域内大国开展非传统安全领域的合作

东盟模式内部加强了在非传统安全合作方面的情报及资讯分享以及合作力度，同时也强化与区域内其他大国的合作，例如与中日韩三国的合作，将非传统安全合作推广至东北亚地区，从而为东盟安全提供更好的保障。东盟区域论坛是目前东盟地区重要的、正式的安全对话机制之一，对促进东亚非传统安全合作具有重要的作用。东盟区域论坛自 1994 年成立以来，在核不扩散、海上安全和预防性外交等方面，发表多份主席声明，举行一系列研讨会，建立相应的工作组织。但必须要指出的是，目前东亚地区还没有纯粹的非传统安全多边合作机制，各国之间的合作主要还是在"10+1"或"10+3"框架下，以及亚太经济合作组织（即 APEC）框架下开展。

3. 东盟模式的问题与不足

东盟模式形成了多层次、多领域的非传统安全合作的机制，也取得了很大的进展，使得本地区应对非传统安全合作的能力得到了很大提升，尽管如此，东盟模式仍然面临不少亟待解决的问题，制约着本地区非传统安全合作水平的提升。

①缺乏稳定的专家资源

东盟在应对非传统安全威胁方面，缺乏稳定的专家资源。以灾害危机管理为例，防灾、救灾和减灾是一项系统工程，需要各领域的专家意见和指导。在灾害预防、灾害应对、灾后恢复等灾害管理的各个阶段，专家意见及其专业技术支持都发挥着不可替代的作用。但迄今为止，东盟地区尚未建立起相对固定和稳定的灾害应对专家库，这在很大程度上制约着本地区灾害管理合作的发展。这一状况在东盟其他非传统安全领域也普遍存在。

②各种合作框架没有共同认可的协议，缺乏固定的联络机制

这种情况造成了各种合作框架和机制基本上处于各自为战的状态，相互之间缺乏沟通与协作，不但浪费了资源，而且造成了效率的低下。这也成为当前东盟地区深化非传统安全合作的一个重点和突破点所在。以灾害管理为例，虽然 2004 年印度洋海啸发生以来，东盟地区联合救灾的意识有较大提高，海啸预警等机制建设也取得不少进展，但一个综合性、常态化的地区救灾机制一直没有提上日程。面对未来可能的规模更大、复合型更高的灾害,其现实隐患相当大。

③缺乏区域性救灾物资储备

救灾物资储备对于救灾应急响应和灾后恢复具有至关重要的作用。目前东

28

盟地区还没有建立起区域性的救灾物资储备体系，无法对东盟地区资源进行有效整合，影响了本地区的自然灾害应急响应能力。

（二）上海合作组织模式

上海合作组织的前身是"上海五国机制"，1996 年由中国、俄罗斯、哈萨克斯坦、吉尔吉斯斯坦、塔吉克斯坦等 5 个国家为了处理传统安全的边界争议问题而成立。其职责主要是处理彼此的边境谈判，建立军事安全互信。2001 年6 月，上海五国机制决定接受乌兹别克斯坦作为完全平等成员国加入其中，并商定共同成立上海合作组织。该组织的总部设在上海。其职责范畴由原来的传统安全之边境事务，扩展到联合反对恐怖主义、打击跨境犯罪、发展经济以及开展人文合作等非传统安全领域。2011 年是上海合作组织成立十周年，在十周年成员国元首理事会上，各国一致认为应进一步加强非传统安全各领域的合作，共同维护地区安全与稳定。[1] 特别是时任中国国家主席的胡锦涛强调，上海合作组织应加快构建本地区能源安全、金融安全、粮食安全合作机制。[2] 该组织在发展实践中也不断扩容，上海合作组织成员国元首理事会第十五次会议 2015年 7 月 10 日在俄罗斯乌法举行，乌法峰会通过了关于启动接收印度、巴基斯坦加入上合组织程序的决议，上合组织扩员的大门正式打开。目前上海合作组织的观察员国有伊朗、阿富汗、蒙古、白俄罗斯 [3] 等国家，对话伙伴有斯里兰卡、土耳其、阿塞拜疆、亚美尼亚、柬埔寨、尼泊尔等国家。

上海合作组织作为 21 世纪初在欧亚大陆建立的一个新型区域多边组织，其诞生和发展经历了一个从解决传统安全问题（历史遗留的边界问题）逐步转向应对非传统安全威胁的进程，反映了当前世界以地区合作谋求新的安全、发展和战略思维的历史潮流。[4] 该组织是以国家元首自上而下的谈判模式，以及在五国两方谈判基础上再建构出五国多边的谈判途径，来缓解彼此的不信任感。上海合作组织运作的精髓就在于强调合作。这里所谓的合作，是在既存的威胁与张力中又维系彼此相互依存的现实需要。事实上，该组织的定位不仅与大国势力、区域安全情势密切相关，而且各成员国在国家实力与利益需求上的不对称

---

①《上海合作组织十周年成员国元首理事会会议新闻公报》，2011 年 6 月 15 日，新华社阿斯塔纳电。

②《和平发展世代友好》，胡锦涛在上海合作组织成员国元首理事会第十一次会议上的讲话，2011 年 6 月 15 日，阿斯塔纳。

③《上合组织启动扩员：吸纳印巴为新成员白俄为观察员国》，凤凰网，2015 年 8 月 21 日。

④　余建华：《借非传统安全合作推动和谐地区建设》，载《解放日报》2008 年 8 月 27 日。

中又面临传统安全威胁与新兴的三股势力之危害,势必将尝试建构出新的国家互动途径。特别是上海合作组织运作过程中所衍生出来的非制度化或制度性的一些合作经验,丰富了该组织持续运作的动力和源泉。

上海合作组织并不是遵循建立传统盟国的思维方式,更不是沿袭西方的盟友结构功能之安排,而是与成员国所处内外形势相互作用。它是在尝试探索不对称的国际交往方式,是一种以结伴不结盟为核心的新型国家关系,表现出以大国小国共同主导、互利协作为主要特征的新型区域合作模式,其内涵在总体上仍然是以反恐为主体的非传统安全国际合作模式。

(三)中国—东盟合作模式

近年来,地理位置相邻的中国与东盟在非传统安全领域的合作进展相当快速,成就也非常喜人。双方在非传统安全领域的合作不但为中国与东盟各国扩大深化合作提供了重要的机会,而且对于巩固中国—东盟战略伙伴关系、逐步建构东亚地区安全共同体都有着重要的实践意义。

中国与东盟之间能够在非传统安全领域开展合作,其主要动因还是双方在利益需求方面存在一致性。冷战后,和平与发展成为时代的主题,中国与东盟所处的地区环境得到缓和,安全局势呈现新的局面。对于中国而言,周边安全环境也是中国国际环境的重要组成部分,更是影响中国国家安全与发展的最直接和最主要的外部因素。毗邻中国的东南亚地区,非传统安全问题尤为突出,该地区的非传统安全问题是中国东南部经济高速发展不能忽视的安全隐患。冷战后随着国际形势的变化,外部大国在东盟地区的军事力量相对有所减少,使东盟各国摆脱了对外部大国的安全依赖。同时经济全球化和区域化的极大发展,使各国在经济上的相互依赖加深,区域内的经济合作与一体化进程不断加快,大规模军事冲突的风险不断降低,但金融危机、恐怖主义、资源争夺、环境污染、跨国走私、海上安全以及自然灾害等新的安全问题日渐突出。非传统安全威胁急剧上升的态势给东盟地区带来了新的安全隐患和重大威胁,客观上也要求东盟内部寻求信任和团结,同时争取外部大国的支持。

中国与东盟互为近邻,在解决非传统安全问题上存在着广泛的共同利益。近年来,东亚地区一波未平一波又起的危机风暴促使中国与东盟各国同舟共济,透过地区合作来解决非传统安全问题,形成"一荣俱荣,一损俱损"的合作性共存关系。

中国与东盟在非传统安全领域合作的真正开启还是在 1997 年的东南亚金

融危机爆发之后。在此后的一系列危机诱发下形成了相互依赖的情境。特别是2001年举行的第八届东盟地区论坛外长会议上，中国提出支持东盟地区论坛逐步开展非传统安全领域的对话与合作。经历了2003年的"非典"危机和禽流感突袭，2004年的印度洋海啸和2008年的全球金融危机等，中国与东盟在非传统安全方面合作的范畴一步步扩大。双方的合作从加强经济金融安全到打击海盗、非法移民、贩毒洗钱等跨国犯罪并重视地区公共卫生安全，再到加强对自然灾害的合作应对，同时也带动了环境、能源安全等其他非传统安全领域的合作，其成就非常显著。中国通过推动东亚国家在非传统安全领域的务实合作，积极培育地区互信，创建地区新型合作安全机制，这也是中国参与东亚合作的重要一环。例如，"10+1"框架下中国与东盟的合作就是其中最为重要的成就。

近年来中国与东盟在非传统安全领域的合作，内容非常广泛，合作正朝着制度化的方向发展。目前双方已建立起稳定的官方对话机制，这是双方在非传统安全合作取得重大进展的重要表现。

表1：中国与东盟之间的官方对话机制

层次	时间	机制	宗旨
首脑会议	1997年	东亚峰会	开放、包容、透明、前瞻性的论坛，并于1997年启动"10+3"合作机制
第二层次的部长会议机制	1991年	东盟外长会议 10+1对话会	自1991年始中国外长每年都出席东盟外长会议，进行各方面的交流。1996年中国成为东盟十大全面对话伙伴国
	1994年	东盟地区论坛	亚洲地区最大的安全论坛，就政治安全等议题交流意见，每年一次
	2000年	10+3外长会议	东盟十国加中日韩外长会议，是"10+3"领导人非正式会议框架下的一个专业部长级会议机制，重点领域在金融、经济、科技等

续表

层次	时间	机制	宗旨
六个工作层面对话合作机制	1994 年	中国—东盟经贸联委会	就国家和地区经济问题交换意见，并讨论中国与东盟的贸易和投资合作
	1994 年	中国—东盟科技联委会	重点协调双方在食品、海洋技术和热带生物资源开发等技术领域的合作
	1995 年	中国—东盟高官磋商	在副部级高官层次上就共同关心的政治与安全问题举行年度磋商
	1997 年	东盟北京委员会	由东盟各国驻华大使组成，旨在促进东盟驻华机构与中国政府部分的交流与合作
	1997 年	中国—东盟联合合作委员会	促进中国与东盟之间各领域合作的协调发展，推动人力资源开发、人员和文化交流等方面的合作
	2001 年	中国—东盟商务理事会	旨在进一步加强中国和东南亚地区的经贸合作，促进双方企业界的商业和信息交流
其他机制	2004 年	东亚海域海洋合作新机制	东亚地区海洋事务合作的实施形式和机制安排
	2005 年	中国—东盟海事磋商机制	在海上安全、海上保安和海洋环境保护领域进行合作和信息交换的平台
	2009 年	中国设立驻东盟使团	常驻东盟使团的设立，有助于双方保持密切的官方沟通与互动
	2011 年	中国—东盟中心成立	推进双方全方位关系的深入发展

当前中国与东盟在非传统安全领域的合作模式虽然也取得了重大的进展，但也要看到，目前仍然有一些障碍性因素在限制双方的发展。中国与东盟在非传统安全合作的具体领域达成了一些框架协议，也进行了一定程度的卓有成效的合作，但还是有一些影响双方深度合作的障碍性因素存在。例如，双方关系的矛盾隔阂，双方对合作认知的差异，合作机制的不健全等，导致了中国与东盟在非传统安全领域的合作无法深化与拓展。即便是合作程度较高的领域，诸如金融安全合作、环境合作、能源合作、反恐合作等领域都仍然有很大的提升空间，需要双方进一步强化合作的力度。从总体来看，影响中国与东盟在非传统安全领域合作的障碍性因素主要有以下几个方面：

首先，双方政治互信较低的障碍客观存在。中国和东盟地理相邻，历史上相互之间就曾有过领土争端和其他的不愉快事件，这些记忆的裂痕还存在，特别是现实中还有诸如南海主权等争端悬而未决，这对双方的合作当然会形成严峻的考验。即便双方在非传统安全领域的合作进展很快，也无法完全消除这种影响，从而导致双方的互信缺乏。这反映在双方的合作实践中，往往就是尽管双方共同倡导要加大合作力度，却出现实际行动迟缓甚至不一致的现象。因此，中国与东盟的政治互信较低成为双方开展非传统安全合作的制约因素。尤其是当非传统安全合作议题与某些传统安全问题，如领土争议等相互交织在一起时，非传统安全合作议题也会变得更具敏感性。一个典型的案例就是近几年来中国与某些东盟国家在南海问题上的争议不断，导致了双边政治互信的大幅下降，一定程度上影响了中国与东盟之间的海上安全合作之进展。

其次，受到大国关系的影响与牵制。中国与东盟在非传统安全领域的合作也受到大国关系的影响与牵制。近年来，美国、俄罗斯、日本和印度等大国也加强与东盟国家的政治、经济、军事方面的关系，并力图扩大影响。东盟国家出于自身安全的需要，采取大国平衡的战略发展与各大国多方面的合作。例如，东盟在安全上与美国、日本等国家保持较为紧密的军事关系，甚至允许美国在东南亚保留一些军事基地，并与美国进行联合军事演习等活动，这些都对中国的周边安全环境带来现实的威胁，不但影响东亚地区安全局势的健康发展，而且也影响中国与东盟在非传统安全合作中的友善氛围。加上西方势力为离间中国与东盟之间建立起来的睦邻友好关系，大肆向东盟国家宣传所谓的"中国威胁论"，导致不少东盟国家也担心中国的强大会削弱东盟对地区控制力的优势，使东盟陷于被动。因此，外部的牵制与东盟国家对双方合作的某种疑虑也在一定程度上影响到非传统安全领域合作的成效。

再次，中国与东盟部分国家在南海问题上的冲突也会影响到双方在非传统安全领域合作的开展。南沙群岛自古就是中国的领土，但过去几十年以来越南、菲律宾等东南亚国家对南海岛礁的非法侵占，特别是区域外大国势力的介入，使南海问题不断被激化，呈现复杂的矛盾关系。当前南海问题已成为中国与东盟关系的最主要障碍，也是一个有可能破坏东亚地区稳定的潜在隐患问题，当然会对中国与东盟在非传统安全领域的合作造成相当负面的影响。

最后，台湾问题的存在也是影响中国与东盟在非传统安全领域开展合作的重要限制性因素。冷战结束以来，东盟一些国家在经济利益及平衡战略的驱动下，不断提升与台湾交往的层次，试图与台湾发展实质性关系，甚至在台海政策上出现一定程度的动摇,这当然会对中国与东盟在非传统安全合作造成重大的障碍。特别是民进党重返执政后,蔡英文当局积极推动所谓的"新南向政策",未来也有可能会使中国大陆与东盟地区的关系出现一些新的状况。这些都有可能会成为阻碍中国与东盟在非传统安全领域进行合作的因素。

三、亚太模式的发展前景

非传统安全合作无法完全排除传统安全问题的影响,因此特别需要有较高的政治信任度和比较深入发展的关系作为前提条件。而亚太地区各国制度、文化差异较大,发展也不平衡,成员之间存在着相互猜忌,自然对非传统安全合作保持一定的戒备心态。例如,亚太各国的国家安全环境、民族心理和文化传统等具体国情不同,各国存在不同的非传统安全威胁,导致各国对非传统安全合作的轻重缓急、侧重领域和关注程度均有不同,这当然会影响到各国对非传统安全的认同差异和对合作的投入情况,以及参与合作机制建设的兴趣。此外,亚太地区各国目前普遍面临高涨的民族主义情绪,而对地区认同的发展相对较低,这也对非传统安全合作形成很大的挑战。总之,亚太地区各个国家的情况不同,相互之间的信任度远远不足,使本区域之间在非传统安全合作上的实际行动与进展相当迟缓。

从目前亚太模式所发挥的实际效果来观察,虽然亚太地区在非传统安全领域已经建立一些合作机制,但总体上来看,其形式仍然比较松散,特别是在面对一些突发性的危机事件时,进一步提高其效率的考验仍然不小。此外,目前亚太地区的非传统安全合作机制多数还只是停留在建立软性的机制,尤其是论坛讨论、发展宣言以及对话沟通等层次上,而加强司法合作等实际行动却并不多见,这些都使得目前的亚太合作机制对于解决非传统安全威胁的作用相当有限,这是未来需要努力的空间。即便是现有的合作框架机制,如"10+1""10+6"等模式和东盟区域论坛合作机制等,仍然不够完善,甚至有些领域的合作框架还是一片空白。以东盟区域论坛为例,它是一个以合作安全为理念的松散组织,其运作的平台在实践中也遇到一些问题,与地区一体化发展稳定的欧盟相比较,东亚一体化还处于起步阶段,东亚峰会虽然确立了东亚共同体的明确目标,但地区认同和地区归属意识的构建和形成是一个漫长的过程,目前的一体化还是处于经济整合阶段,要达到政治、安全等领域的全面一体化,还有很长的路要走。具体在非传统安全领域,东亚各国的国情不同,其关注点各有差异。有些国家侧重应对武器扩散与能源短缺，有些国家侧重反对恐怖主义和毒品危害，使得区域合作的向心力不强，聚合力不够。在应对各类非传统安全威胁的挑战面前，这种松散的合作形式显然不能满足本地区安全的需要，更何况很多非传统安全威胁的应对需要具有跨国性、区域性和全球性之要求，这些都使得亚太地区目前的非传统安全国际合作模式难以满足维护共同安全的需求。

第二节　美国模式

冷战结束以后，随着冷战时期最强劲敌苏联的轰然倒下，美国成为后冷战时期唯一的超级大国。虽然世界格局进入了一超多强的新时代，但由于美国的实力特别是军事实力与经济实力远远超出其他国家，因此，美国在应对非传统安全威胁方面仍然有着很强烈的传统安全意识色彩，这也是美国模式与亚太模式甚至欧盟模式存在较大区别之处。从总体观察，美国模式的特点主要是强调以美国国家利益为核心，以美国单边行动能力为依托，以国际多边支持为辅助，非常注重运用军事手段来快速实现安全目标。亦即美国模式的核心是用传统安全的思维来解决非传统安全领域的威胁。

一、冷战后美国在非传统安全领域面临的主要挑战

冷战结束以来，虽然美国拥有世界上最为强大的军事、经济等实力，但美国的国家安全环境并未得到根本性的好转。特别是"9·11"恐怖袭击事件的爆发，充分暴露了强大的美国在应对非传统安全威胁方面的脆弱性。为应对后冷战时期的各类威胁，美国政府开始重视非传统安全的威胁。例如，美国认定存在威胁的非传统安全军事力量有六大类型，恐怖主义就名列其中，[①] 足以显现美国对非传统安全的高度重视。美国甚至还在其2002年版的"国家安全战略报告"中专门就美军面临的非传统威胁进行重点阐述，特别强调恐怖主义以及大

---

① 六大非传统安全军事威胁分别是：1. 核打击：威胁或使用核武器攻击美国本土是对手危害美国的一种强大的非对称手段，可以直接打击美国的战争意愿；2. 化学武器行动：化学武器在被用来威胁地区同盟国时具有最大的非对称效果；3. 生物武器行动：生物武器具有毁灭世界的效果。它用于威慑目的时，可像核武器一样实现战略效果，使美国被迫压缩"重大国家利益"的范围；4. 信息武器行动：信息攻击最危险的形式是高空电磁脉冲威胁。它是核武器和信息战的结合，可以挑战现有的作战学说和国家稳定的最核心的部分；5. 选择作战观念：即选择"西方的战争方式"的作战观念，来寻找自己的优势而以弱胜强；6. 恐怖主义行动：恐怖主义者往往透过激进的方式来弥补自己的不足。

规模杀伤性武器对美国构成现实而紧迫的威胁。①

以反恐为例，"9·11"恐怖袭击事件对美国的非传统安全政策产生很大的影响，特别是它使美国打击恐怖主义的政策发生了重大转变。美国首次在国家安全战略上把恐怖主义定义为国家的主要威胁，同时反恐成为美国的对外战略的首要任务。美国不仅把反恐怖主义升级为全面战争，而且针对恐怖主义、"流氓国家"等再次提出了"先发制人"等战略理念，并在实践中发动了阿富汗战争和伊拉克战争来验证这一理念。2001 年 9 月 30 日，美国国防部在国会提交的"四年防务审查报告"中，改变了以往"轻国内，重国外"的军事战略，提出"内外并重，国内优先"的军事战略方针。2002 年美国国防部宣布成立北方司令部，负责美国的国土防御，强调保护美国本土。同年 7 月美国成立国土安全部，该部成为美国国家机关中最大的一个部门，这也是自 1947 年以来美国行政机构的最大强化。根据其规定，美国国土安全部可加强空中和陆路交通的安全，防止恐怖嫌疑分子进入美国境内，提高美国应对和处理紧急情况的能力，预防美国遭受核生化恐怖袭击等。它也对美国海岸警卫队、边防和海关、交通安全管理部门和联邦紧急措施署等机构进行统筹管理。同时，美国也将防止大规模杀伤性武器扩散作为反恐的重要一环。2002 年，美国白宫向国会提交《反击大规模杀伤性武器国家战略》，该报告是对 2002 年版"国家安全战略报告"第五部分的扩充和完善，是对"9·11"恐怖袭击事件后一系列反击大规模杀伤性武器扩散政策的重要总结。该报告强调预防、制止和防备恐怖组织获得并使用大规模杀伤性武器是美国所面临的最严峻的挑战之一。

2002 年，美国布什政府出台了新的《国家安全战略》，表明布什政府的全球战略已基本形成。美国调整全球战略的根本出发点是加强在世界上的领导地位，反恐和安全则是美国新全球战略的首要目标。美国外交政策的核心相应从推销美国式民主转向维护国家安全。美国将其霸权目标和反恐战略相结合。此后，美国政府不断强化反恐情报的共享机制的建设。特别是奥巴马上台以后，将国土安全委员会并入国家安全委员会，精简了机构设置，强化反恐情报的共享。

---

① "The National Security Strategy of the United States of America"，（美国《美国国家安全战略》），2002-09-20，http://www.whitehouse.gov/nsc/nss.html.

二、美国模式的主要特点

（一）非常突出军事手段的运用

非传统安全国际合作美国模式的一个突出特点就是强调要用军事手段来应对非传统安全的威胁，这是美国模式的重要特征。2002 年美国公布的"反击恐怖主义国家战略"，其侧重点在于当威胁进入美国国境之前就要发现并予以消除，而"国土安全国家战略"则侧重防范在美国国内的恐怖袭击，这两个战略其实是相互配合，一起构成"防范与打击相结合"的反恐怖主义政策体系。针对全球恐怖主义组织多为松散的网络组织这一现实，美国认为击败恐怖主义的最佳途径就是将其活动孤立在局部地区，然后通过密集、持续的行动加以摧毁。事实上，以军事手段打击恐怖主义的合法性在美国的反恐政策体系内得到了非常明确的确认。例如，美国发动阿富汗战争、伊拉克战争，以及 2014 年 9 月以来美国宣布对"伊斯兰国"实施系统性空袭，同时组建打击"伊斯兰国"国际联盟等，都是实现该战略意图的具体步骤。

（二）单边主义色彩非常鲜明

单边主义是美国参与世界事务的方法之一，其特点是尽可能地不让其他国家或组织参加美国的行动。"9·11"恐怖袭击事件之后，美国政府在反恐行动中采取了一系列的单边主义行动。例如，在对阿富汗塔利班政权的战争中，欧盟本来是请求参战，但美国认为自己可以单干，阿富汗战争结束后美国又不得不请求欧盟来收拾残局，参与在阿富汗的维和行动。美国在伊拉克战争中的单边主义行为表现得更为严重。战前，美国曾请求得到联合国的授权，在遭到拒绝之后，美国就一意孤行地向伊拉克开战。这些都是单边主义的重要体现。除了反恐行动，美国在其他非传统安全领域，单边主义行动也是常见的事情。例如，从美国单方面退出"京都议定书"，到不接受禁止生物化学武器条约的核查条款，从拒绝参与有关控制小型武器交易的国际评判，到执意发展国家导弹防御系统等等，都彰显出美国在应对非传统安全威胁方面完全是单边主义的思维和心态。

（三）突显战略上的进攻性

美国在非传统安全领域的战略思维大体上是进攻性的，特别是美国反恐政策，进攻性取向非常明显。美国在反恐斗争中的进攻性首先表现在强调使用武力或武力威胁上。例如，美国的"核态势审查报告"表明其将可能使用核武器先发制人，并考虑发展新型的携带更加小型的、可以穿透地下工事的核弹头之战术核武器，从而模糊了常规战争与核战争的界限，降低了使用核武器的门槛。

（四）打着民主的旗号反恐

美国常常以民主为旗号来推进反恐。以美国在中东的反恐战略为例，美国把中东作为扩大其民主与反恐的重点地区，当然有出于多重战略的考虑。在2004 年初，美国总统布什推出了"大中东民主计划"，遭到了阿拉伯世界的强烈反对。尽管如此，美国并未停止透过推动民主等手段来改造中东，前几年爆发的"阿拉伯之春"运动在很大程度上是美国在背后的大力支持分不开的。①以叙利亚问题为例，叙利亚内战已持续多年，美国与俄罗斯分别作为交战双方的最大后台已然进入舞台中央，争执最为激烈的问题之一就是叙利亚总统巴沙尔·阿萨德下台是否成为政治解决途径的前提。而美国之所以执意要让叙利亚领导人下台，其根本目的就是要在中东地区推行美式民主体制，并从而实现美国对中东地区的更有效掌控。

（五）组建国际合作机制

美国在反恐行动中也积极组织国际反恐联盟。美国主导的国际反恐联盟本身没有固定的组织形式，但在美国的反恐战争中，发挥了很大的作用。美国在开展反恐斗争之初就认为，没有其他国家的协助与合作，美国的反恐就不可能取得真正的实效，因此美国在一切可能的条件下，采用各种手段，与多个国家进行合作。一是美国优先加强和反恐前线国家的外交。美国先后与国际社会 90多个国家结成了国际反恐怖主义联盟，形成了一个世界上最大的反恐同盟，并使全球所有地区的多边组织参加到反恐斗争中去。二是美国重视多边反恐合作以确保共同利益。"9·11"恐怖事件爆发后，美国加强了与亚欧国家之间的反恐合作力度。2002 年第四届亚欧首脑会议在哥本哈根召开，会议通过了《亚欧会议哥本哈根反对国际恐怖主义合作计划》和《亚欧会议哥本哈根反对国际恐怖主义合作宣言》，强化亚欧国家之间在反恐方面的合作。同时，美国以反恐划线，用高压政策建立起一个以联合国安理会决议为基础的"反恐志愿者联盟"，在美国的压力下，国际金融机构通过了反恐标准，对全球反恐合作的新认识已经延伸到了反恐融资范围，并在经合组织的协助下建立了金融行动特别小组，对恐怖主义融资和洗钱制定了系统化的应对措施。

---

① 《美国是"阿拉伯之春"的背后推手》，载《光明日报》2013 年 1 月 10 日。

（六）推行双重标准

美国在国际反恐行动中一直推行双重标准。美国在恐怖主义的定义和表述上一直是含混其词，且把解释权留给自己，这样便可根据自己不同的需要来给对手或敌人戴上恐怖主义的帽子，甚至还可以将恐怖主义当作国际斗争的武器。即便是在"9·11"恐怖事件爆发后，美国仍摆脱不了以意识形态划线的思维，奉行实用主义上的反恐路线。在谴责某一组织的恐怖主义活动的同时，却往往支持另一组织的所谓"自由主义战士"进行反政府反社会的恐怖主义活动，以维持自己在大国关系中的霸权地位。美国在反恐行动中的双重标准，也使其主导的反恐战场面临很大的困境。一是美国这种模棱两可的、不坚定的反恐态度给国际恐怖主义提供了生存发展的空间，大大削弱了反恐斗争的有效性；二是美国对恐怖主义的定义与其他国家有分歧，甚至会产生严重的矛盾，当然会削弱国际反恐合作同盟的团结与力量。同时美国在反恐行动中的双重标准也增加了其他一些国家的不满情绪。

（七）美国反恐中的霸权主义

美国在反恐行动中也推行霸权主义，依仗自己强大的政治与军事实力，并以受害者的身份威胁不合作的国家，甚至对他国进行制裁和军事打击，特别是打着反恐旗号来推行霸权主义。一方面，美国在国际反恐中积极寻求他国的合作，另一方面，美国又以非友即敌的模式压迫别国就范。在伊拉克战争爆发之前，美国就提出"老欧洲"与"新欧洲"的概念，表示美国要对这两个部分采取不同的政策。美国在反恐战场中的霸权主义行为不但无法达到预期的效果，反而造成了世界上新的不稳定因素滋生，形成了所谓的"世界越反越恐"的困境局面。特别是美国意图透过反恐中的多边合作框架来建立美国主导的世界秩序，并借反恐合作来达到控制战略要地的目的，这也引发了其他国家的警惕与不安。

（八）强化反恐立法及机制建设

美国在国际反恐活动中比较重视相关的立法及机制建设。例如美国组建了专门的反恐机构来整合美国国内现有的情报和相关机构的力量。2001年，布什签署《建立国土安全办公室和国土安全委员会》行政令，建立国土安全办公室。2002年美国颁布了其历史上第一部《国土安全战略报告》，详细阐述了美国国土安全的政策、方针、主要措施和机构。2002年美国政府提出设立国土安全部，并于2003年正式成立，该部成为仅次于国防部的第二大部。2003年布什在其国情咨文中宣布，将成立由国防部、国土安全部、中央情报局和联邦调查局等部门构成的恐怖主义威胁协调中心。同时，美国也比较重视针对反恐立法方面的事项。"9·11"恐怖事件爆发后，美国进一步加强了针对反恐的相应法律法规的修改和建设，短短一年之内，美国国内就通过了约200多项与反恐有关的法律法规，其中比较重要的有15项法律文件。如"机场与运输安全法"，透过对机场旅客实施严格的安全检查等方式来增加民航的安全系数。通过"国土安全法"，"情报改革和恐怖主义预防条例"也成为美国的一项法律。而最具代表性的就是2001出台的"爱国者法"，也被美国国内称为"反恐怖法"，它确立了情报机构在反恐斗争中的作用，对美国反恐政策有深远影响。

（九）重视情报工作

美国在反恐行动中也非常注意加强情报机构和情报工作的改革力度。2004年美国设立国家情报总局局长职位，提高情报工作的经费投入。同时，美国的中情局也成立了反恐情报中心，并成立国家反恐中心，协调和监督所有部门的反恐计划和行动。美国通过对情报工作和情报机构的改革大幅度提升情报工作在国家安全中的地位和作用，特别是将信息战、情报战等上升至国家作战的核心层面。美国始终认为利用情报是防范恐怖主义的第一道防线，因此大力加强情报的预警和情报分析工作，并建立新的预警制度。

（三）美国模式的前景

美国模式的核心就是强调要以武力应对非传统安全威胁，认为非传统安全威胁也可以用武力方式来解决。该模式对于消除目标明确的恐怖主义势力和其他国际安全威胁来说，具有效率高、速度快的优势，但对于应对相对隐蔽的对手和从源头上治理恐怖主义等问题来说，则难以奏效。[①]从长远来看，这种方式给国际社会带来的负面影响也十分突出，在实践中更是难以长久维持。特别是美国这种以美国利益为中心的反恐思维模式，很难赢得世界其他国家的真心支持。事实上，过分倚重军事打击的手段来反恐，对于解决许多非传统安全问题的意义不大。而且，美国单边行动能力永远是相对的，不会一成不变，以此为基础来推行国际安全合作显然是靠不住的。

---

① 赵铎：《非传统安全问题与国际安全合作》，载《当代亚太》2003年第3期，第6页。

第三节　欧盟模式

欧盟 ① 是 1952 年开始的西欧 6 个国家（比利时、德国、法国、意大利、卢森堡和荷兰）之间合作和一体化进程的结果，在长达 60 多年的发展进程中最终形成了一个拥有 28 个成员国、人口超过 4.8 亿的大型区域一体化组织。根据国际货币基金组织的统计，欧盟在 2014 的 GDP 总量已高达 18.495 万亿美元，超越美国成为全球第一位。冷战结束后，非传统安全威胁日益成为国际关系中的新焦点，作为区域安全共同体的欧盟同样面临着紧迫的非传统安全威胁。欧盟在应对非传统安全方面也提出了一些新的安全观念和安全实现路径。

欧盟模式特别倡导以泛地区和全球性的一体化机制为依托，制定一体化的社会、政治、法律、财政、经济和文化政策，强调从根源上治理恐怖主义等国际安全问题。这种主张对于应对非传统安全问题，在方向上有其合理性。问题在于其一体化的推进方式，在现实中有许多困难，特别是中短期内难以落实，至少在欧洲以外的地区更是如此。因此，欧盟模式在很大程度上是一种带有理想主义色彩的安全合作主张。② 但无论如何，欧盟模式已成为当前国际社会非传统安全合作的重要一环。

一、当前欧盟面临的主要非传统安全威胁

冷战的结束，特别是苏联的突然解体，不但为欧盟大大降低了来自原苏联巨大的军事和安全压力，而且也使欧盟摆脱了冷战时期剑拔弩张的战争临界之彷徨，欧盟遭受大规模武装入侵的可能性不复存在，欧盟所面临的更大问题和挑战已不再是传统安全领域的议题，而更多的是诸多表现不明显而且又难以预测的非传统安全威胁。③ 在后冷战时期，欧盟在非传统安全领域所面临的主要威胁表现为以下几点：

---

① 欧盟在其历史上先后经过了 1973 年、1981 年、1986 年、1995 年、2004 年、2007 年和 2013 年的七次扩大过程，最终达到 28 个会员国的规模。成员国分别是奥地利、比利时、塞浦路斯、捷克、丹麦、爱沙尼亚、芬兰、法国、德国、希腊、匈牙利、爱尔兰、意大利、拉脱维亚、立陶宛、卢森堡、马耳他、荷兰、波兰、葡萄牙、斯洛伐克、斯洛文尼亚、西班牙、瑞典、英国、罗马尼亚、保加利亚、克罗地亚等。

② 赵铎：《非传统安全问题与国际安全合作》，载《当代亚太》2003 年第 3 期，第 6 页。

③ Javier Solana,A Secure Europe in a Better World[Z/OL].Paper presented to the Thessaloniki European Council,20 June 2003,http://ue.eu.int/pressdate/EN/reports/76255.pdf.1.

（一）能源安全

欧盟近年来在能源安全上的压力比较大。欧盟的能源安全危机主要体现在以下几个方面：①欧盟的能源高度依赖进口。欧盟是全球能源消费的大户，能源进口量位居世界前列。据欧盟能源绿皮书预测，到2030年欧盟对外能源依赖程度将从50%上升到70%，其中石油的依赖度达90%，天然气达80%，能源供应安全始终是欧盟非传统安全问题中最引人关注之处；[①] ②欧盟对俄罗斯能源供应的高度依赖。俄罗斯是欧盟的第一大能源进口国。虽然近年来欧盟与世界其他地区开展了广泛的能源合作，但这种合作在短期内尚无法有效化解欧盟所面临的能源安全问题。虽然欧盟在地理上与盛产石油、天然气的中东、中亚和北非距离很近，这些地区也越来越成为欧盟能源安全战略的重要方向，但由于这些地区的政治普遍处于不稳定状态，特别是经常面临内战及恐怖主义袭击等威胁，关于油气设备的破坏以及人员绑架等事件时有发生，时局的不稳定当然会对油气的运输有威胁，现阶段尚不能取代俄罗斯的地位。

而近年来爆发的乌克兰危机、克里米亚被并入俄罗斯版图等事件，以及欧盟与俄罗斯之间相互的经济制裁行为等，不但使俄欧关系大幅度倒退，而且也使欧盟的能源安全战略面临很大的挑战。

（二）移民问题

欧洲非法移民现象已成为欧洲国家政治精英和社会民众普遍感到急需解决的严重问题。根据联合国难民署的估计，每年非法进入欧盟地区的人数为10万—50万。[②] 特别是近年来，中东难民涌向欧盟国家，以及欧盟内部人员的自由流动原则带来的东欧国家如英、法、德等发达国家大量移民的问题非常严重，不但使欧盟内部出现了巨大的分歧，而且也是英国公投脱欧的重要导火线之一。移民问题已经成为欧盟整合的头号难题。

随着经济全球化和区域一体化的发展，相对落后的发展中国家与欧洲发达国家之间的社会和经济差距进一步拉大，越来越多的人甘愿冒险前往富裕的欧洲国家寻找出路，地中海地区和巴尔干半岛成为欧洲非法移民的主要来源地。移民迁出区持久的地区冲突和种族矛盾更是加剧了这一势头，而欧盟国家间在内政和司法领域缺乏协调、对涉及非法移民的有组织犯罪活动缺乏有效打击手段，也在客观上纵容了非法移民现象。特别是由于缺乏有效的一体化社会融合

---

① 余潇枫主编：《中国非传统安全的研究报告》，社会科学文献出版社2012年版，第75页。

② 余潇枫主编：《中国非传统安全的研究报告》，社会科学文献出版社2012年版，第77页。

政策，来自北非的移民及其后代，在社会教育、就业、语言、生活习惯等方面备遭歧视，因而容易走上犯罪道路。而欧洲的种族主义者对北非移民的仇视和暴力行为不断增多。移民问题已成为欧盟内部非传统安全因素的一个重要组成部分，由于移民而产生的社会融合问题几乎是所有欧盟国家面临的共同挑战。

虽然移民给欧洲社会经济带来一定的活力和生机，但大量涌入也在一定程度上影响了欧洲社会的正常生活方式，例如挤占福利份额、争夺就业机会、滋生街头犯罪等，而由种族、宗教和文化差异而爆发的社会矛盾更是不容小视，它引发了欧盟国家内部的反移民情绪狂潮，也会引发大规模暴力事件甚至社会动荡。

（三）恐怖主义

恐怖主义一直是欧洲大陆的毒瘤。早在冷战时期，欧洲就是全球恐怖主义的重灾区域。例如，在1968—1988年的20年间，西欧发生的恐怖事件数量约占全世界的32.9%[①]。影响较大的恐怖袭击事件有1972年发生的"幕尼黑奥运会惨案"，1988年的"洛克比空难"等。进入20世纪90年代初，英国北爱尔兰地区的"爱尔兰共和军"、西班牙的"巴斯克民族与自由组织"、法国科西嘉的分离运动等老牌的本土恐怖组织仍然相当活跃。而美国"9·11"恐怖事件后，伊斯兰原教旨主义恐怖活动也开始在欧洲大陆滋生，并导致了包括2004年3月在西班牙马德里爆发的连环大爆炸等恐怖袭击事件。此外，2011年7月挪威极右翼恐怖分子布雷维克制造的奥斯陆爆炸案和于特岛枪击案，导致70多人丧生，震惊全球。这一事件是极右翼的基督教原教旨主义者在欧洲本土发动的恐怖主义袭击，体现了欧洲国家内部各族群之间的认同危机，以及个人对于社会的认同危机。此后，欧洲恐怖主义事件频繁爆发，特别是2015年1月初在法国发生的多起恐怖袭击，造成了30多人死伤的重大事件，2016年3月下旬在比利时首都布鲁塞尔先后爆发多起恐怖袭击事件，造成数十人伤亡。这些恐怖事件不少都与"伊斯兰国"恐怖组织有一定的牵连。

与过去相比较，恐怖主义活动和威胁出现的这种新特点和动向，给欧洲国家的反恐工作带来新挑战。而近年来越来越动荡的中东局势会给欧洲反恐带来深远影响。如果这些国家的动荡持续，欧洲将面临大量移民持续涌入的压力，

① European, Parliament Committee on Civil Liberties and Internal Affairs (Viviane Reding). Report on Combating Terrorism in the European Union, European Parliament Session Documents (EP A4-0368/96), Luxembourg, 1996.

此外，也可能出现给欧洲带来威胁的更极端的恐怖组织。令人担忧的是，最近几年欧洲发生的连续恐怖袭击激发了欧洲人对一些外来移民，尤其是穆斯林移民的极端态度，恐怕会给社会造成更深的裂痕，也给移民政策带来更大挑战。恐怖主义已成为欧洲在 21 世纪面临的最为严峻的非传统安全问题之一，欧洲能否应付这一威胁关系着欧洲未来的整体发展。

（四）其他非传统安全威胁

当前，欧盟还面临其他领域的非传统安全威胁。包括①大规模杀伤性武器扩散已构成了对欧洲安全的最大潜在威胁。近些年来，虽然国际条约机制和出口管制措施已经大大减缓了大规模杀伤性武器的扩散，然而，生物技术、化学工艺、核技术和导弹技术的非正常传播以及放射性物质和军品的非法交易，无疑增加了许多新的不稳定因素，进而可能把欧洲推向日益严重的危险边缘；②环境安全。当前全球性气候问题的凸显对欧盟来说是一项巨大的挑战。欧盟作为"京都进程"的领导者，把气候变化和环境安全等全球性环境问题作为重大的外交政策议题之一。欧盟希望在《京都议定书》到期后，推动下一个全面且有法律约束力的全球框架协议，并确保主要经济体的各级参与，从而实现将全球气温控制在 2℃ 以内的远大目标。但目前这一难度非常大，由于包括美国、日本等在内的多个发达国家对节能减排的兴趣不大，也连带影响发展中国家诸多节能减排项目的清洁机制之运作；③食品安全。欧盟虽然加强了对其食品安全的管理，但以疯牛病和口蹄疫的肆虐为典型的食品安全问题仍然经常给欧盟的食品安全带来影响；④欧债危机。2011 年欧洲爆发的欧债危机，已演变成全面性的经济、社会、政治和一体化危机。危机发生后全欧范围内同步进行的紧缩政策对欧盟经济发展的抑制作用日渐显现，欧盟民众的不满情绪增长，对欧盟的凝聚力有伤害，也牵涉到欧盟改革的许多领域，造成欧盟成员国之间的分歧进一步扩大。

二、欧盟非传统安全战略的发展演变

在过去很长一段时间内，欧盟在安全议题上对非传统安全议题的关注度显然不如传统安全议题。欧盟的前身欧共体成立以来出台了不少的有关安全问题的政策文件、决议和协议，其中也有不少是关于应付非传统安全威胁的规定。例如，1979 年的《欧洲反恐公约》，1990 年的《马斯特里赫特条约》，1996 年的《阿姆斯特丹条约》，以及 2000 年的《尼斯条约》等，都有涉及到非传统安全议题，但由于这些策略大都是现实主义的战略视野，关注的焦点集中在欧洲防务一体化的机制建设，仍然对非传统安全威胁重视不够。但随着欧洲东扩进程的推进，传统地缘战略重点防卫区域的中东欧具有了新的非传统安全意义，地缘上的归并也带来了欧盟在安全上新的考虑，也使欧盟开始更加重视非传统安全议题。2003 年是欧盟全面提升非传统安全战略的转折之年。欧盟共同外交与安全事务高级代表索拉纳提交了欧盟历史上的首份《欧洲安全战略报告》，该报告没有过多触及传统的领土安全和军事安全，而是根据欧洲面临的现实情况重新界定了安全威胁的定义，特别是对恐怖主义、大规模杀伤性武器扩散等非传统安全问题进行了详尽剖析并以战略眼光加以系统考虑，进而为欧盟设定了强化国际社会、促进国际机构良好运转以及维护基于法律的国际秩序等优先战略目标，明确了欧盟在安全问题上应该具备的全球视野和应予担当的国际角色的责任。这份报告不仅弥补了欧洲没有共同安全战略的政策缺陷，有利于欧盟以更加积极稳健的姿态应对以非传统安全问题为核心的新的安全局势，更为重要的是，报告文本所彰显的欧洲安全观念的变迁和安全战略的转向更具有划时代意义。

从 2003 年以来，欧盟先后出台过三份《欧洲安全战略》，三份报告都强调恐怖主义、跨国犯罪、治理失败、自然和人为灾害等问题是欧盟面临的主要安全威胁。[①] 欧盟对非传统安全的认知主要包括以下内容：一是安全的内涵已经融入了经济、社会、生态、文化等因素；二是安全治理范围也从组织内部扩展到周边以及其他相关地区；三是欧盟安全治理的职能和结构与国家或其他组织相比显示出非传统性。同时，欧洲积极推进在非传统安全领域的机制建设。以反恐为例，为打击外籍"圣战"分子、追查恐怖组织资金来源等，2015 年以来，欧洲刑警组织的"欧警信息系统"使 24 个成员国共享了 3700 名外籍"圣战"分子的信息。2015 年法国巴黎遭恐怖袭击后，法、德等欧洲国家宣布限制受"伊斯兰国"等极端组织影响的公民出境，并通过加强对公民的教育和引导，杜绝年轻人受极端主义影响；同时加强对一些极端分子的电话和网上行为监控，

---

① 欧盟三份安全战略报告分别是：1. 2003 年 12 月发布的 A Secure Europe in a Better World,European Security Strategy,http://www.consilium.europa.eu/uedocs/cmsUpoad/78367.pdf; 2. 2008 年 12 月发布的 Report on the Implementation of the European Security Strategy-Providing Security in a Changing World,http://www.consilium.europa.eu/uedocs/cms – Data/docs/pressdata/EN/reports/104630. pdf; 3. 2010 年 2 月 发 布 的 Internal Security Strategy for the European Union "Towards a European Secuity Model", http://register.consilium.europa.eu/pdf/en/10/st05/st05842-re02.en10. pdf.

避免网络成为传播恐怖主义和极端分子相互联络的工具。2016 年 1 月，欧洲反恐中心正式成立，以加强欧盟成员国间的情报共享与行动协调。

三、欧盟模式的基本特点

欧盟的政治家普遍认为，在全球化时代，地理空间距离的意义大为降低，远距离的威胁与身边的威胁并没有什么实质区别。无论是传统安全还是非传统安全都对欧洲的安全构成重大的影响。特别是恐怖分子和犯罪分子的活动范畴已扩大到全世界。他们在中亚和东南亚的活动也会威胁到欧盟国家及其公民。全球发达的通讯手段使得欧洲对地区冲突或世界上任何地方的人道主义悲剧十分敏感。而在非传统安全合作领域，欧盟模式的特点主要有以下几个方面：

（一）将防卫非传统安全威胁的防线延伸至欧盟境外

由于非传统安全威胁往往是呈现动态的一面，因此，欧盟认为必须要把对非传统安全威胁的防卫第一线转移到国外。对于欧盟而言，非传统安全威胁主要包括网络性很强的恐怖主义组织、难民问题、有组织的跨国犯罪网络等等，而这些形式的非传统安全威胁的扩散又十分迅速。因此，要有效预防这些非传统安全威胁，就必须在威胁爆发之前就做好准备，最好是要将防卫的第一线延至国外。这也是欧盟对非欧盟地区，包括发生在东南亚、非洲、中东甚至南美等区域的非传统安全问题非常在意的重要原因。因此，欧盟强调在欧洲周边构建安全防护体系。同时也强调发展一种早期、迅速和必要时能够进行强力干预的战略文化，强调要实行"预防性介入"，要求欧盟在危机爆发之初就能动用包括军事在内的所有手段进行介入。

（二）主张用综合性的手段来解决非传统安全威胁

欧盟在对非传统安全威胁的应对办法上，虽然没有完全放弃军事手段，但主要还是强调应运用综合性的手段来应对。例如，针对核扩散问题，欧盟就主张可以用控制出口的办法来加以遏制，强调要通过政治、经济和其他压力来对核扩散问题进行打击，同时也强调要解决核扩散的政治原因；针对恐怖主义威胁问题，欧盟主张可以将情报、警察、司法、军事和其他手段综合起来使用。此外，欧盟在非传统安全领域非常重视与美国及北约的联盟关系，但也注重与俄罗斯、日本、中国、印度和加拿大的战略伙伴关系。[1]

---

① "A Secure Europe in a Better World:European Security Strategy",Brussels,12 December 2003. http://ue.eu.int/uedocs/cmsUpload/78367.pdf.

（三）欧盟内部各成员国在非传统安全合作方面有着非常高度的共识

与世界上其他国家或地区的非传统安全合作不同，欧盟内部各成员国在非传统安全领域的合作上具有较高的共识，这也使欧盟内部在非传统安全领域合作的效率非常高。虽然欧盟不是一个统一的主权国家，它是主权国家组成的联合体，但随着欧洲一体化的水平不断提升，合作的领域不断深入，欧盟内部各成员国利益的不断密切与相互依赖，欧盟各国之间在非传统安全领域的合作更容易达成共识。

例如，2004 年前夕，欧盟 15 国推出了恐怖主义组织黑名单，并通过了酝酿已久的欧洲统一逮捕令。2004 年 3 月，欧盟首脑会议就进一步加强边境控制合作和打击非法移民商讨有关政策，并任命首位欧盟反恐协调员，2004 年 6 月 16 日，欧盟各国外长在卢森堡通过了《欧盟防止大规模杀伤性武器扩散战略的基本原则》和《实施〈欧盟防止大规模杀伤性武器扩散战略的基本原则〉的行动计划》两项文件，这些都表明欧盟在安全威胁的评估以及有针对性地对付威胁方面有了实质性进展。同时，欧盟也积极与外部世界进行合作，在欧盟疆域之外寻求非传统安全保障。诸如通过建立欧盟 - 乌克兰理事会，欧盟 - 地中海议员等合作框架等形式将非传统安全事务纳入双边合作的议程之中，通过发展援助、政治民主化监督等综合性手段帮助扩大欧盟东部的新邻居，例如乌克兰、摩尔多瓦以及白俄罗斯等国改善治理，避免由于欧盟东扩而在欧洲地区制造新的政治分界线等等。

第二编　两岸非传统安全合作的分析框架

在海峡两岸尚未就台湾最终的地位安排达成政治共识之前，两岸在非传统安全领域的合作显然无法达成完全制度化的安排。亦即两岸关系的特殊性质决定了双方在非传统安全领域开展合作的复杂性与敏感性。探讨海峡两岸之间的非传统安全合作，其分析框架既要有历史的纵深，又要有大局观念，还要展现出政治思维的高度。

第一章　两岸非传统安全互动的历史发展

2008 年 5 月之后，随着中国国民党在台湾重返执政，两岸关系迎来了重大的历史发展机遇期。特别是两岸两会恢复协商、两岸主管两岸事务机构及其负责人之间的定期会晤制度等正式确立并开展运作，都是两岸关系发展中的重大历史性进展。两岸关系在这一时期之所以能够取得如此巨大的成就，其原因除了两岸有共同合作的政治基础"九二共识"之外，还与两岸过去二十多年里在非传统安全领域的合作有着重大的关系，尽管这些合作并未形成制度化与机制化的安排，但对于增强两岸互信基础，特别是弥合两岸情感，增进双方共识等方面还是起到了巨大的作用，也使海峡两岸对于非传统安全领域合作的必要性之认识更为深刻。尤其是 2008 年以来，两岸在既往合作的基础上，以"九二共识"为合作前提，在非传统安全领域的合作相当迅速，签署了一系列新的合作协议，大大强化了两岸在非传统安全领域的合作成效。

从两岸互动的历史进程来观察，两岸在非传统安全领域的合作始于两岸民间交流的开启，合作的形式也表现为主动合作与被动合作两种情形。1949 年后，海峡两岸陷入长时期政治对立、军事对峙的状态，两岸民间社会也长期处于完全隔离的局面，两岸社会各自按照其自身逻辑和轨道运行。这一时期对两岸的威胁主要还是来自于传统安全领域，在政治、军事及意识形态对抗强度极高的历史时期，由于两岸社会基本上是处于完全隔绝的状态，非传统安全因素的威胁与挑战基本上被忽略不计。

此种局面一直持续到 20 世纪 80 年代末 90 年代初，随着台湾岛内政治生态特别是政局的显著变化，尤其是伴随着台湾当局开放老兵返乡探亲政策的实施，两岸民间往来的大门开启了，过去长期阻碍两岸民间互动的主要障碍得以消除，两岸民间的往来与交流得以正式拉开帷幕。在这种情势下，两岸之间因为交流而产生的各类问题随之开始出现，最初主要是跨境犯罪、物品走私等问题，此后还有毒品、黑社会等问题，以及环境、食品、疾病传染等问题出现，造成了两岸之间一系列非传统安全问题的滋生，这些非传统安全问题的不断出现，是不断促使两岸公权力部门加以面对，甚至是展现某种合作意愿的最大动力所在。于是在 20 世纪 90 年代之初，两岸为了有效处理这些问题，展开了一些台面上或台面下的合作，虽然这些合作实践没有建立起正式的机制，但对于两岸处理某些非传统安全议题却是起到了非常重大的助推作用。也就是从这个时期开始，两岸在非传统安全领域的合作逐渐拉开了序幕。

两岸非传统安全合作的历史发展大致有 4 个时期：（一）1949—1988 年期间是两岸在非传统安全领域完全不合作的历史时期；（二）1989—2000 年期间是两岸在非传统安全领域开展低度合作的历史时期；（三）2000—2007 年期间是两岸在非传统安全领域的合作动荡与停滞时期；（四）2008—2016 年期间是两岸在非传统安全领域合作的制度化时期；（五）2016 年民进党重返执政后两岸非传统安全合作又面临一系列新的问题与挑战。

第一节　两岸非传统安全不合作的历史时期

1949—1988 年，是两岸在非传统安全领域完全不合作的历史时期。

20 世纪中后期在中国爆发的国共内战，最终以中国国民党的失利、中国共产党大获全胜而告终，败退台湾的中国国民党以台湾海峡为天然屏障，全力阻止人民解放军渡海统一全中国的军事行动。朝鲜战争的爆发、美国以武力介入台湾问题以及之后东西方冷战格局的形成，使得两岸以台湾海峡而对立的局面得以长期维持。在这一特殊时空情势下，海峡两岸不只是出现了在政治上对立、军事上对峙的局面，甚至连两岸之间的民间交流关系也完全中断与隔绝。

20 世纪 50 年代，两岸在大陆东南沿海的岛屿展开了激烈的争夺战，先后爆发了大担岛战役、南日岛战役、东山岛战役、一江山岛战役、大陈岛战役、台山列岛及闽江口海战，以及金门炮战等大大小小的战役数十起。进入 20 世纪 60 年代，尽管台湾方面的"反攻大陆"作战计划最终未能实行，但在"反攻大陆"的政治宣传下，台湾当局掀起了小股武装窜扰大陆的高潮。既有空投着陆的武装特务，也有海上实施武装偷袭的小股武装，但这些军事骚扰最终都以失败告终，使台湾当局"反攻大陆"的信心受到严重打击。此后，国民党政权的作战方针逐步由"反攻大陆"转为"防卫台澎金马"。20世纪70年代，两岸的武装冲突大幅减少，其原因主要在于整个国际局势的变化以及两岸关系的变化。特别是1979年之后中共中央对台政策做出了重大的调整，由原来的"解放台湾"改为"和平统一"的主张，国防部发表了《停止炮击大、小金门等岛屿的声明》，为历时21年的金门炮击正式画上了句号。①

进入20世纪80年代，尽管两岸之间的军事紧张关系有所降低，但两岸关系仍然处于停滞状态，两岸在政治上的对立态势仍然没有多大的改变。针对中国大陆方面提出的"和平统一祖国"及"两岸三通"等政治主张，台湾当局以"三不"（即与大陆"不妥协""不谈判""不接触"）主张和"三民主义统一中国"相回应。由于当时双方经历了近40年的对立状态，互信基础缺乏，这些主张在当时都难以被接受。因此，两岸仍然处于高度对峙的状态。在这种情况下，台海局势在总体上还是呈现出极度紧绷的态势，双方海上军事力量在沿海地区紧急戒备，对出海渔船及渔民的管控仍然相当严格。加上当时两岸渔船数量较少，性能较差，也很少有能够跨越己方实际控制经济海域捕鱼的能力，两岸人民也不敢与对方有过多的接触与互动。因此，在军事上对峙尚未解除、政治上对立仍然严重的情势下，海峡两岸民间社会的接触自然很少，也使当时海峡两岸之间发生非传统安全威胁的事件极为少见。这并不是说这一时期两岸之间不存在非传统安全问题，事实上，早在20世纪80年代初期，海峡两岸之间就曾发生过人员私渡事件。②当然，这一时期两岸在非传统安全领域里的挑战主要还是来自于海上犯罪问题。

1987年台湾当局推出开放老兵返乡探亲政策，使隔绝40年之久的两岸民间社会得以重新开展交流。由于当时海峡两岸的司法机构尚未建立起正式的合作机制，这为两岸的不法分子或犯罪分子潜逃对方并藏匿对岸提供了机会。特别是台湾一些具有黑社会背景性质的犯罪团伙更是利用两岸治安尚无法对接之机，在海峡两岸之间大肆进行走私枪支、毒品、香烟，以及贩卖人口、私渡等犯罪行为，严重影响两岸经济发展及人民安全，破坏两岸的社会治安，损害民众的合法权益。

由于这一时期双方互信不足，加上对于非传统安全领域合作的意识较低，也缺乏合作的意愿与诱因，因此，双方在非传统安全领域的合作基本上完全没

①　刘震涛、郑振清等：《两岸和平发展战略》，学习出版社2014年版，第154—155页。
②　1982年7月5日大陆居民严达州等7人自屏东坊山加禄堂附近上岸为两岸私渡首例。

53

有开展，两岸只是各自去处理一些涉及两岸关系中的非传统安全威胁。

第二节　两岸开展低度合作的历史时期

1989—2000 年是两岸在非传统安全领域开展低度合作的历史时期。这一时期海峡两岸在非传统安全领域开展了一定程度的合作，当然这种合作完全是形势所逼，是一种不得不合作下的被动状态。这一阶段由于双方在政治上及军事上的对立氛围仍然很浓厚，所以双方在非传统安全领域开展合作的诚意仍然略显不足，也使合作的效果非常有限。但是要看到，这一时期，双方在非传统安全领域的合作也取得了一定的成绩，如两岸于 1990 年在金门达成了重要的合作协议，《金门协议》可以说是两岸这一时期在非传统安全领域开展合作的重要里程碑。

1988 年两岸关系发展史上发生了一个非常重大的事件，那就是台湾当局废除实施了长达 38 年之久的"戒严法"，特别是开放老兵返乡探亲，两岸民间长期隔离的大门终于被打开，两岸民间社会重新开始连接，这无疑使两岸关系发展进入到一个新的历史时期。这一时期除了返乡探亲这一特殊群体之外，通过第三地前往中国大陆进行投资、旅游的群体也开始大幅增加。随着台海两地经贸往来、社会交流互动的日趋频繁与紧密，不可避免地衍生出大量非传统安全威胁的隐忧，这些非传统安全威胁议题转化、引发或衍生出新的问题，成为影响两岸关系发展的重大变数。海峡两岸社会的重新连接与频繁互动，自然也使相应的社会治安问题开始凸显，尤其是治安问题再导致其他非传统安全问题爆发的隐忧日益增大。两岸不少犯罪分子利用当时两岸政治互信低、双方公权力部门配合意愿较低的情势，利用海上作业机会来开展各种犯罪活动。例如，当时台湾有不少人蛇犯罪集团利用渔船来私渡出境以逃避刑责的案例并不少见，两岸一时之间俨然成为对方犯罪分子逃避惩罚的温床。

与此同时，在两岸交流过程中也出现了一些影响两岸关系发展的重大非传统安全事件，迫使两岸双方认真面对来自非传统安全领域的威胁和隐患。由于两岸双方政治互信很低，当时两岸对海上不法事件的处理模式通常就是单方面开展海上拦截与原船遣返的做法。早期在两岸私渡客的遣返上，几乎没有任何合作的情形。以台湾为例，当时台湾如果查获到来自大陆的私渡客，经过必要的侦讯程序后，即以"原船"遣返的模式，将多数被遣返人员拘禁于船舱内再遣送出海，并不告知大陆的公安单位。1990 年 7 月 21 日，"闽平渔 5540 号"搭载 76 名私渡客返回大陆，开舱时发现 25 人闷死的悲剧。[①] 这一事件震惊两岸，特别是台湾方面的粗暴做法受到广泛的批评。不料不到 1 个月，1990 年 8 月 13 日再次发生惨案。由于之前台湾方面的遣返方式备受抨击，于是在这一次的遣返过程中，台湾方面特别派遣两艘近岸侦巡船护航，并邀请部分民意代表及媒体参与监督，但行至基隆北方 13 海里处，搭载 50 名私渡客的被遣返渔船突然大角度左转，与台湾海军的"文山舰"发生冲撞，渔船顿时断裂成两截，后经抢救仅挽回 29 人的生命，另 21 人失踪。台湾方面关于大陆渔船遣返的方式一下子成为台湾社会及国际批评的焦点。连续两起重大悲剧事件迫使两岸双方开始思考处理两岸交流过程中的沟通及处理包括遣返在内的非传统安全议题。在这种压力下，台湾官方透过民间红十字会组织，积极协调大陆，进行遣返作业的商议，最终两岸签下了《金门协议》，议定海峡两岸之间的遣返交接事宜，而不再是"押送"，或大陆船员自行开船等粗糙的遣返方式。

正是由于两岸之间的悲剧一再上演，海峡两岸双方不得不改变"互不接触"的既定政策，特别是台湾方面不得不调整其"三不"政策，海峡两岸双方开始考虑通过合作来打击两岸之间的不法行为和犯罪活动，两岸最终决定签署合作协议，《金门协议》的成功签署，使两岸共同打击海上犯罪的合作正式进入初始阶段。当然，这种合作基本上是不得已而为之的做法，也是最低程度的合作，可以说是双方在没有任何政治互信的基础上来开展，虽然其效果非常有限，但毕竟两岸在非传统安全领域正式开启了合作之路。这在两岸关系发展史上特别是非传统安全合作方面是值得大书特书的一件事情。

尽管《金门协议》开启了两岸在非传统安全领域的某种合作，但由于双方在政治上互信不足，因此这种合作的脆弱性与敏感性特征非常明显，非常容易受到两岸之间偶发事件的影响与冲击。例如，1994 年 3 月发生的"千岛

①　1990 年 7 月 12 日，"闽平渔 5540 号"渔船到台湾海峡与台湾渔民做小商品贸易活动，后被台湾军警抓获。7 月 21 日下午 14 时许，台湾军警在宜兰县澳底，将 63 名福建渔民强行关进空间为 2.8 平方米至 5.8 平方米不等的四个船舱内，并用 6 寸长的全新圆钉将船舱顶盖钉死，然后命令 13 名船工将该船驶回福建沿岸。由于船舱空间狭小，缺氧缺水且闷热异常，其中两个船舱关押的 35 名福建渔民中，有 25 人相继被活活闷死，1 人陷入昏迷状态。另两个船舱的 28 名渔民幸存。7 月 22 日清晨，福建平潭县澳前镇光裕村渔民发现搁浅的"闽平渔 5540 号"渔船，撬开船舱后，发现 25 具尸体和奄奄一息的幸存者林里城。事后《人民日报》连续数日发表文章谴责台湾，要求严惩肇事者，但台湾方面拒绝配合。

湖事件"本身是两岸之间出现的非传统安全事件,但其对两岸关系的伤害却非常大。不但影响到两岸在非传统安全领域的合作,而且也使两岸关系受到很大的冲击和挑战。特别是李登辉执政当局恶意操弄台湾民意,使"千岛湖事件"给当时两岸关系的发展带来很大的负面影响。根据台湾大陆事务委员会委托政治大学选举研究中心所做的民调数据,在"千岛湖事件"爆发之后,政治大学选举研究中心于当年 4 月 23 日—27 日进行了电话民意调查,调查数据显示,与本年度 2 月份委托由政治大学选举研究中心的民调相比较,有高达 83.2% 的受访者表示不满意大陆处理"千岛湖事件"的做法,有多达57.6% 的受访者认为这一事件将会不利于两岸的交流活动,20.5% 认为没有影响,且有 84.4% 的受访者认为,基于安全上的考虑,在这段时间内已不赞成其家人前往大陆探亲或旅游。这一事件对两岸的整体交流有所冲击。例如,自从 1991 年海峡两岸分别成立海协会和海基会加强互动以来,两岸人民往来一直呈现出两位数的成长率,大陆方面的统计数据显示,台湾地区民众赴大陆之人数,1992 年成长率为 39%,1993 年成长率为 16%,但 1994 年"千岛湖事件"之后,反而变成负成长,为 -9%。[①]1994 年 4 月 12 日,台湾陆委会宣布"即日起暂时停止两岸文教交流活动","自 1994 年 5 月 1 日起停止民众赴大陆旅游"。甚至连台湾岛内的"台独"势力也借机叫嚣,煽动"台湾独立"。

"千岛湖事件"之后,随着李登辉当局不断暴露其分离主义的本质,两岸关系的发展也越来越困难,两岸在非传统安全领域的合作陷于低谷与停滞状态。

但是,这一时期两岸也开启了非传统安全领域合作的一些机制建设。20世纪 80 年代末期以来,随着台湾当局解除"戒严令",两岸民间互动的大门得以打开,形成了两岸民间社会的广泛接触与往来,但由于台湾当局在政治上继续坚持"三不政策",两岸官方层面上的直接接触并没有随之出现。而1990 年前后,福建沿海地区出现了部分民众私渡去台的现象,并引发数起因为遭返而造成的悲剧事件。在这种情势下,为了维护海峡两岸双方的海域权利,并保障渔民海上作业安全,两岸红十字组织扮演起沟通的重要角

---

① 蔡生当:《两岸交流与管理》,台北:黎明文化事业股份有限公司 2007 年版,第 213—214 页。

色。①1990 年 9 月 12 日，中国红十字总会秘书长韩长林等 4 人与台湾红十字组织秘书长陈长文等，得到两岸官方的认可和授权，就两岸红十字组织参与见证主管部门执行海上遣返事宜进行协商。两岸分别授权双方红十字组织在金门签署了关于遣返私渡者和刑事犯罪嫌疑人的《金门协议》。该协议规定，本着人道，安全，便利的原则，中国红十字会与台湾红十字组织一直保持联系，实施海峡两岸私渡人员和刑事嫌疑犯或刑事犯的海上双向遣返作业。此后，随着两岸交流的快速发展，攸关两岸人民权益的一些棘手问题逐渐衍生，为此，作为两岸常设授权机构，海基会和海协会分别于 1990 年和 1991 年成立，发挥沟通两岸民间交流的桥梁作。《金门协议》是两岸最早涉及共同打击海上犯罪的文件，也是 1949 年以来两岸民间团体受权签订的第一个书面协议，更是两岸在非传统安全领域正式拉开合作的重要起点，它在两岸关系史上有着十分重要的意义。

《金门协议》的主要内容包括：一是遣返原则：应确保遣返作业符合人道精神与安全便利原则；二是遣返对象：违反有关规定进入对方地区的居民（因捕鱼作业遭遇暴风等不可抗力因素必须暂入对方地区者不在此列）、刑事嫌疑犯或刑事犯；三是遣返地点：双方商定为马尾、马祖，但依被遣返人员的原居地

---

① 两岸红十字组织成为双方在非传统安全领域开展合作的重要平台。1987 年 11 月，台湾当局迫于内外压力，开放台湾民众赴祖国大陆探亲。一时间，探亲的人流如堤之决口，使海峡两岸查人转信、寻根问祖信件激增。中国红十字会遵循组织宗旨和原则，帮助海峡两岸同胞查人转信成了义不容辞的任务。由于两岸不通邮电，无法正常联系，只能通过红十字国际委员会驻东亚地区办事处（当时设在香港）中转。大量印有"红十字"的规范的查人专用信函，源源不断地流向对方。数以万计的两岸离散同胞因此取得了联系，得以团聚，被人称为"一件功德无量的事"。在两岸关系日益发展的时候，时机已经成熟，海峡两岸红十字组织开始了彼此往来。1988 年 10 月 12 日，在厦门浯屿海面，厦门市红十字会将落水被救的国民党军队士兵许志淞转交台湾红十字组织，这是两岸红十字组织第一次直接接触。1990 年 4 月 16 日，两岸红十字组织负责人第一次互通电话。应台湾方面要求，中国红十字会救助了在宜昌发病的台胞刘凤子女士。1990 年五六月间，台湾红十字组织负责人徐亨、常松茂一行到大陆访问。中国红十字会副秘书长曲折与台湾红十字组织副秘书长常松茂进行了工作会谈，达成了五项口头协议：1.查人工作开始直接联系；2.台胞来大陆和大陆民众赴台衍生的伤、病、亡及证件逾期等事宜，红十字会应给予积极必要的协助；3.中国红十字会将继续协助有关部门积极处理有关台湾渔船海难事件。台湾红十字组织将积极向台湾有关部门交涉，给予在台湾沿海从事正常渔业生产的大陆渔民人道主义待遇；4.大陆民众继承在台亲属遗产时，大陆公证机关出具的证明文件，经中国红十字会盖章，台湾有关地方法院方能认可；台湾红十字组织将向大陆提供台湾律师公会名册，供大陆民众办理遗产继承事宜选择律师时参考；5.在促进海峡两岸双向交流方面，双方红十字组织将积极努力，争取先行一步。促进海峡两岸双向交流方面，两岸红十字组织将积极努力，争取先行一步。1990 年 7 月下旬，台湾红十字组织负责人陈长文、常松茂访问北京等地，并商谈了双方举办红十字冬夏令营有关事宜。这些往来为以后两岸红十字组织有效接触商谈奠定了基础。

分布情况及气候、海象等因素，双方得协议另择厦门、金门；四是遣返程序：
"（一）一方应将被遣返人员的有关资料通知于对方，对方应于二十日内核查答复并按商定时间、地点遣返交接。如核查对象有疑问者，亦应通知对方以便复查。（二）遣返交接双方均用红十字专用船，并由民间船只在约定地点引导。遣返船、引导船均悬挂白底红十字旗（不挂其他旗帜，不使用其他的标志）。（三）遣返交接时，应由双方事先约定的代表二人，签署交接见证书。"

《金门协议》是两岸第一次公开以和平方式解决问题，也是最早实践两岸协商"求同存异，追求双赢"的模式，更是两岸合作应对两岸非传统安全威胁的重要尝试，为两岸共同打击刑事犯罪等非传统安全威胁开创了先机。据统计，1990—2010 年的 20 年间，两岸的红十字组织共同执行了遣返作业 217 次，一共遣返了 3 万多人，其中大陆向台湾遣返私渡刑事犯和刑事嫌疑犯 96 批，329人。根据台湾"移民署"的相关统计，从 1987 年至 2010 年 8 月 6 日，台湾遣返大陆人民非法入境的人数达 50680 人。2009 年两会在《金门协议》的基础上，又进一步签署了协议，建构两岸司法互助合作机制。

《金门协议》除了开创两岸在非传统安全领域的合作外，也首次确立了两岸常规的沟通模式，为授权民间机构协商打下了良好的基础，从这个层面思考，《金门协议》的意义超出协议本身，证明两岸坐下来协商就可以解决问题，后来的两会商谈，正是从《金门协议》得到的启示。

客观而论，《金门协议》也有其结构性的限制，主要有以下 4 个方面的不足。一是该协议的内容不足。《金门协议》仅仅是有关遣返问题的单项协议，有关协同调查证据，协助缉捕罪犯，互通犯罪情报与诉讼结果，转交赃物、证物及犯罪物品等实质刑事司法互助方面并未规范在内，导致两岸在联合打击犯罪过程中取证难、执行难、公证程序繁杂，两岸警方难以联合行动等问题一直难以解决。二是虽然双方签署了协议，但双方未建立直接联系管道。两岸实施遣返作业时需要透过民间机构，即两岸红十字组织，两岸司法部门本身并没有建立直接联系管道，使协议的执行与落实大打折扣。三是两岸司法互助对象受限，使这种合作在海上打击犯罪的打击面密度不够。四是缺乏制度化的共同打击犯罪机制。海协会和海基会于 1993 年 4 月签署《汪辜会谈共同协议》，并将"有关共同打击海上走私、抢劫等犯罪活动问题"与"两岸司法机关之相互协助（两岸有关法院间之联系与协助）"列入协商议题。1998 年双方就"涉及人民权益的个案积极相互协助"达成共识，开启两岸查缉跨境犯罪及司法互助个案协助模式。但两岸刑事司法交流仅剩个案处理模式，始终缺乏制度化的共同打击犯罪与司法互助机制，成效不理想，更无法构成理想化的刑事侦防系统。

《金门协议》规定以解决两岸人民非法进入对方有效管辖范围的遣返问题为主要考虑，完全不触及双方在现阶段无法达成共识的政治立场与政治原则。[①] 它是两岸第一次合作处理特定问题的协议，但实质上，金门协议更是两岸官方认可与授权完成的协议文件。[②]

《金门协议》签署后的一段时间内，两岸民间交流继续发展，两岸非传统安全领域的合作持续推进。例如，两岸在 1991 年 11 月 1 日起，由台湾海基会与国台办进行"两岸共同防制犯罪程序性问题会谈"，双方在会谈中商谈两岸共同防制犯罪程序性的相关事宜，并就共同合作之项目、实质商谈时地等广泛交换意见。海协会和海基会于 1993 年 4 月在签署《汪辜会谈共同协议》时，将"有关共同打击海上走私、抢劫等犯罪活动问题"与"两岸司法机关之相互协助（两岸有关法院间之联系与协助）"列入协商议题。1998 年双方就"涉及人民权益的个案积极相互协助"达成共识，开启两岸查缉跨境犯罪及司法互助个案协助模式，虽然这是个案模式，但其意义不容低估。从总体上来看，这一时期虽然两岸在非传统安全领域开展了低程度的合作，特别是两岸签署了《金门协议》，但这种合作仍然比较脆弱，特别是容易受到两岸关系发展的影响。在李登辉执政后期，台湾当局公开否定一个中国原则，推动"台独"分裂活动，使两岸关系发展受到越来越大的干扰，两岸本来就很脆弱的非传统安全合作陷入困境。例如，1990—1994 年前 5 年，台湾陆委会平均每年遣返人数超过 4000 人，但 1995 年李登辉访美后，两岸关系生变，台湾遣返的人数从 1994 年的 4710 人锐减到 1995 年的 1427 人。[③]

第三节　两岸非传统安全合作的动荡与停滞时期

2000—2008 年是两岸非传统安全合作的动荡与停滞时期。这一时期，由于坚持"台独"分离主义意识形态的民进党取得了台湾地区的执政权，两岸互动

---

① 陈志奇主编：《台海两岸关系实录（1979—1997）》，台北：财团法人国家建设文教基金会1998 年版，第 44 页。

② 陈志奇主编：《台海两岸关系实录（1979—1997）》，台北：财团法人国家建设文教基金会1998 年版，第 45 页。

③ 《金门协议 20 年见证两岸颠簸》，"中央社"台北 2010 年 9 月 9 日电。

的政治基础完全丧失，两岸在非传统安全领域的合作受到很大的冲击，陷入某种停滞与动荡的状态。这一时期，尽管两岸的政治互信基础不足，特别是民进党陈水扁执政当局对两岸交流进行打压与杯葛，但两岸民间交流仍然在持续扩大。2001 年，金门—厦门、马祖—马尾的航线正式上路，大大便利了两岸人民的交流交往。尽管以上航线为两岸民间往来与交流提供了新的重要渠道，但却为两岸之间疾病防疫等工作带来了新的压力。虽然两岸相关入出境管理部门都有办理检疫业务，但绝大多数传染病有潜伏期，往返两岸间只要几个小时，相对地也提高发病前入境机会，还有为数不少的闯关货品，增添境外移入传染病的可能性。因此，两岸在非传统安全领域面临的挑战随着两岸民间互动的越发频繁而不断增长。

这一时期对两岸关系发展影响较大的非传统安全事件主要有两起。一起是2002 年 11 月起在广东省爆发的"非典"疫情，对两岸关系的影响相当重大。特别是陈水扁执政当局利用该事件进行政治炒作，在国际社会宣称由于台湾未能加入 WHO 而影响对"非典"疫情的防治，同时，对台湾岛内民众强化"大陆打压台湾"的印象与心态，企图以此触及岛内民众的敏感神经，挑起他们的情绪。另一起是 2003 年 8 月 26 日发生了自《金门协议》签订以来最为惨痛的事件。当天凌晨，在台湾苗栗县通霄海滩附近的海面上，两艘载满大陆偷渡女的台湾快艇上的"蛇头"为了逃避警方追捕，竟然将 26 名偷渡的大陆女子全部推下大海，结果造成 6 人溺死、3 人失踪、1 人重伤的惨剧，引起台湾及大陆社会的极大震撼。[①]

在两岸不断爆发非传统安全事件的情势下，特别是"非典"疫情的冲击下，两岸为了应对"非典"疫情，开始有所交流与接触。例如，2003 年 4 月，台北医师公众代表、"中研院"专家先后前往中国疾病预防控制中心和广东省、北京市医疗和防治研究单位，与有关专家举行座谈，交流考察了解"非典"的防治情况。2005 年 11 月，中国疾病控制中心与台湾"疾病管制局"直接建立传染病讯息沟通机制，由中国疾病控制中心将大陆的传染病讯息直接传送给台湾"疾病管制局"，台湾"疾病管制局"也将台湾地区的疫情讯息传送给中国疾病控制中心。从 2005 年 11 月至 2008 年 6 月 30 日，中国疾病控制中心向台湾通报疫情 45 次，台湾"疾病管制局"向中国疾病控制中心通报相关讯息 16 次，

---

① 林海：《偷渡女魂断海峡冷血蛇头死罪难逃》，载《世界新闻报》，2003 年 9 月 1 日。

双方沟通传染病讯息累计达 61 次。①

　　从两岸双方处理"非典"疫情的作为来看，两岸过去交流所沉淀下的问题在遇到突发事件时所引发的问题确实值得思考。"非典"疫情本身就是影响两岸社会的一项重大非传统安全威胁，但当两岸都面临这一非传统安全威胁时，双方却无法立即发展出暂时性的合作关系，无法共同来消灭病毒，反而却演变成在台湾加入 WHA 问题上的政治角力和对抗。当然这与海峡两岸双方各有其想法与动机有关。大陆担心台湾利用疫情来提升其国际参与度，特别是在两岸尚未进行政治和解的情况下，大陆当然对此有高度的警惕性，而台湾方面则利用公共卫生安全问题，试图使之政治化和国际化，企图以此取得只有主权国家才能加入的国际组织中去，当然会引发大陆方面的反制。

　　尽管这一时期由于两岸的政治关系紧张，两岸在非传统安全领域的合作陷入停顿，但经过了"非典"疫情之后，特别是两岸关系在全球化、国际化的浪潮下，已经很难完全切断，从"非典"疫情事件看来，两岸间不只互利互惠，在某些方面也祸福相倚，因此，一个稳定、良好、畅通的两岸关系，更为重要。因此，两岸民间还是不断推动两岸在非传统安全领域的合作与对话。例如，"华人健康平台"的运作，是在两岸特殊政治环境的时空下，为让两岸有关之卫生、医药议题能够获得妥当沟通与处理而发展出来的模式。自 2004 年开始，每年由台湾、大陆、香港和澳门分别轮流主办，并邀请新加坡、美国及日本医药卫生领域的专家学者与相应官员，有系统地就公共卫生领域方面迫切的议题进行讨论，透过平台之交流与运作，对共同关切的卫生议题提出研讨、对话、寻求共识。2006 年 10 月，中国医师协会与台湾地区"海峡两岸医疗合作协会"在北京共同主办"海峡两岸医疗合作与交流高峰论坛"，开启两岸医界合作与交流的第一步。双方都认为应建立起两岸医界交流合作机制。2007 年开始，大陆医院管理协会分会与台湾民营医疗协会共同组织"中国民营医疗机构赴台考察团"，发挥两岸医疗卫生产业各自的优势，加强两岸医界的交流互动。

　　从总体上来看，这一时期虽然两岸政治关系紧张，但在非传统安全领域，两岸还是有一些合作的关系在延续，即便这种合作关系是被动的性质，但它在客观上却有利于两岸加强在非传统安全领域合作的开展。下面就以 2005—2008 年两岸在海上开展救援相关合作一事加以佐证。

---

　　①　庞广江：《以非传统安全角度探讨两岸卫生安全合作之机制》，台湾"国防大学"战略研究所硕士学位论文，2010 年，第 173 页。

2005 年 9 月 16 日 18 时许，福建晋江籍"建兴号"货轮，由广东九江港出发驶向福建晋江市的围头港，行经金门北碇岛外海 0.5 里处时，发生触礁搁浅沉船意外。台湾"海巡署"接获搜救中心的通报后，立即通知金门相关单位前往事故地点执行救援任务。与此同时，东海救助局也派出救援船前往救助，最终圆满完成救援任务。

2005 年 10 月 6 日 11 时许，高雄中洲"金吉号"渔船，从屏东东港渔港出发驶向马祖，在厦门附近海域迷航，而且船身进水。厦门海上搜救部门接获讯息后立即出动直升机进行搜寻，并于当天 13 时 20 分左右发现"金吉号"渔船，并将 2 名船员救起送至厦门。台湾"海巡署"于 15 时 45 分抵达现场后，发现该渔船仍正常运转发电维持抽水，暂无沉船之虞，经协调，该渔船被拖带返回金门县的新湖渔港，圆满达成两岸救援任务。

2006 年 2 月 9 日，台湾马祖北竿高登东北方约 2.3 里处，中国大陆渔船"闽连渔 1028 号"与一艘货轮"恒辉号"发生碰撞，事故发生后台湾马祖巡防区立即前往搜救，台湾"海巡署"船只在现场救起落水的 8 名船员。

2006 年 7 月 11 日，塞浦路斯籍"Dollart Gas"化学品运载船自日本千叶出发，欲航行至台湾云林县的麦辽港，但航行至台湾的桃园外海 7 里处时，因船体引擎发生故障而失去动力。船长透过公司向大陆东海救助局请求救助。东海救助局立即调派在福州定海湾及厦门待命的救助船前往救援，成功将该船拖带至高雄港，台湾方面也同意大陆方面派船进入相关海域执行拖救任务。

2007 年 3 月 4 日 18 时许，台湾马祖北竿白沙籍"嘉庆号"小货船在福州闽江口 6 号浮筒附近沉没，东海救助局获知相关讯息后立即派遣救援船开展搜救活动，台湾马祖的相关单位也在附近海域搜寻，但最终都无所获。

2008 年 2 月 16 日 11 时 23 分，往来厦金"小三通"航线的大陆籍"同安号"客轮，在金门水头码头距岸 200 公尺锚泊处起火燃烧，金门巡防区获报后立即前往协助灭火，而大陆籍 4 艘救难消防船也陆续抵达现状开展救援，两岸合作顺利将火势扑灭。

2008 年 3 月 31 日晚间，大陆晋江籍"闽晋渔 0291 号"渔船在行经金门东南方 41 里处，突然船舱进水，面临沉没之虞。金门相关单位立即前往事故地点开展救援，将 8 名涉险船员救起，后经联系厦门海事局派遣救援船将船员接返大陆。

第四节　两岸非传统安全合作的快速发展时期

2008 年 5 月以来，随着国民党在台湾地区重新取得执政权，海峡两岸在"九二共识"的政治基础上开展合作，两岸紧张情势不仅得到大幅度的改善，而且台海局势也进入自 1949 年以来最为稳定的历史时期，开创了两岸关系和平发展的新局面。在两岸关系总体转好的情势下，两岸合作特别是在非传统安全领域合作的有利环境不断形成，客观上有利于两岸在非传统安全领域展开合作，并取得了一系列的成就。

国民党在岛内重新执政后，两岸迅速就全面"三通"达成共识，两岸"三通"以及大陆游客赴台旅游等政策的实施，无疑使海峡两岸交流的频繁程度提升到空前的水平。而随着两岸社会互动的越发频繁，以及交流的越发密集，两岸之间爆发非传统安全威胁的概率自然也增加了。例如，随着两岸人民的交流越来越频繁，诸如大规模的流行疾病传染、跨境犯罪事件，以及两岸之间的船只发生碰撞或搁浅事件的危机不断增多。特别是随着两岸经贸的持续增长与社会的不断融合，自然也可能会增加两岸之间爆发食品安全等非传统安全事件的风险。加之在两岸关系发展进入不断深化的新阶段，两岸关系的敏感性与脆弱性的特征也更为突出，两岸之间任何一场非传统安全事件都会对两岸关系的发展造成重大影响。以 2008 年 9 月在中国大陆爆发的"三聚氰胺奶粉事件"为例，它对两岸关系的影响就非常深远。

中国大陆在 2008 年 9 月爆发的"三聚氰胺奶粉事件"，共有 20 个省区逾 5 万名婴儿受害，而在医院治疗"肾结石"的病例更是高达 12300 例。这一事件重创大陆食品安全的形象，即便是在事件已经过去好几年的今天，大陆民众对国产奶制品业仍未能恢复信心。而这一事件对两岸关系的影响不容小视。当时，正值两岸关系出现重大的历史转折期，马英九当局上任后两岸方面都希望创造两岸和解的氛围，但"三聚氰胺奶粉事件"事件的持续延烧，不但在台湾社会引发了极大的民怨，而且连带影响到两岸关系的发展。诸如"中国大陆产品都是黑心商品""大陆政府放纵黑心商品"等不实的、负面的文宣不时出现在台湾的媒体和政论节目中，再加上绿营的刻意攻击与标签化，自然会影响台湾民众对大陆的态度与对马英九执政团队危机处理能力的信任。岛内有民调显示，高达八成一的民众对马英九当局处理"奶粉风波"不满意，这也使食品安全议题的政治危机效应随之扩大，①也对国民党和马英九执政当局后面的诸多施政带来不利的影响和牵制。

这一时期由于两岸互信基础大为增强，两岸在非传统安全领域的合作相对比较顺利，两岸在非传统安全领域的合作也大有改观，双方在态度上不再是被动式的合作，而是采取了主动而积极的合作姿态，从而也正式开启了两岸在非传统安全领域合作的机制建设进程。这也标志着两岸在非传统安全领域的合作进入一个新的历史进程。

以两岸开展海上救援合作为例，这一时期，两岸海事相关部门的合作不但配合默契，而且也取得了很多的成绩，同时也为两岸在非传统安全其他领域的合作奠定了基础，积累了互信。例如：

2008年9月29日，巴拿马籍的韩国货轮"HELIOS-3"号，由缅甸航行前往浙江嘉兴港，在航经温州海域时，由于受到台风的影响，船舱进水遇险沉没。温州市海上搜救中心协调舟山东海水下工程有限公司对沉船水域进行水下搜索。台湾地区的马祖"巡防队"在接到相关讯息后也前往事故海域附近进行搜索，并寻获到救生筏、救生圈及背包等物品，相关物品一并交给在现场的大陆搜救船。

2008年12月14日10点，台湾地区新竹籍"新福茂"号渔船在福建平潭长乐冬瓜屿附近碰撞到礁石，导致该渔船出现裂缝，大量进水并下沉，该船随即发出了求救信号，最终由附近海域作业的中国大陆渔船实施了救援。

2009年7月13日16时，福建莆田籍182吨工作船"春航拖3号"，从福建莆田港口出海，南下漳州港维修，于7月14日清晨6时在金门海域北碇岛东南方4里海域，拖轮和工作平台船间的缆绳突然断裂，缆绳绞到拖轮车叶，致使拖轮失去动力，工作平台在海上摇晃，时刻存在翻覆危险，拖轮发出了无线电求救讯号。金门"巡防队"接获通报后，紧急调派巡防艇冒着6—7级、阵风9级的大浪出海实施救援，厦门市海上搜救中心也透过金门县政府交通旅游局通报，要求"春航拖轮3号"船船员协助救援船进行拖带作业。当日14时13分，两岸海事有关部门在金厦海域顺利完成交接任务。

2009年7月14日，福建籍"闽狮渔5193号"渔船，在台湾地区金门料罗湾南方14里，因机械故障而失去动力后逐渐沉没。金门方面接获通报后，于当

---

① 望山：《政治靠北京很近，离台湾人民很远》，《新台湾新闻周刊》，第654期，2008年10月2日出版。

日 13 时 49 分派遣搜救艇前往搜救，厦门海事局也派遣救难船、巡逻艇及直升机在现场搜寻，双方持续搜寻逾 72 小时后仍无所获。

2010 年 1 月 13 日，浙江籍"浙洞机 156 号"货船，运送苯乙烯塑胶原料及高岭土，由广东茂名航行至浙江温州，疑因不熟悉航道及海象不佳，17 日凌晨 3 时许，行经金门东方北碇海域时触礁，船身倾斜并搁浅在礁石区。金门"海巡队"获报赶赴现场救援，厦门海事局也调派救援船赶往该海域参与救援，最终使搁浅的货船顺利脱险。

2010 年 5 月 6 日，福建霞浦籍"闽霞渔 3203 号"，在福建莆田湄洲岛东南方约 20 里海域，与一艘货船相撞，肇事货船随后逃逸，渔船沉没。中国海上搜救中心通报台湾请求协助搜救。台湾"海巡署"派遣勤务舰艇加强协助搜救，并请基隆海岸电台及"渔业署"所属电台广播附近过往及作业之商、货、渔船协寻，但整个搜救进展并不大，失踪者并未寻获。

2010 年 10 月 27 日 8 时许，印度尼西亚世纪航运公司所属之巴拿马籍"建富星"货轮，载运中国大陆籍船员 25 名及镍金属货物，由印度尼西亚港口航往山东港口途中，在台湾地区屏东县的鹅銮鼻西南方 79 里处，因风浪过大，左舷压力舱进水，导致沉没。台湾"海巡署"接获讯息后，即派出巡防艇前往救援，台湾空勤总队亦派遣直升机、台湾"国防部"海军康定军舰及 S-70C 救护直升机也紧急救援。大陆方面也紧急派遣救助船、定翼机抵事故地点协助救助，27 日 15 时许，25 名船员中救起 13 人，其中 1 人无生命迹象，其余 12 人失踪。

2010 年 11 月 5 日，专门负责接送大陆渔工返回大陆的台湾地区宜兰头城籍"新春满 11 号"接驳船，从宜兰南方澳渔港载运 16 名大陆渔工，沿途并在宜兰、新北市、基隆市分别接送大陆渔工，共 66 名，预定送返福建省的崇武港。然而在当日 23 时 30 分，当接驳船航行至澎湖西屿小门西北方约 27 里海域处时，因机器故障，船舱严重进水，加上风浪大，海象恶劣，不到半小时整船就沉入海底。台湾"海巡署"接获通报后于第一时间出动救援船前往事故地点救援，台湾军方单位也派遣 S-70C 救难直升机等前往救援。福建省也派出 3 艘救助船前往救援。6 日清晨 3 时 45 分，台湾地区"海巡署"将 69 名遇险人员全部救起，暂置于澎湖马公渔港，66 名大陆渔工于 11 月 7 日返回厦门。

2010 年 11 月 15 日 17 时，新北市万里籍"长顺发号"渔船，载有 7 人，自新北市野柳渔港出发，在马祖西引岛西北方约 14 里海域起火燃烧，并沉没海中。台湾"海巡署"向大陆方面请求协助搜救，大陆搜救单位随即派出救助船前往出事海域协同开展救难工作。

2010年11月30日14时30分许，宜兰县苏澳渔业电台接获"金协渔20号"渔船通报，苏澳籍"袷协发号"渔船，在基隆北方约185里处，遭到大陆浙江籍"温岭1918号"渔船追撞进水，呈半沉状态。两岸海上搜救中心接获信息后都派遣救援船前往，最终顺利完成救援任务。

2010年12月3日14时左右，载有24名中国大陆船员的巴拿马籍货轮"宏伟号"，由印度尼西亚出发运送镍矿前往中国山东，因海象不佳，在台湾地区屏东的鹅銮鼻西南方约105里处翻覆沉没。台湾海上搜救中心在接获相关讯息后，通知"海巡署"调派巡防舰艇赶赴救援，并指派C-130定翼机等前往事发地点协寻，中国交通运输总局南海救助局则派遣大型远洋救助船参与搜救。

2011年3月12日晚间8时，大陆籍"闽龙渔08004号"在金门料罗湾港南方8里处下锚作业时，遭到从料罗湾港出海航向高雄的1122吨"大中轮"擦撞，渔船疑似因为锚绳被货船绞住拖行后沉没。金门"巡防区"接获通报，立即出动巡防艇参与救援工作，厦门方面也派出4艘船舶投入搜救行列。

2012年5月15日9点23分，台湾籍"金龙轮"客船，由马祖开往马尾，行经闽江口"川石岛""芭蕉尾"附近海域时进水遇险。福建省海上搜救中心接获通报后，立即启动应急方案，指导船员进行自救，并立即协调附近航行的"闽珠一号""闽珠二号""安麒"轮三艘客轮赶往现场转接旅客，出动海巡船、拖轮、专业救助船等参与救助。

2014年9月17—19日，两岸公务船携手在钓鱼岛附近救起了大陆渔民。国台办发言人马晓光表示，这说明，这些年来，在海上共同救助方面两岸合作取得进展，也体现了两岸同胞是骨肉兄弟这样一种特殊的人道主义关怀。

2014年11月27日7时28分，莆田市海上搜救中心接到报警电话，"闽狮渔03909"在乌丘屿附近搁浅，船上16人被困，请求救助。接到险情后，莆田海事局立即启动海上搜救应急预案，通知海巡执法支队派出"海巡08528"船前往事发地点救助，并调派莆田市海洋与渔业局协调附近渔船参与搜救，通过福建省海上搜救中心协调东海救助局派"东海救195"船前往现场救助，同时将险情通报台湾方面，请求协助开展救助工作。27日11：30时莆田海事局"海巡08528"船抵达现场组织救助，同时乌丘屿岛上人员也全力救援被困人员。经两岸双方全力救助，28日16名被困渔民被安全转移到"东海救195"上，并安全返回。

从两岸联合搜救的主要案例来观察，两岸海难事故的主要形态，多以船舶进水沉没居多，触礁搁浅、引擎故障及碰撞次之，而船舶失火、翻覆沉没及因台风迷路等为最少。正是由于两岸特别是厦金海域海难事故频繁发生，两岸相关部门不但签署了海运协议，而且也特别实施了两岸海上联合搜救演练演习，这些合作对于两岸未来执行联合演练以及进行非传统安全领域的合作都有一些帮助。

在这一时期，海峡两岸为了推动在非传统安全领域的进一步合作，特别是为了在非传统安全领域建立起机制化制度化的运作机制，进一步提升两岸非传统安全合作的成效，为两岸人民谋求更多更大的福祉，双方加强了制度化的合作历程，并取得了重大的成效。

以食品安全为例，两岸透过积极合作与协商，最终签署了《海峡两岸食品安全协议》，这是两岸在非传统安全领域开展合作的重要举措。2008 年 9 月 28 日，大陆与台湾的食品卫生专家在北京就"三聚氰胺奶粉事件"进行沟通和座谈，认为两岸食品卫生领域应加强交流，加深了解，建立互信。最终决定在海协会与海基会的两会框架下，建立食品安全联系管道和通报机制。该机制包括两个层面，一是在海协会和海基会层面，二是在两岸食品卫生和检验检疫层面，进行直接的业务沟通。双方各自指定联系人，并商定联系、通报机制的运作方式。2008 年 11 月 4 日，两岸最终完成了《海峡两岸食品安全协议》的签署，协议于同年 11 月 11 日正式生效。在食品安全方面，双方同意在发生食品安全事件时，两岸可即时通报，并相互提供实地考察的便利协助，通报有关责任的查处结果。2009 年 9 月，台湾的两岸安全水产委员会与福建省出入境检验检疫协会签署《闽台水产品质量安全讯息交流备忘录》，这是两岸签署的首份检验检疫合作备忘录，双方在互信互惠的基础上加强各项事务协调与配合，共同探讨水产品的质量安全问题，有助于两岸食品贸易及食品安全的推动。

这一时期两岸也强化了共同打击海上犯罪的努力，并建立起了制度化的机制。例如，早在 2009 年，两岸共同打击海上犯罪的行动就已有效展开。大陆海监部门与台湾"海巡署"共同执法。2009 年 9 月 12 日开展了首次联合执法行动，双方在金门至厦门海域间展开打击海上违法盗采砂石、违法倾倒废弃物及电、炸、毒鱼等违法行为专案查缉业务。9 月 12 日当天，专案查缉行动就查扣了非法倾废船 2 艘、非法电鱼船 3 艘、非法捕捞船 2 艘，此次两岸海洋执法部门 60 年来首次展开的联合执法行动具有非常重要的意义。2010 年以来，两岸逐步建立两岸小单位海上执法机制之雏形。例如，福建省总队和厦门市福州市支队可分别与台湾"海巡署"金门、马祖分部直接进行联络，讨论开展联合执法行动之事宜。2011年6月30日开始，大陆执法机构在"中国海监62"船的率领下，协同"中国海监8005"船、"中国渔政35108"船、"中国渔政35123"船等执法舰艇编队（大陆共6艘执法船及93名执法人员参与协同执法），与台湾"海巡署"派遣的3艘巡防艇及25名执法人员联合行动，行动中双方共查获8艘非法作业的船只，此举意味着两岸海上共同打击海上犯罪行动不断迈向新的里程碑。在两岸大合作的背景下，两岸还展开了情报分享方面的配合。例如，2011年5月11日，在东吉屿东北7.8海里处，经由大陆海洋执法部门中国海监船提供情资，台湾海事部门查获了高雄籍"庆进亿号"渔船（CT3-5949）以电缆底拖方式非法采捕水产品案，这也是两岸在非传统安全领域开展合作的经典之作。

第五节　两岸非传统安全合作进入重要节点时期

2016年5月以来，随着民进党在台湾地区重返执政，两岸关系发展面临新的重大节点，两岸在非传统安全领域的合作面临一系列新的挑战与考验。

民进党上台执政以来，尽管蔡英文当局提出了"维持两岸现状"的政策主张，但拒不接受"九二共识"及其核心意涵，不愿意对两岸关系的根本性质进行清晰的界定，民进党新当局的两岸主张仍然是一份"没有完成的答卷"，[1] 两岸关系陷入了僵局。两岸双方没有形成政治共识，自然会对两岸交流与合作带来很大的冲击与影响。特别是在非传统安全领域，两岸过去八年的紧密合作机制受到了非常大的影响。

以两岸共同打击境外电话电信诈骗为例。在马英九执政时期，由于两岸之间有互信基础，双方在警务合作方面有一定的沟通机制与联系管道，两岸在共同打击境外电话电信诈骗方面，不但开展了一系列的务实合作，而且大陆方面基于维护两岸关系和平发展之大局，也能够比较配合台湾方面的某些诉求。例如，2010年12月27日，中国大陆与菲律宾警方联手在马尼拉地区搜捕涉及电话诈骗的14名中国台湾嫌犯和10名中国大陆嫌犯，当时菲律宾警方也曾遣返

---

① 参见国台办官方网站，2016年5月20日。

台湾嫌犯回中国大陆。大陆方面根据两岸司法合作协议，在完成相关的司法调查程序后，与台湾警方进行合作，移交相关犯罪卷证，并向台湾警方移交了这14名嫌犯，让他们能够回台受审。今年台湾政党轮替之后，随着两岸沟通机制的停摆，两岸在司法互信方面的合作无疑受到了很大的影响。特别是今年下半年以来，几起境外诈骗集团案的遣送事件，除了马来西亚有部分嫌犯被遣回台，其余在肯尼亚、柬埔寨、马来西亚犯案的台嫌，皆因犯罪被害人为中国大陆民众，由警方带往中国大陆受审。尽管台湾新当局多次表示抗议，但大陆方面的态度非常坚决，主要原因就在于，今年5月台湾地区发生政党轮替之后，由于民进党新当局拒不接受过去八年两岸互动的政治基础"九二共识"，两岸政治互信基础受到了很大的破坏，两岸过去几年建立起来的沟通管道陷入了停摆的状态。在台湾新当局不愿意接受"九二共识"这一两岸互信的政治基础的情势下，尽管《两岸共同打击犯罪与司法互助协议》仍然存在，但由于两岸之间的沟通机制已经停摆，因此，大陆方面对该协议的相关执行也只能暂时采取搁置的态度。事实上，当前大陆方面为了维护两岸人民的根本权益，也在一定程度上维持了《两岸共同打击犯罪和司法互助协议》框架管道的基本运作。例如，2016年9月，广州警方从亚美尼亚共和国首都埃里温将129名电信诈骗嫌疑人（其中包括中国台湾籍嫌疑人78名）押解穗，之后，大陆公安部门已将案件相关情况通过《两岸共同打击犯罪和司法互助协议》框架管道，向台湾方面做了初步通报。[①]

未来只要民进党新当局能够重新回到接受"九二共识"及其核心意涵的正确道路上来，两岸在共同打击犯罪及司法互助方面的合作自然就能够顺遂与通畅。

---

① 《78名台湾籍电信诈骗嫌疑人被广州检方批捕》，中国新闻网，2016年10月10日。http://tech.sina.com.cn/t/2016-10-10/doc-ifxwrhpm2868997.shtml.

第二章　两岸非传统安全领域合作的动因

第一节　两岸非传统安全合作的理论动因

一、区域合作理论

区域是指拥有一定地理范围的空间。区域作为一个专业概念进入学者们的研究视野是从地理学科开始的，亦即区域首先是作为一个地理概念而出现的，区域的概念"自从古代地理学萌生以来，经过近现代理论的演化推进已经成为一个具有清晰轮廓和明确内涵的科学研究对象"[①]，它是地理学的核心概念之一，既可被理解为单纯的自然地理，也可被理解为自然与人文的有机结合体。但在社会科学中，区域概念的使用与理解则显得比较随意。区域概念真正进入国际政治话语系统中来是 20 世纪 50 年代的事情。1957 年多伊奇在《政治共同体和北大西洋地域：历史经验视角下的国际组织》一书中表明包括经济交易、交往沟通以及政治价值在内的多样化内容之间的高层次相互依赖决定一群国家能否构成一个区域。[②] 在这里，他着重强调了交往沟通对形成区域的重要性，认为沟通是形成一个区域的必要条件，是维系区域存在的一种粘合剂。即不同形式的交往沟通能够使人们形成一种社会性的网络，这是能否形成一个区域的关键所在。[③]1967 年，英国学者布鲁斯·卢塞特运用行为主义方法在其著作《国际区域与国际体系：一项政治生态学研究》对区域进行了实证分析。[④] 他的研究方法大大开拓了对区域概念的研究。此后，学者们开始尝试对区域的概念及范

---

① 郑东子：《地理学区域研究中的哲学观》，《经济地理》，1999 年第 3 期，第 119—123 页。

② Karl W.Deutsch.*Political Community and the North Atlantic Area:International Organization in the Light of Historical Experience.*Princeton:Princeton University Press,1957.

③ 秦亚青：《国际关系理论：反思与重构》，北京大学出版社，2012 年版，第 16 页。

④ Bruce M.Russett.*International Regions and the International System:A Study in Political Ecology.*Chicago:Rand Mcnally&Company,1967,10.

畴进行学理的界定。1970 年，坎托瑞和斯皮盖尔将区域界定为包含两个以及更多的，在政治、经济和地理等方面不断互动的国家。他将世界划分为 15 个有明显区块的次体系。① 这个定义的独特之处在于，它明确提出区域是不断变化的，并且强调了国内政治因素对界定一个区域界限的重要性。1971 年，美国学者约瑟夫·奈在《局部和平：区域组织中的一体化和冲突》中提出，区域是基于地理上的关系和一定程度的相互依赖而导致有限数量的国家联系在一起。② 这是关于区域的经典定义。1973 年，威廉·汤姆林在《区域次体系：概念说明和观点明细》一书中，总结出区域的 21 个基本特征，从而得出结论——区域是包含两个或以上的、在地理位置上邻近、密集互动、对不同的现象有共同看法的国家。20 世纪 80 年代末 90 年代初以来，全球化席卷整个世界，区域概念也受到全球化的极大冲击。传统观点认为，区域是将原本分离的、完全不受约束的、静态的地理单元拼成一个地理世界。但在全球化背景下，区域并非由如此简单的方式构成，而是经济、政治和文化等不同因素分别在全球、区域和国家等多个层面上以一种类似组合拳的方式重新界定区域的概念，使得区域不断在消失和重现之间转变，③ 使人们对区域概念的理解更为多元。

　　学界对于合作的概念与理解，不同的学科当然有着不一致的认知与角度。社会学基本上是以文化为核心来解释合作。社会学强调人类的行为不仅被其先天的生物属性所影响，更是受到后天的文化、教育等诸多社会性因素的决定性影响。社会学关于合作的理论主要有两种观点：一是"基因—文化"协同进化理论，以威尔逊和查尔斯·鲁姆斯登为主要代表人物，认为人类社会的进化是一个沿着生物进化和文化进化的双重轨道并行向前发展的协同进化进程。④ 其中文化进化的速度和作用要远远超过生物进化的速度和作用。二是基因—谜米（Meme）共同进化理论。这个理论和前者最大不同在于谜米的提出和使用。Meme 这一概念是由英国科学家道金斯最早提出来的。他认为，任何生命的进化进程都是复制因子的遗传、变异和选择的过程。与基因相同的是，谜米也是

---

① Cantori,Louis J. and Steven L.Spiegel.*The International Politics of Regions :a Comparative Framework*.NewJersey:Prentice Hall,1970:6-7.

② Joseph S.;Nye.*Peace in Parts:Integration and Conflict in Regional Organiztion.* Boston:Little,Brown and Company,1971:vii.

③ Martin Levis and Karen E.Wigen.*The Myth of Continents:A Critique of Metageography.* Berkeley:University of California Press,1977.

④ 蒋湘岳：《爱德华·威尔逊社会生物学思想研究》，武汉：华中师范大学硕士学位论文，2008 年，第 22 页。

这样一个具备遗传性、变异性和选择性的独立的复制因子，而二者的不同之处在于，基因作为复制因子推动着生物的进化和发展过程，而谜米作为新的复制因子驱动着人类文化的不断变化和发展。① 经济学则是以博弈互动为核心解释合作。博弈论在研究人类的合作行为的进程中走在了前列，取得了不少成果。1944 年约翰·冯·诺依曼和摩根斯坦在其经典著作《博弈论和经济行为》一书中首先提出合作博弈的概念。合作博弈是指参与博弈的若干行为体通过具有一定约束效力的协议达成联盟，以联盟的形式进行博弈，从而获取合作的利益。行为体之间的博弈活动就成了不同团体或联盟之间的博弈。在合作博弈过程中，行为体不一定会做出合作行为，然而会有一个来自外部的机制惩罚不合作行为体。心理学则是以认知为核心解释合作。认知心理学的基本理论认为，"当一个行为体接受到信息或受到环境中刺激因素刺激的时候，会形成对这一信息或刺激因素的知觉"，② 这里的知觉就是行为体对获得到的信息或刺激做出"选择、组织和判断"等一系列心理行为的过程。然后，行为体会根据自己对信息或刺激的理解，对信息或刺激做出一定的反应。从这个意义上讲，行为体对信息或刺激的反应，是建立在其对信息或刺激的知觉上的，而不是建立在客观的、真实的信息或刺激上的。在这种情况下，一旦知觉出现错误，那么行为体对信息或刺激的理解就会出现偏差或错误，从而使行为体做出错误的反应。即认知心理学中的合作与否是基于认知这个核心要素，而博弈论中的合作与否是基于理性这个核心要素。

区域合作是指在一定区域范围内，区域之间或跨区域的国家、个人或群体等政治行为体之间基于相似的认知，为达到彼此的目标，通过协调或配合等方式而采取的共同行动。区域合作有以下特点：①区域合作的范围不仅局限于区域范围内，也有可能超越一个区域，在区域之间或跨区域层次上的发生。冷战后国际社会的区域合作开始跨越区域界限，一些跨洲的、跨洋的、区域的自贸区或区域组织开始出现；②区域合作的主体不仅包括国家，也包括国家组织、全球性组织、个人、跨国公司、公民社会组织以及一些非政府组织等各种非国家行为体。而这些不同行为体推动的区域合作实践在不同层次上有不同的身份特征和表现形式；③区域合作在不同的领域有着不同的特征和发展轨迹，尤其

---

① ［英］理查德·道金斯著，卢允中、张岱云、王兵译：《自私的基因》，吉林人民出版社，1998 年，第 22 页。

② 吕斐宜：《认知心理学视野下的个体行为》，《光明日报》，2007 年 6 月 26 日，第 11 版。

是经济领域，区域合作的发展程度最为深远，出现了优惠贸易安排、自由贸易区、关税同盟、共同市场等不同区域合作类型，而在政治、安全和文化领域内的区域合作程度就要落后于经济领域；④区域合作不一定就只采取合作的行为，也有竞争或冲突的成分。区域合作只会在行为体认为它们的政策处于一种实际的或潜在的冲突或竞争的条件下而不是和谐的条件下才会发生。① 区域合作不应被当作是没有冲突或没有竞争的状态，而应该被视为对潜在的冲突或竞争的反应。

影响区域合作的因素有很多。一是全球化。全球化是包括国家行为体和非国家行为体在内的所有行为体在经济、政治、文化、安全、军事、科技等多领域，推动资本、技术、劳动力、资源等物质生产资料在全世界范围内进行自由流动和优化配置，推动以文化、意识形态和价值观为主要代表的精神力量在世界范围内相互碰撞、冲击、沟通、交流、冲突与融合。正是全球化所涉及的主体、方式、范围的广泛性，使得具有在经济发展水平、历史文化、意识形态以及社会制度上都拥有巨大差异性的世界国家往往无法在短时期内、在所有领域都达成一致和共识。但是，区域合作在客观上弥补了全球化的不足，极大推动全球化在局部区域上的发展。具体来说，地理位置上的接壤或邻近有利于贸易和产品生产要素在区域范围内的自由流动，更容易形成区域合作的基础，有利于区域合作的发生。在同一个区域内部的行为体之间往往有着相似相同的历史经历和文化背景，这有利于区域合作的深层次发展。因此，区域合作是全球化的客观产物。二是文化因素。文化是人类在漫长的历史过程中创造出来的物质成就和精神文明的总和。主要包括民族特性、传统文化、意识形态和宗教信仰等，这种带有主观色彩的客观存在是人们对人、事、物自身，它们之间的关系以及它们所处的环境所具有的共同的知识，是人们为他们自己创造的有意义的网络。这种通过人类的实践而创造出来的文化会对人们的行为产生一定的影响。文化因素已成为影响区域合作的重要因素之一。文化对区域合作的影响是广泛的、深远的，文化能够影响到广大公众和决策者对区域合作的态度，从而影响到国家的对外政策。三是利益。区域合作是各个行为体参与国际社会的一种互动行为，而行为体参与区域合作的根本驱动力就在于追求各自的利益。当然各个行动体的利益在不同时期存在差异，而其利益的变化就不可避免地影响到区

---

① ［美］罗伯特·基欧汉著，苏长和等译：《霸权之后：世界政治经济中的合作与纷争》，上海世纪出版集团 2006 年版，第 53 页。

域合作政策的调整。四是重大事件。重大事件是指对区域合作产生重大影响的事件。这种影响可以是积极方面的，加速区域合作的产生与发展，也可以是消极方面的，延缓甚至反转区域合作的产生与发展，称之为危机事件。经济危机是影响区域合作的重要事件。例如 1997 年亚洲经济危机就启动了东亚区域合作的新航程。2008 年爆发的欧美金融危机，使欧盟各国决心进一步加强区域合作，特别是加快了欧元区和欧盟的扩大行动，例如拉脱维亚成为欧元区第 18 个新成员国，克罗地亚成为欧盟第 28 个新成员国等。说明尽管欧洲债务危机在一定程度削弱了世界其他区域对欧盟区域合作模式的认同感，但这并没有使欧盟的区域合作进程退缩，反而进一步强化了其信心和决心。2001 年发生的 "9·11" 恐怖袭击事件，表明国际恐怖主义已成为影响区域合作，尤其是区域安全合作的重要因素。五是生产力发展水平。生产力发展水平是区域合作产生与发展的最根本动力。马克思唯物主义历史观认为，生产力是推动人类社会向前发展的最根本力量，其中科学技术是生产力诸多要素中的最重要组成部分。科学技术能够加速区域合作的产生与发展，能够深刻影响区域合作的发展路径和方向。区域合作的内容主要包括以下几个方面：

一是区域经济合作。从 20 世纪 50—60 年代开始，区域经济合作不断涌现，经过半个多世纪的发展，目前世界上绝大多数的国家都至少参与一个区域合作组织或签订一个区域贸易协定。从区域合作的发展程度来说，其理想类型主要包括部门一体化、优惠贸易安排、自由贸易区、关税同盟、共同市场、经济联盟以及完全的经济一体化等 7 个阶段。这 7 个区域经济合作阶段是由低层次到高层次逐渐发展起来的。

二是区域政治合作。区域政治合作是指在一定区域范围内的各个政治行为体为了追求各自利益，基于共同的或相似的利益，解决区域内共同面临的区域性问题或区域性冲突，而在诸多关键的政治事务领域采取区域协调或合作等政治安排的过程和态势。在区域政治合作中，关键议题是区域稳定性、成员的安全、对当前全球秩序的贡献以及成员国与全球体系的关系。区域政治合作意味着区域性问题或区域冲突无法依靠一个国家来解决，区域政治合作的要求是建立区域性的政治协商机制，使各成员都有机会参与到区域性问题的解决过程中来，目前主要代表有欧盟、东盟和非盟等政治性区域组织。

三是区域安全合作。区域安全合作一般而言是解决区域各国面临的共同安全问题，实现区域和平与发展的一种有效的区域安全安排。其类型包括：①军事集团和安全同盟。这种区域安全类型往往有一个核心国家，其他国家处于从属地位；②建立在平等对话、协商合作、共同安全利益基础上的新型区域安全内容，主要有大国协调、集体安全体制、合作安全机制等。区域安全合作既包括传统安全议题，也包括恐怖主义、跨境毒品交易、环境污染等新型综合安全议题。在区域合作深度上，既有国家之间的区域安全合作，也有以国家为主导，各个非国家行为体积极参与的区域安全合作。

四是区域文化合作。文化因素是影响区域合作的重要因素之一。文化在区域合作的发展中起着重要的作用。区域文化合作是区域合作的重要组成部分。

从区域合作理论的内涵及特征来看，它完全可以作为海峡两岸推进合作的理论来源。台湾与大陆不仅在地理上相邻，而且同文同种，语言、文化及历史相同，完全可以运用区域的理论来加以研究。过去几十年，台湾海峡两岸的合作已有相当的成效。两岸人员往来相当频繁，每年往来两岸的人员规模已接近1000万人次之巨，两岸在经济上已基本上形成相互依赖相互合作的状态，台湾对大陆经济依存度相当高，两岸贸易总额已超过2000亿美元之规模。因此，海峡两岸的合作特别是非传统安全的合作完全是自发行为，是有利于两岸双方的实际利益，是任何力量都无法阻挡的。它是区域合作理论的必然发展逻辑。因此，区域合作理论为海峡两岸开展合作，特别是在非传统安全领域的合作提供了重要的理论指导。

二、和平发展理论

和平发展已成为冷战后世界的重要主题。20世纪90年代以来，全球化在世界范围内的扩展以及冷战体制的终结，为和平发展成为新的时代主题提供了条件和可能性。在经济全球化的趋势下，国际关系及地区关系已处于重大的转变之中，中国推动的和平发展战略正是在这一历史趋势及客观背景下的产物。经济全球化不但为中国自身的和平发展提供了重要的战略机遇期，而且也对中国对外战略实施及港澳台工作的开展提供了现实的可能性。

（一）和平发展成为主题的时代背景

首先，二战后和平发展思想取得很大的进展。第二次世界大战期间通过的《大西洋宪章》，其中某些原则就体现了国际社会对战后和平建设的构想。例如，其中有反对殖民主义和扩张主义的思想，有关于社会保障的思想，还有关于经济国际主义的思想，以及集体安全和裁军等思想，这些原则性的框架与规范成为第二次世界大战结束后盟国方面规划的纲领性文献。美国、苏联、英国等当时的主要国家都认识到，战后应进行和平建设的积极尝试，要消除一国战争倾向的国内经济社会根源，认为这些举措对于确保世界国家走向和平发展的道路会有促进作用，这些关于和平与发展的观点与过去西方国家所主导的思想完全不同，这也为战后世界和平发展模式的形成和发展奠定了重要的思想基础。事实上，二战结束后，同盟国在联合国体制上也开始了对国际经济机制的建设，这是基于二战爆发的国际经济根源之思考，从而对战后国际经济秩序框架的构建进行制度性安排。这为战后国家和平发展道路的选择创造了相对稳定、开放和公正的国际经济环境。诸如贸易保护主义的废除，相对稳定的货币支付体系的建立，稳定开放的贸易体系与战后和平建设等措施的采取，都是二战后建立起来的。

同时，第二次世界大战后，不少西方国家推动福利国家的建设，也为战后世界的和平发展模式提供了某些经验及氛围。二战的经历及其结果，改变的不仅仅是战后世界的国际秩序，也为参战国的国内秩序的改造创造了条件或提供了动机。战时有关战后规划的政策和思想奠基及战争本身造就的一些客观结果，有力地促使了战后各国和平开展社会革命。特别是西方普遍进行的福利国家建设，对世界和平发展的影响很深。国家倾向于通过相对稳定开放的区域性或全球性的国际制度来表达和实现自己的发展诉求。例如，世界开发银行、国际货币基金组织和关税贸易总协定，这些组织都是全球性的国际制度安排。另一方面，历史上和地缘上存在密切关系的地区、国家纷纷建立区域性的制度安排。最具代表性的是由 20 世纪 50 年代的煤钢联营计划发展成的欧洲联盟。而二战后建立起来的集体安全机制——联合国体系之存在是对潜在侵略国家的威慑。虽然也容易被大国利用或者因安理会大国的利益而陷入瘫痪，但它本身具有的国际法权威却是不争的事实。

其次，全球化发展为和平发展理论的形成提供了重要的基础。20 世纪 90 年代以来，全球化发展迅速，已成为当今世界不可阻挡的发展趋势。经济全球化使各国各地区经济及政治、文化及社会等方面的相互联系日益加强，加深了各行为体之间的相互依存关系，这种相互依存关系的加深，使各行为体之间的发展战略由零和博弈转向双赢成为可能，各国日益看重通过利益协调来谋求共同发展，而非通过长期损害别国的利益来谋求发展，这是维护和平、防止冲突的重要保障。同时，相互依存的加强，也使各行为体之间的合作得到显著加强。

因为各行为体的利益相互渗透、交融。在安全领域，恐怖主义等在国际社会及区域之间的政治、经济、社会方面带来的非传统安全问题促使行为体之间的合作更为紧密，加之金融危机、环境生态破坏、跨境犯罪等需要各行为体共同应对的问题不断增多，因此，国际社会各力量中心之间的相互作用上，今后不太可能还是通过对抗来相互掣肘，更多的可能则是通过相互联系与合作，甚至相互促进与制约，建立广泛联系与合作，从而使国际合作、经济增长以及世界和平越来越成为国际关系的主流。

最后，冷战后世界格局多极化发展趋势为和平发展提供了现实可能性。冷战后，世界格局多极化的发展趋势也越来越明显。进入 21 世纪以来，世界多极化正以不可阻挡之势向前发展，已成为一种历史发展趋势。所谓多极化，主要是指世界上存在着若干实力相当，且相互联系、相互制约的国际力量。构成一极的国际力量，应具备以下条件：一是具有较强的综合国力；二是具有较强的国际作用力，能在国际事务及地区事务中发挥重大作用，成为力量中心；三是具有地缘政治优势；四是具有战略及政策运用得当并赢得国内多数人支持的领导集团。当前的世界就是一个由多极构成的世界。从世界格局来看，冷战后美国对伊拉克、阿富汗等国家发动的战争虽然使美国的霸权战略得以向前推进，但是并未从根本上改变世界多极化的趋势。

世界多极化的发展趋势有助于世界的和平发展，这为中国和平发展提供了和平与发展的环境，也为中国实行和平发展战略提供了根本保证。多极化的国际格局有利于国际关系的民主化发展进程。因为在多极化的格局下，各极力量相对均衡，各国在国际关系中处于相对平等地位，抑制了霸权主义和强权政治，发展中国家的声音和要求更能彰显，有助于建立一个平衡、民主、稳定、不对抗的新秩序。同时，多极化也具有某种制衡功能。

（二）和平发展成为中国的战略选择

中国将和平发展作为其重要的战略选择，有其历史文化传统与现实考虑。可以说是历史与现实的最佳结合。

首先，中国传统战略文化的主流意识就是和平主义。这是中国奉行和平发展战略的重要历史文化依据。中国是一个有着深厚文化传统的大国。中国经历了从封闭到开放的漫长历史。在中国漫长历史中占据主导地位的是儒道释思想，其中的和平主义色彩是显而易见的。和平发展战略正是中国和平主义的世界观与秩序观厚积薄发，结合国际社会的现实主义实践而提出的。这也决定着中国一般会采取一种和平的发展方式。例如,中国传统社会的天下观,其包容性非常强,与西方从国家观来观察世界的角度相比较,无疑更为开阔和包容。中国的秩序观是多重的,一为伦理秩序。二是文化秩序,即是否"仁德"与"合礼"。中国对秩序优劣的评价标准是德、礼;维持秩序的方式是德治和礼治。三是政治秩序,是否合乎"王道"和"仁政"。四是和平观,强调"和为贵"。和平一词最早可能出现于《易传》里,即"圣人感人心而天下和平"。①中国古代典籍里和的思想随处可见。孔子提倡"礼之用,和为贵",把和作为礼治的最宝贵手段。还有孟子的"仁政",墨子的"兼爱""非攻",老子的"贵不争"。在与周边国家的交往中,中国主要采取的也是以德怀远等和睦政策。中国倡导的和平共处五项原则以及和谐世界等都是对中国传统和平观的某种继承和发展。

其次,中国从近现代世界大国的兴衰成败历史中吸取了教训。从世界历史来看,一个新兴大国的崛起,往往使国际力量对比发生转换,利益重新分配,导致国际格局和世界秩序的急剧变动,与原有大国之间的矛盾冲突加剧,甚至引发大战,这是因为新兴大国往往会选择通过战争来打破原有强权建立的国际体系,实行对外扩张以争取霸权。但中国作为崛起中的大国,选择的是以和平发展,而不是战争方式作为手段,这是中国的客观环境和主观因素所决定,也就是说,中国不存在武力扩张的根源和动力。而历史上的大国崛起之路也给当代的中国提供警示。历史上大国之崛起没有一个是通过和平发展实现的。15世纪的葡萄牙、16世纪的西班牙、17世纪的荷兰、18世纪的法国、19世纪的英国、20世纪的美国都是通过战争、扩张的途径实现崛起的,近代欧洲列强之间的战争、一战、二战、冷战都是大国武力崛起所导致的高强度军事冲突与对抗。历史上大国崛起之路给了中国很大的启示,那就是通过武力扩张而崛起的道路是不可取的,也是不可行的。不仅如今的国际格局和国际体制不会容许武力扩张的行为,而且这种崛起是不会长久的,最终会走向衰弱。一国发展离不开其他国家,特别是在全球化时代,合作与共赢才是根本之道。

再次,中国选择和平发展战略是完全符合实际国情的现实之举。尽管在过去几十年里,中国的发展取得了举世瞩目的成就,但中国的实力还是相当有限的,特别是国内发展的任务还十分艰巨。就经济面而言,中国大陆的人均GDP与世界发达国家还有较大差距,资源人均占有率也较低,特别是资源消耗大、

---

① 李少军主编:《国际战略报告:理论体系、现实挑战与中国的选择》,中国社会科学出版社2005年版,第533页。

利用率低；市场经济体制还不成熟，企业国际竞争力不强，经济结构不均衡，内需严重不足。而在社会面向，随着中国大陆经济社会的快速发展，很多问题不断突显。城乡二元结构仍然存在，社会发展不均衡，利益诉求的复杂性，社会保障体系的相对滞后等等。而在政治面向，改革和发展带来的一系列社会问题使中国共产党的领导和执政能力面临极大挑战，贪污腐败问题的严重也在一定程度上对执政党提出了更大的考验与挑战。

国际政治是国内政治的延续，一国的外交战略取决于国家的发展战略，其制定应服从、服务于国家发展战略。21世纪中国国家发展战略主要是要实现经济发展，这是中国自身的成长和发展需求。在多变的国际格局中稳健地寻求自身经济实力的上升，寻求发展，是当前中国的硬道理。世界大国首先是世界经济强国，其经济规模大、富裕程度高，而且在技术革新条件下主导性产业部门旺盛，并能积极参与世界经济，成为世界经济的增长中心。目前中国已是世界第二大经济体，也是世界重要经济支柱之一。但中国作为最大的发展中国家，在人均国民收入、科技发展水平、经济竞争能力、国民综合素质、国防和国家安全投入、军事装备特别是军事高技术水平等方面同发达国家及地区军事强国都有相当大的差距，我国发展战略要求国防和国家安全投入必须与经济发展相适应，不能脱离经济发展所能承受的能力，这就制约了中国的国际战略的制定，也决定了中国的发展不具有以非和平方式进行的条件。

从客观环境来看，旧的世界霸主以什么为主要手段来维护其主导地位对新兴大国的战略选择有重大影响。而冷战结束后，国际社会有了新的发展，就是世界霸主有可能倾向于以经济力量来维持其霸权地位。美国在冷战后一直强调经济安全是美国安全问题中的第一重点，这就为新兴大国不选择军事手段为主要发展战略创造了一定的条件。此外，从综合国力的基本构成来分析，随着世界经济步入高科技时代，军事力量的水平越来越取决于经济实力的大小，经济取代军事成为综合国力的基本要素。这一客观变化也使新兴大国选择经济发展的战略而不是军事崛起的战略。

从主观因素来分析，中国的国家性质和传统观念也决定了中国的发展道路是和平的。中国的疆域范围自汉代以来就大体形成，这说明中国不是一个扩张主义国家。中国几千年来处理对外关系的传统体现在"厚往薄来""宣德于外"八个字上。中华民族历来酷爱和平、崇尚和睦，中华文明的传统之一是以和为贵、和而不同，己所不欲、勿施于人。近代以来，中华民族受到西方列强一百多年的凌辱，深知和平之珍贵，更不可能透过战争手段去掠夺别国财富，不会让历史重演。我们的社会主义国家性质也决定了不可能通过武力和强权手段来发展自己，只会走和平发展道路。

（三）中国和平发展战略的提出及其发展

中国和平发展战略的形成及演变有一个历史的过程。2003年12月10日，时任国务院总理的温家宝在哈佛大学发表《把目光投向中国》演讲，明确表示中国选择的是"和平崛起的发展道路"，同年12月26日，时任国家主席胡锦涛在纪念毛泽东诞辰110周年座谈会上再次强调，"坚持中国特色社会主义道路，就要坚持走和平崛起的发展道路"。[①]2004年起，和平发展战略及道路渐渐成为中国官方的主要提法。

2004年3月14日，温家宝在全国十届人大二次会议记者会上进一步阐述了和平崛起的发展道路的战略内涵。[②]2004年国内领导人讲话中，更多地出现了"和平发展战略"或"和平发展道路"等字眼。中国领导人在2005年的联合国成立60周年首脑会议及2006年的元旦新年贺词中，都强调中国坚持走和平发展的道路，在党的十七大报告中，走和平发展道路作为重要战略思想成为第十一部分的标题，占有突出的位置。2005年12月22日，中国国务院新闻办公室发布的《中国的和平发展道路》白皮书，详细地阐述了中国和平发展道路的含义。不但避开了崛起的敏感字眼，表述更为温和、理性。而且还将和谐、和平的理念延伸到处理国际事务的实践中，提出了和谐世界的理念。2005年4月，中国在亚非峰会上首次提出和谐世界的理念。和谐世界与和谐外交是和平发展战略在外交上的延伸与扩展，即对内通过和平发展提升自身实力，对外通过和谐外交参与国际体系建构，先从和谐社会做起，再通过推动和谐外交建构和谐世界。至此，中国和平发展战略理论基本成熟。

（四）中国和平发展战略为解决台湾问题提供了现实的可能性

维护国家主权独立、统一和领土完整，是中国的主权需求。中国在考虑发展的重要性之同时，不能忽视主权问题，主权问题对中国至关重要。当前，主权需求的一个主要问题就是台湾问题。台湾问题涉及中国的主权、领土完整和国家安全，是中国的核心利益所在。台湾问题关系中华民族的伟大复兴。台湾

---

① 胡锦涛:《在纪念毛泽东诞辰110周年座谈会的讲话》，新华网，2003年12月26日。
② 胡沫:《中国和平崛起所面临的政治安全挑战及其对策》，载《桂海论丛》2006年第3期，第55页。

问题是中国内政问题，但由于美国不愿放弃介入台湾问题，所以有演化为国际冲突的危险。中国在战略机遇期能否有一个相对和平稳定的建设环境、战略机遇期的长短，在很大程度上取决于台湾问题。因此，台湾问题是中国在 21 世纪实现国家发展战略所面临的重大任务之一。谋求主权需求的关键点在于中国以何种方式来处理主权问题。中国的温和、务实、低调而积极的外交方式，表明中国在谋求主权需求和发展需求之间的一种动态、良性的平衡，以和平方式处理台湾问题，才能为实现国家发展战略创造条件。

2008 年以来，两岸在"九二共识"和"反对台独"的政治共识基础上，开展全方面的合作，使两岸关系和平发展的局面不断形成，也使两岸关系进入 1949 年以来最好的历史时期，这也充分佐证了和平发展战略是符合两岸关系的发展方向，有其旺盛的生命力。而和平发展战略为两岸在非传统安全领域的合作提供了现实的可能性。特别是双方在和平发展的有利环境下，开展非传统安全领域的各项合作，有利于各自利益的维护和增进。

三、社会整合理论

社会整合理论为两岸两个社会之间的整合，以及探索两岸社会之间的整合机制提供了理论上的指导和借鉴。

西方学者对社会整合理论进行了广泛的研究，并取得了不少的成就。法国社会学家涂尔干（Emile Durkheim）毕生研究社会整合及失序问题。他在《社会分工论》中讨论了"个人与集体的关系"，包括众多个人如何构成一个有秩序的社会。他的中心概念为社会连带。社会连带是指人与人、群体与群体之间的协调、一致、结合的关系。两岸由完全隔绝，开放探亲、专业及商务互动联系，也形成人与人、群体与群体之间的协调、结合等社会连带关系。德国社会学家鲁曼（NiklasLuhmann）认为，社会整合是消除系统破坏性倾向的过程。功能分化社会的整合，不再像以往的社会，透过基本价值或道德的共识，而仅是基于相互差异的尊重和依赖。随着社会由区隔、阶层到功能分化的过程，整体社会对次系统的重要性也有所不同。分化越复杂，整体社会越难能保证所有次系统都以同样的结构、形式和规范来运作，社会的整合越来越不是因为共同的理念和标准，而是由于各次系统之间相互尊重和不干扰。美国学者塔尔科特·帕森斯（Talcoot Parsons）认为整合有二种意义，一是指体系内各部门的互动关系，使体系达到均衡状态，避免变迁。二是指体系内成员的维持以对抗外来的压力。

他认为，一个社会如果要达到整合，必须具备两个条件：一是有足够的行动者受到适当的鼓励，依照角色期待而行动。二是社会行动必须避免那些不能维持最基本的秩序和对成员过分要求，以致形成差异或冲突的文化模式。均衡是社会系统运行的最终目标。

从国际政治的现实来观察，欧盟整合模式也给两岸之间的整合提供了某种可以借鉴的经验。欧洲统合成功的经验，并非是一次性地即以联邦主义式的方式迈向统合，也不是仅以合作为满足的功能主义思维。在整个过程中，充分地尊重每个成员的主观意见，而整个共同体机构，也因而一开始就是以超国家主义与政府间主义两者并重、相互牵制、彼此共生方式推动[1]。此外，以交流学派的理论来看，交流学派的研究方法通常都以各行为体之间的交易流量（包括通信、贸易、旅游等）作为一组变数，来研究整合者之间的关系与过程发展。交流学派的论点为，各行为体之间交流量愈密集，就愈有可能将各国整合至接近社区的地步，当然前提是各行为体对于推动整合所能承受的负责及能力能够维持某种平衡[2]。卡尔·多伊奇（Karl W.Detsch）认为整合的过程就像是各行为体彼此相互适应学习的过程。[3] 从两岸多年的交易行为来观察，两岸交流似乎与两岸政治整合没有必然的关系，不会因为两岸多年的交流改善两岸之间的僵局，在这里可以看出，交流学派以交易流量研究国际整合的观点虽然对两岸整合有其参考之价值，但该理论在现实运作中仍然有其不小的盲点。[4] 从欧洲整合的经验观之，只要两岸的政治精英有统合的共识，统合就会发生外溢的效果。台湾有学者认为，如果从新功能主义学派与两岸整合的关系来看，参与整合者的动机与意愿，才是影响整合的关键因素。两岸之间单单依靠直航等事务性、功能性、民间性、技术性的交往来推动整合时，两岸整合工程是很难长久而持续的，除非整合受到两岸决策阶层的政治背书与支持才会可长可久。

从整合理论来观察，整合理论大致有以下两种论述。一是功能主义。台湾学者张亚中认为整合途径正好与联邦主义相反，认为统合整合应该是一种由下

---

① 张亚中：《论统合》，香港：中国评论学术出版社，第89页。

② 吴新兴：《整合理论：一些概念性的分析》，台北：《中国事务季刊》，第5期，2001年，第47页。

③ 吴新兴：《整合理论：一些概念性的分析》，台北：《中国事务季刊》，第5期，2001年，第49页。

④ 吴新兴：《整合理论：一些概念性的分析》，台北：《中国事务季刊》，第5期，2001年，第53页。

而上的统合途径。在议题上，要避免直接就进入高度政治性的国家安全议题，透过功能性国际组织的扩散，将可能诱使相关行为体愿意进行合作。而这种组织的合作越多，越能确保和平的产生。其主要内涵，一为强调相互依赖会自动扩张的逻辑性。戴维·米特兰尼（David Mitrany）非常强调功能合作的扩张性，亦即某一部门的合作会有助于其他部门的合作。二为人民对国家的忠诚态度会改变。即人民当觉得从功能性的机构中可以得到他们从民族国家所不能得到的需要时，他们即会将原来对国家的忠诚转移到对功能性组织的效忠上。二是新功能主义。在整合目标上，创造未来的政治统合，有助于达成其目标，就是超国家机制的建立。当然在这个过程中需要精英们的推动，统合过程中才会发生扩溢效应。在议题上，如果对议题进行刻意的联系，不但可以辅助也可加强彼此间的功能联系。然而对于两岸整合而言，特别是在两岸整合的初期阶段，则应避免太多刻意的联系。可以先在一个领域里建立起良好的互动关系后，再逐渐往外推展。在重要途径上，政府的主要角色应是统合能够推动的关键。而整合对两岸更大的启示还在于，纯粹依据民间或政府精英的逐渐政治化或有意图地将其扩溢的推动仍是远远不够的，而是应该在两岸的公权力部门之间能够形成更多的共识。①

单就整合理论及其国际实践来观察，两岸交流，也出现两岸人员互动逐年增加，尤其是，两岸人员流量已接近 1000 万人次的规模，两岸社会及人员之间也出现了分工整合，包括各专业领域、商务、投资等分工的整合。②事实上，两岸整合的过程早已开始，尤其是两岸社会整合的进程已取得了相当程度的进展。这也是不争的事实。

第二节　两岸非传统安全合作的现实动因

推动两岸非传统安全合作的现实动因有很多方面，主要包括利益、民意及政治等层面的诱因。

一、两岸非传统安全合作的利益动因

非传统安全的跨两岸性特点决定了两岸在面对非传统安全威胁时，任何一

---

① 张亚中:《论统合》，香港：中国评论学术出版社，第 89 页。
② 蔡生当:《两岸交流与管理》，台北：黎明文化事业股份有限公司 2007 年版，第 16 页。

方都无法独善其身，只有进行合作，才能消除或降低非传统安全的威胁，也才能确保两岸各自的利益。冷战结束后，非传统安全的威胁越来越严重，其破坏力越来越强，即便是唯一的超级大国美国，其在恐怖主义等非传统安全威胁面前，仍然显得非常脆弱，甚至是不堪一击。美国在反击非传统安全威胁方面也不得不寻求国际社会的合作，例如也采取了组建国际反恐大联盟等系列思路。

两岸之间的利益非常庞杂，不但人员往来的数量巨大，而且两岸经济、社会及文化等交流也非常频繁与密切。目前每年往来两岸之间的人员流动已接近1000万人次，中国大陆已成为台湾外来游客的第一大来源地。每年有上千名大陆学生在台湾求学，而台湾也有近万名学生在大陆读书。在经贸领域，两岸年度贸易总量早已超过2000亿美元的规模。台湾在大陆的投资总额累计已超过千亿美元，而大陆在台湾投资也已接近100亿美元大关。从这些数字来看，两岸之间的利益已完全交织，无法分割。正是由于两岸之间的利益结合度较高，双方人员及社会互动频繁，两岸在非传统安全领域面临的挑战和威胁也格外巨大，客观情势逼迫两岸双方携起手来，降低非传统安全威胁对两岸人民及两岸社会的损害，维护两岸人民的切身利益。

当前两岸面临的非传统安全威胁相当广泛，其形势也非常严重。在某种程度上可以说，人类社会或其他国家及地区所面临的非传统安全威胁，在两岸都或多或少地存在。例如，当前两岸不但在食品安全、医疗卫生、打击犯罪、疾病防范、环境污染、灾害救助等领域面临共同的非传统安全威胁，而且在信息安全、核电安全、经济危机、粮食安全、能源安全、海上安全等方面也面临严重的非传统安全威胁。而且两岸之间的这些非传统安全问题又不是任何一方所能独立解决的。例如，两岸之间的私渡、走私、毒品及黑社会等犯罪，都需要海峡两岸双方加以合作才能得到有效的解决。此外，两岸非传统安全威胁的情势也不容乐观，甚至是非常严峻。台湾海峡海域的环境安全破坏严重，迫切需要两岸采取措施来加以改善。还有就是在南海海域，随着不少国家对我南海岛礁的非法侵占，南海的岛礁及海域面临资源被侵占、环境被破坏等非传统安全威胁，这些都需要两岸双方携手共同面对。因此，两岸利益的高度连接，是推动两岸在非传统安全领域进行合作的重要动因。

二、两岸非传统安全合作的民意动因

两岸非传统安全合作，除了有重大的利益驱动外，还有强烈的民意驱动。

两岸人民都有意愿维护祖产，维护两岸人民的切身利益，也希望两岸能够在非传统安全领域开展积极的合作，这是驱动两岸在非传统安全领域开展合作的民意压力。两岸同属中华民族，在应对非传统安全威胁时，双方理应携手合作，同甘共苦。两岸人民对于双方在应对非传统安全威胁方面的合作，在情感上是完全可以接受的。虽然两岸目前政治上还有重大分歧，但两岸毕竟同文同种，两岸人民命运相连，推动事关两岸人民核心利益的非传统安全合作，应付非传统安全的威胁，符合两岸人民的期待与情感。事实上，两岸在非传统安全领域开展合作的民意支持基础非常强大。两岸合则双利，分则两害。从过去的实践可以看到。两岸社会的主流民意还是期待在非传统安全领域的合作。

从台湾陆委会公布的民意调查数据来看，台湾多数民意对于两岸联手处理和应对非传统安全领域的威胁持正面支持的态度。例如，2015年5月2日至3日期间，陆委会委托台湾公信力民意调查股份有限公司所做的民调数据显示，多数民意对两岸的合作还是持正面肯定态度。

民调题目1：

"政府自2008年恢复两岸制度化协商以来，逐步建立解决交流衍生问题的规范与机制，请问您认为这样对处理两岸事务有没有帮助？"

非常有帮助	有帮助	没有帮助	完全没有帮助	不知道 / 无意见
8.9%	49.1%	19.3%	7.7%	15.0%
58.0%		27.0%		15.0%

民调题目2：

"两岸签署的协议，为两岸人民交流往来带来便利（例如直航、观光），保障国人人身安全与维护社会秩序（例如共同打击犯罪、食品安全、智慧财产权、核电安全、地震及气象合作），也增加许多商机（例如陆客来台观光、两岸经贸合作），请问您对这样的成果满不满意？"

非常满意	满意	不满意	非常不满意	不知道 / 无意见
8.2%	41.6%	26.1%	12.9%	11.3%
49.8%		39.0%		11.3%

从上面的民调数据来看，台湾多数民意还是认同两岸加强非传统安全合作，通过协商开展合作，推动两岸非传统安全领域的合作。其民意支持基础非常雄厚。

三、两岸非传统安全合作的政治动因

两岸问题的核心症结还在于政治争议与分歧，尽管如此，政治因素仍然是两岸开展非传统安全合作的重要动因。这要从台湾问题形成的历史根源谈起。台湾问题的形成是由于20世纪40年代中后期发生在中国大地上的国共内战所引起，在内战中失利的国民党败退台湾，从此两岸隔台湾海峡而长期对立，加上美国等外部势力的介入与干预，使得台湾问题至今还未得到彻底解决，也使两岸无法实现最终的完全统一。在过去相当长的历史时期之内，两岸之间完全是对立与隔绝，不相往来，并形成了政治对立、军事对峙的紧张局面。这种局面一直持续到20世纪70年代末80年代初，随着国际形势及台海局势的变化，特别是中国大陆方面开启了改革开放的新局，对台战略也进行了重大的调整。大陆方面率先提出了和平解决台湾问题的主张。之后台湾方面逐步放开"三不政策"的限制，开放老兵返乡探亲政策等出台，终于使两岸隔绝数十年之久的民间互不往来之局面得到了重大的改观。从此，尽管两岸政治上的对立未改变，但两岸民间交流的大门却大开，两岸经贸、人员、文教交流等活动不断拓展。即使是在民进党陈水扁执政时期，两岸政治对立严重，两岸民间的往来仍然相当活跃。而2008年之后的八年时间里，两岸和平发展路线深入人心，两岸交流更是大幅度跃进，除了民间交流有重大进展外，两岸在其他领域的进展也不容小视。两岸合作已成为两岸关系的最强声。特别是两岸在非传统安全领域的合作不断增强。

从总体上来看，台湾问题归根到底仍然是政治问题，最终需要政治思维来加以解决。尽管当前两岸进行政治谈判及政治协商的条件还不成熟，特别是民进党上台之后，台海局势出现了一些新的变化，两岸关系发展面临一系列挑战，

但是我们仍然要看到，随着中国大陆的快速崛起，以及两岸实力对比的日渐悬殊，"台独"不但没有任何前景，而且也越来越被台湾的主流民意所抛弃，这也是民进党蔡英文当局一直高唱要"维持现状"的深层根源所在。

　　尽管对于大陆而言，解决台湾问题，完成国家最终统一的手段有多种可供选择的方式，但军事手段显然并非最佳的方式，除非是两岸到了不得不战的情势才有可能出现。毕竟两岸本是同胞，战争的伤害非常大。两岸最终透过和平的方式来解决统一的问题，才是比较理性的选择。两岸未来主要还是要运用政治智慧来化解双方的分歧。在这种情况下，从推进非传统安全合作入手，或许可以为两岸最终政治解决台湾问题创造条件和营造氛围。虽然非传统安全议题离不开两岸政治互动的背景，但毕竟非传统安全议题还是属于低政治性的议题，与政治的关联度较低，因此，其政治敏感度并不那么高。两岸有可能透过这种低度的合作，来为高层次的政治谈判与政治对话奠定基础。因此，非传统安全合作是两岸传统安全合作的前奏和奠基工作，两岸只有在非传统安全领域有所合作，进而积累互信，释放善意，加强沟通，才能最终为高阶的传统安全对话与合作创造条件。

第三章　两岸非传统安全领域合作的范畴

第一节　两岸非传统安全合作的性质

海峡两岸非传统安全合作必须要符合两岸关系发展的客观规律，与两岸关系发展的现实状况相对接，这是由两岸非传统安全合作的性质所决定的。

一、两岸非传统安全合作的领域必须是在政治敏感度较低的范畴

从当前海峡两岸关系发展的现实条件及互信基础来观察，两岸之间开展非传统安全领域的交流合作，并非是指在所有的非传统安全领域都可以开展，而是只能在政治敏感度较低的领域先行先试，不断积累经验和累积互信。

非传统安全的范畴非常广泛，它是除军事安全之外的，广泛涉及政治、经济、文化等各个领域，包括环境、信息、食品、医疗、疾病、灾害、反恐、能源、粮食及海上安全等议题。即便是反恐安全领域的合作，国际社会的合作也绝非是在反恐所涉及的全部领域都可以推动，还是有其层次及范畴的区别。以美俄两国在叙利亚的反恐行动为例，虽然双方基于各自的战略利益之考虑，在打击伊斯兰极端势力"ISIS"组织一事上开展了合作，但这种合作并非全方位的合作，美国甚至拒绝与俄罗斯方面分享在叙利亚反恐方面的相关情报。[①] 国际社会在诸如反恐等非传统安全领域的合作之所以无法全方位展开，是因为受制于非传统安全议题本身的性质。尽管相对于诸如军事威胁等传统安全议题而言，非传统安全议题的政治敏感度大为降低，但毕竟非传统安全议题仍然属于广义的安全范畴，仍然与国家的安全利益密切相关。

国际社会尚且如此，而敏感性和脆弱性更甚的两岸关系更是无法完全逃离

---

① 《大唱反调，美国拒与俄罗斯共享情报》，《新华日报》，2015年10月9日，第10版。

这一困境。如果仅从理论层面来观察，两岸在非传统安全领域的合作范围其实是相当广泛的，诸如食品安全、环境安全、救灾安全、卫生安全、疾病安全、信息安全、粮食安全、能源安全等等，两岸合作的空间其实相当大。但从两岸过去在非传统安全领域长期合作的实践经验来看，两岸在上述非传统安全领域合作的情形仍然是千差万别的。例如，在事关两岸民众健康的食品安全、环境安全、打击犯罪等议题上展开了卓有成效的合作，主要是这些议题与政治的关联度相对较低，两岸双方都有现实的需求性。但两岸在应对经济金融危机、自然灾害救护等领域的合作则相对成效不是那么彰显，其原因就在于这些非传统安全议题的政治敏感度又要比食品安全等更为彰显，其合作的难度自然增大。

因此，两岸在非传统安全领域的合作必须要采取务实推进的策略，不可抱着一步登天的急功近利心态。急功近利不但对两岸非传统安全合作的实质帮助不大，反而有可能会损害两岸在非传统安全议题上的既有合作之成果。海峡两岸双方应遵循两岸关系发展的客观规律，依据当前两岸关系发展的现实状况，坚持先易后难、循序渐进的思路，经由低阶议题到高阶议题的演进，不断透过两岸合作来增进两岸人民的利益，夯实和深化两岸互信的政治基础，从而逐渐提升两岸在非传统安全领域合作的成效。

二、两岸非传统安全合作的性质是一个中国内部的合作

与传统安全议题相比较，非传统安全议题本身的政治敏感度大为下降，这是不争的事实。但非传统安全议题的政治性虽然有所减弱，并不那么彰显，但并非完全就没有任何的政治敏感度。以世界各国在非传统安全领域的合作来观察，任何国家或国家集团之间在开展非传统安全合作时，其最终成败的关键还在于双方的政治互信基础状况。如果缺乏政治互信基础，则必然会影响甚至损害在非传统安全领域的合作。当前国际社会之所以在中东地区的反恐行动中陷入长期被动的局面，其中一个主要原因就在于参加反恐行动的相关国家之间严重缺乏政治互信。在这里，互信就是一个高度政治化的概念。

海峡两岸在非传统安全领域的合作当然也需要有政治互信为前提。这是由两岸关系的性质所决定。大陆和台湾同属于一个中国，两岸同属于一个国家，这一性质从未改变，也不能改变。[①]换言之，两岸关系的性质并不是国家与国

①　参见习近平在2015年新加坡"习马会"上的讲话内容。

家之间的关系，而是一个中国内部大陆与台湾之间的关系。因此，海峡两岸在非传统安全领域的合作必须要在一个中国的基本框架下才能够得以开展，也就是说两岸在非传统安全领域的合作，不是国家与国家之间的合作关系，而是一个中国内部的双方合作关系。以食品安全合作为例，食品安全是非传统安全领域的重要议题，世界各国都面临食品安全的挑战。中美之间也开展了关于食品安全领域的合作，这种合作完全是中美两个国家之间的合作关系，它与两岸在食品安全领域的合作存在很大的不同，特别是在合作的性质方面完全不同。因此，两岸在非传统安全领域的合作不能简单照搬国际社会合作的模式。虽然国际非传统安全合作的经验大可借用，但其出发点则完全不同。两岸在非传统安全领域的合作绝对不能在国际社会造成"两个中国"或"一中一台"之政治后果，这是两岸开展非传统安全合作的政治底线。海峡两岸双方都应切实遵循这一规则。

当然，两岸在非传统安全领域的合作，虽然是一个中国内部的合作性质，但两岸非传统安全合作又与中国大陆内地与港澳地区在非传统安全领域的合作存在一定的区别，也与大陆内部各省市之间的合作有很大的不同，这是由两岸非传统安全合作的独特性所决定的。

三、两岸非传统安全合作的原则是框架性与个别性相结合

两岸关系的特殊性质决定了两岸在非传统安全领域的合作本身也有其特殊性的一面。两岸关系不是国与国的关系，但现阶段海峡两岸又尚未完成最终统一，而台湾岛内的分离主义政治势力一直非常活跃，这是当前两岸关系客观事实的呈现。两岸关系的这一客观事实决定了两岸关系的错综复杂性，它自然也会对两岸在非传统安全领域的合作产生影响。在这种情势下，两岸在非传统安全领域开展合作只能是采取坚持框架性与个别性相结合的模式来推动。

两岸关系本身的特征决定了两岸非传统安全合作的环境非常复杂，不能完全照搬既有的模式，也无现成的模式可以模仿，只能是在两岸合作的实践中不断完善，不断积累经验与增进互信，从而不断推进两岸在非传统安全领域合作的制度化进程。事实上，以两岸在打击犯罪及遣返嫌疑犯的合作发展为例，其本身就经历了一个由初期的摸索到目前的机制化合作的过程，两岸能够由最初的"金门模式"发展到两岸最终签署司法互助协议，本身就说明了两岸在非传统安全领域合作所采取的策略是稳当的，也符合两岸关系发展的客观实际。在

全球化情势下，两岸在非传统安全领域所面临的威胁都不容轻视，两岸唯有采取更进一步的合作力度，才更有可能最大程度地维护两岸人民的切身利益。建立制度化的合作机制无疑是不可或缺的重要环节。这就需要海峡两岸双方在非传统安全领域的合作问题上形成高度的共识，达成框架性的协议。因此，要使两岸非传统安全合作能够有效而务实地开展，就有必要形成一个框架性的协议，而这个框架性协议就是要使两岸在合作中能够降低政治上的疑虑，能够排除政治因素及意识形态领域的一些干扰。就当前两岸关系发展而言，两岸在非传统安全合作领域的框架性协议，其内涵至少应包括双方应坚持"九二共识"的核心意涵，或者两岸是非国与国的关系等核心政治内容的表述。而当前两岸在非传统安全领域的合作之所以受到了一些干扰与影响，主要原因就在于民进党新当局上台之后，拒不接受"九二共识"及其核心意涵，使两岸关系和平发展的政治基础受到损害，当然也影响到两岸在非传统安全领域的合作。

四、两岸非传统安全合作要遵循先行先试不断突破的思维

自海峡两岸开放民间交流以来，两岸在非传统安全领域的交流与合作已行之多年，但从过去二十多年的合作实践来观察，由于两岸之间的互信程度不足，特别是两岸关系本身的敏感性与脆弱性特征非常显著，两岸非传统安全合作时常受到两岸关系发展状况的影响与牵制。鉴于此，两岸非传统安全合作特别要遵循先行先试、积累经验、不断突破的思维才行。

两岸关系的核心问题还是在政治，政治的关键还是体现在两岸的互信问题。在两岸政治分歧短期内无法得到有效解决的情势下，两岸之间到底还需不需要进行合作，特别是在事关两岸民众福祉的非传统安全领域的合作要不要推动？答案当然是肯定的，两岸当然需要合作，而且有其现实的急迫性。事实上，两岸暂时搁置政治上的某些分歧，转而强化在非传统安全领域的合作，其本身并不是说两岸合作不需要政治共识，而是希望透过合作特别是非传统安全领域的某些合作来积累互信，逐步增强双方的互信基础，为两岸最终化解政治分歧创造条件和基础。因此，两岸在非传统安全领域的合作，其本身也是推动两岸不断增强政治互信的重要实践过程。而要真正达到上述目的，则需要在双方在推动非传统安全合作实践中采取先行先试的策略，特别是要善于透过某一领域合作的进展来取得突破，积累经验，增强双方继续合作的信心与兴趣，这才是重点之所在。

第二节　两岸非传统安全合作的范畴

两岸非传统安全合作的范畴相当广泛，由于各个议题与政治的连接程度不一，因此，两岸在非传统安全领域的合作，不能一哄而起，要有战略层面的顶层设计，严格按照先易后难的思路来推动。当前，为推进两岸非传统安全合作的顺利开展，完全有必要对两岸非传统安全的范畴进行界定，从而对两岸合作进行战略性的部署。

目前学术界对于非传统安全威胁的分类标准虽然尚未形成共识，但不少学者根据非传统安全议题对人类社会的威胁程度，将非传统安全威胁划分为以下三大类型：第一类是自然灾害类型。主要是指由于人类社会对自然的认识不足而造成的难以抗拒或不可抗拒的一些自然灾害，包括流行性疾病和地质灾害等，如 SARS 病毒、艾滋病、地震、海啸、洪水等。第二类是人类自身（因疏忽或故意）对社会造成的威胁，包括对人身财产安全以及经济社会稳定的威胁，如跨国犯罪、毒品走私、恐怖主义、金融危机、信息安全等威胁。第三类是人类利用自然不当而造成的威胁，包括资源短缺、环境污染、生态破坏等威胁。上述划分虽然是对非传统安全威胁的类型进行确定，但其实它在很大程度上也是对非传统安全议题的大致范畴进行了相当明确的界定。依据两岸关系的发展状况及现实条件来看，两岸在非传统安全领域的合作可以以其与两岸政治关系连接程度的深浅来加以规划。

就两岸非传统安全议题而言，其范畴大致包括有经济安全、资源安全、武器扩散、网络资讯安全、反恐安全、卫生安全、疾病蔓延、跨境犯罪以及环境安全等多个领域。从某种程度上可以说，当前国际社会所面临的非传统安全议题，基本上在两岸之间也客观存在，只是其表现形式与凸显程度有所不同而已。结合两岸的实际情况，我们可以依据两岸之间的非传统安全议题与政治连接度的深浅，将两岸之间的非传统安全合作分为深度合作、中度合作与低度合作等范畴。

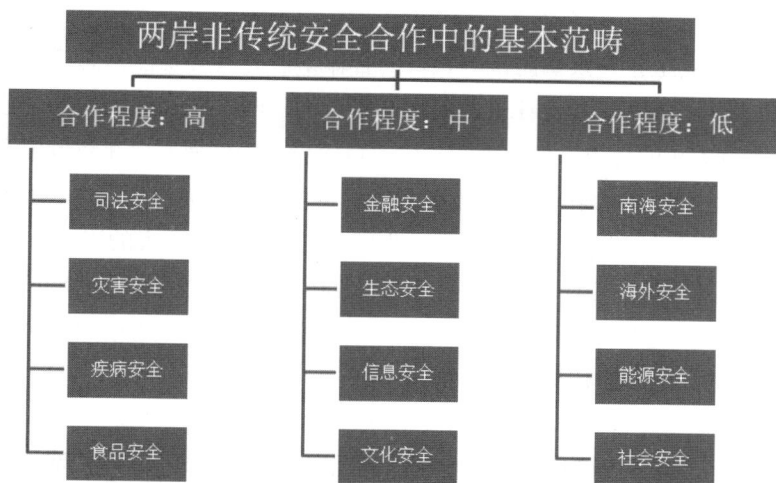

图 1：两岸非传统安全合作的基本范畴

一、深度合作范畴

深度合作范畴主要是指这些非传统安全议题与两岸民众的切身利益密切相关，两岸民众有迫切需求，特别是这些议题本身与两岸政治议题的关联度较低，双方可以进行深度的合作。例如两岸在食品安全、公共卫生安全、环境安全及司法安全等领域。由于这些领域的合作政治敏感度极低，两岸双方可以为合作提供相关的资讯和信息，从而建立起紧密联系的对接机制，提升合作成效。

（一）食品安全合作

民以食为天。随着两岸交流的深度与广度提升，食品在两岸社会之间的频繁流动，食品安全已成为两岸民众最为关心的头等重大问题。无论是台湾还是大陆，当前都面临食品安全的威胁与挑战。大陆在 2008 年爆发的"三聚氰胺奶粉"事件，不仅使大陆奶粉产业面临重大的信用危机，而且也在一定程度上影响到两岸关系的互动，使大陆食品安全的信用至今尚未完全恢复。台湾在 2011 年爆发的塑化剂风波，也使台湾食品安全面临很大的风险，重创台湾食品业的信誉度。两岸在食品安全上的问题，不但给两岸消费者的身体健康带来了重大的隐患，而且也对两岸关系发展带来不利的影响。因此，两岸在食品安全领域强化合作，不但有助于为海峡两岸人民提供更为安全、健康的食品来源，而且也符合两岸主流民意的期待。

（二）公共卫生安全合作

两岸在公共卫生及疾病防范等领域的合作不但有其必要性，而且现实的需求性也很大。当前两岸社会往来的规模非常庞大，两岸之间每年的人口总流量接近 1000 万人次的规模，如此大的社会人口流量，当然使两岸在防范传染病等公共卫生安全领域的合作显得格外重要。事实上，诸如类似 SARS、禽流感等传染性疾病的扩散，都曾对两岸民众的生活及健康带来了重大的影响。而 2008 年以来，随着两岸"三通"的实现，两岸之间的人流、物流大幅度增长，两岸社会频繁流动，这些都使两岸在传染病等疾病感染的风险大为增加，两岸应该加强防范，防止大规模传染病的爆发。

（三）生态安全合作

两岸一水相隔，地理相邻，两岸目前都面临生态环境的挑战。例如，台湾海峡是两岸的共有海域，而台湾海峡作为全世界最繁忙的海上运输通道之一，每年都有上万条轮船通过，特别是大型油轮，如果一旦发生原油泄露事件，则会给两岸的生态环境造成重大的损害，这就需要两岸加强合作。此外，无论是台湾还是大陆的福建，都有一些核电站，如果发生核事件，其灾难性后果更是难以预料。因此，两岸生态环境安全等领域的合作，其现实需求性很强。

（四）司法安全合作

海峡两岸之间开展的司法安全合作主要指对跨两岸犯罪问题的处理。两岸之间的跨境犯罪主要是犯罪分子利用两岸尚未统一，管理没有对接，政治分歧存在的情势来跨两岸犯罪。两岸跨境犯罪的类型包括洗钱、网络犯罪、私渡走私、贩卖毒品等等。上述跨两岸的犯罪行为给两岸人民的生活及财产安全都带来了重大的损害，两岸民众已成为两岸犯罪活动的最大受害者。特别是随着两岸社会交流的越发频繁，两岸往来的更加便捷，两岸在防范犯罪方面的压力更大，这就需要双方在司法安全领域的合作进一步增强，从而为两岸民众营造一个更为安全的生活环境。

二、中度合作范畴

两岸非传统安全合作中的中度范畴，主要是指这些议题不但具有现实需要性，而且这些合作在某种程度上的政治连接度更多一些，特别是涉及双方公权力部门的部分合作，因此，其政治敏感度较深度范畴的非传统安全议题要高。两岸在中度合作范畴的非传统安全领域，在某种程度上会涉及海峡两岸相关职能部门人员及物质的入境问题，这是两岸非传统安全中度合作范畴的重要标志。当然，非传统安全领域中度范畴的合作需要双方有一定的政治互信，否则其合作不易推动和开展。具体而言，两岸中度范畴的合作主要包括救灾安全、经济安全、社会安全、文化安全、粮食安全、能源安全等领域。

（一）救灾安全合作

救灾安全合作主要是指当两岸面临重大灾害或人道主义危机时，对对方予以帮助，使之渡过难关。这种灾害既包括自然灾害，也包括非自然灾害等事故。长期以来，两岸一直都面临重大自然灾害的隐患。两岸在地理上都属自然灾害频发的地区，包括地震、台风等恶劣天气，都会给两岸民众的生命财产带来巨大的损失；在非自然灾害方面，两岸都可能面临诸如核危机灾难发生的隐患，一旦发生这种事故，其后果不堪设想，这就需要两岸齐心合力应对。由于两岸同文同种，地缘又近，当前两岸建立防灾救灾合作机制已势在必行。防灾救灾行为本身属于人道主义领域，其政治敏感度相对较低，但灾害事故爆发后，为在最短的时间内减轻灾害损失，无论是出动直升机或者运输机，还是在通讯、后勤、装备或器材等方面，往往都需要动用到军方资源，但两岸分隔对立数十年，至今尚未完全结束敌对状态，现阶段在救灾过程完全展开联手行动，其难度也不小。2008年汶川大地震发生后，台北市国际搜救队曾出动前往灾区救援，这是两岸灾害搜救队首次携手救灾。2009年台湾发生"八八水灾"后灾情严重，大陆方面也曾想出动直升机协助救灾，但最终未能成行。这就是两岸在救灾防灾安全合作中面临的问题。两岸语言文化没有隔阂，地缘关系又非常相近，任何区域如果发生重大灾害事故，两岸都能在第一时间迅速救援，必能发挥最大的救灾效果，将会是一个双赢的局面。

（二）经济安全合作

经济安全对两岸而言非常重要，两岸都是国际社会的重要经济体，大陆目前已是世界第二大经济体，台湾也是全球重要的经济体之一，在全球化时代，两岸都已深深卷入世界经济体系之中，必然面临可能的经济危机的冲击。全球化的发展涉及人类生活的各个领域，使各行为体的经济高度融合，加速了资本的跨境流动、资讯的跨境传播，人员、技术等生产要素的跨境转移，产品的跨境销售以及资源的跨境优化配置。参与国际经济程度越深，则其经济安全面临的风险越高。近年来，国际经济危机和金融危机的频繁爆发都给两岸经济发展带来了影响。事实上，无论是1997年亚洲金融危机，还是2008年以来的美国次贷危机、欧洲信贷危机等等，都对两岸经济产生了重大的冲击。两岸如果能够加以合作，则能有效抵御，降低全球经济危机及金融危机的负面影响。因此，在两岸经济安全领域，双方应该加强合作。但经济安全是任何一个行为体最为核心的安全利益所在，其政治敏感度客观存在。这是两岸在经济安全合作中需要面对的挑战。

（三）社会安全合作

社会安全事关两岸社会与人心的稳定。当前两岸社会的密切接触，大大加速了两岸社会的融合进程，在两岸社会大融合的过程中，由于两岸社会制度不一，管理体制有异，特别是两岸社会管理制度尚未对接，必然会出现一些这样或那样的问题，从而对两岸社会的稳定度造成冲击。当前，两岸社会元素的流动非常频繁，规模也非常庞大。数以百万计的台商、台干、台属及台生等群体常年在大陆生活、工作、就学或旅游，而也有为数众多的陆配、陆生及陆客等群体在台湾地区存在，两岸民众在相互迁移的过程中，必然在诸如生活、就业、教育、住宅、人际关系等方面出现适应性及其他问题的挑战，这些问题都需要妥善解决，否则容易衍生出其他社会问题，从而对两岸的社会安全构成威胁。两岸可以在社会治安维护、枪支问题管制以及引导融合社区等方面展开某些合作，从而防范于未然。

（四）文化安全合作

两岸文化同属中华文化范畴，台湾文化虽然在其历史发展过程中有吸纳世界其他地区文化的元素，但其精髓仍然还是以传统中华文化为底蕴，台湾文化在某种程度上是中华文化在台湾地区演进的重要成果展现。但目前两岸都面临西方文化的侵蚀与冲击，两岸的中华文化都正遭遇着重大的发展危机，这就需要两岸能够从维护传统中华文化的高度加强合作，从而提升中华文化在世界上的影响力和正能量，有效抵御西方文化的侵蚀和负面影响。在这方面，两岸可以强化孔子学院与台湾书院在国际社会的战略合作。

（五）粮食安全合作

农业是发展之基础，维系着国家和社会安全、国民生活水平及自然生态保育之责任。粮食安全议题已逐渐为国际社会所重视，自经历金融危机与能源危机之后，接踵而至的粮食危机问题逐渐突显其迫切性。当前两岸都面临粮食安全危机的重大挑战。中国大陆虽然是世界上重要的粮食生产国，但随着中国经济的快速发展以及粮食消费需求的迅猛增长，大陆目前已成为国际社会重要的粮食进口国。而台湾目前的粮食自给率也偏低，需要从境外进口以满足其内部粮食的需求。两岸的粮食安全都与国际粮价的波动起伏有着直接的关系，这自然给两岸的粮食安全问题带来很大的危机。

表1：2007年台湾的粮食自给率

序号	项目	自给率
1	谷类	21.6%
2	薯类	22.8%
3	糖及蜂蜜	12.6%
4	籽仁与油籽类	2.8%
5	蔬菜类	83.8%
6	果品类	87.1%
7	肉类	88.3%
8	蛋类	100.1%
9	水产类	172.9%
10	乳品类	27.8%
11	综合自给率	30.5%

资料来源：根据台湾"行政院农委会""2008年粮食供需年报"的相关资料整理而成。

（六）能源安全合作

经济发展对能源的依赖甚深，而确保能源的稳定供应也一向是世界各国经济发展政策中的重要一环，海峡两岸的能源安全情势并不乐观。过去台湾能源安全所面临的最大问题是供应不稳定，价格波动过大以及对于单一进口来源过度依赖。而目前台湾的状况依旧相同。台湾进口能源依存度自从1993年以来一直维持在至少95%以上，显示台湾相当缺乏自产能源，一直过度仰赖进口，而石油依存度除了相当稳定地维持在50%上下外，进口石油依存度更一直高达99%以上，显示台湾对于石油的进口依赖度高于其他能源。[①] 近年来台湾的能源安全度逐渐呈现下降之势，台湾承载能源冲击的能力相对于20世纪90年代已降低不少，这是一个很值得关注的现象。台湾目前在能源安全上的自主率很

---

① 台湾警察学术研究学会、铭传大学社会与安全管理系编印：《2013第二届应急管理论坛研讨会论文集》，第338—339页。

低，自然会使台湾的经济在国际能源供需失衡与能源价格上涨时，容易受到更大的冲击。而中国大陆自 1993 年以来就成为石油净进口经济体，目前是世界第二大石油净进口经济体；自 2007 年以来，大陆成为天然气净进口经济体，2012年天然气对外依存度超过 28%；自 2009 年以来，中国大陆成为煤炭净进口经济体。2010 年，中国大陆的一次能源消费总量约 12% 靠进口。因此，未来一段时间内，石油天然气的对外依存度将进一步提高。就总体而言中国大陆能源安全的挑战主要集中在石油供应领域。诸如原油进口来源多元化程度不够、原油进口通道多元化程度不足以及抵御能源价格上涨和大幅波动的能力比较弱等都是大陆在能源安全领域面临的现实问题。两岸在能源安全特别是维护能源输送海上安全通道等方面有可以开展合作的空间。

三、低度合作范畴

两岸非传统安全领域的低度合作范畴，主要是指这些非传统安全议题直接涉及两岸的政治、军事或意识形态等领域，由于目前两岸双方的政治互信程度不足，其开展合作的难度非常大。但由于这些议题对两岸关系而言又是非常重要的内容，因此，两岸双方需要运用智慧，开展一些低度水平的合作，从而使两岸达到合作双赢之收益。诸如在海事安全、反恐安全、网络安全、南海安全、东海安全等方面的合作就是属于此类范畴。

（一）海事安全合作

两岸海事安全合作至关重要。大陆与台湾仅隔着一道台湾海峡，随着两岸开放直航后，两岸经贸发展频繁，海空运输成为两岸不可或缺的交通方式。也正为如此，两岸常常面临各种无法预测的海上风险。如果两岸发生海难事件，如何整合两岸海上搜救资源、维护船舶航行安全及完善区域搜救机制，彼此建立良好默契，透过民间力量、非政府组织共同参与推动海事安全相关合作事宜，是当前两岸的重要课题。特别是台湾海峡介于台湾与福建之间，连接东海与南海，海域气象具有高度的复杂性与危险性，受到极端气候因素的影响，易衍生暴雨风、巨浪、浓雾、海流、潮汐、海冰等，且船舶航行期间，因人为及机械故障等因素，承担的风险自然远高于陆地。如果在两岸海域发生海空意外事故，两岸因目前无既定之合作与协调模式，可能会因为相关应急救援机制未建立之故，而延误黄金救援时机，丧失先机。两岸在海事安全领域确实面临很强的现实需求，但由于在海事安全合作中，可能会有包括军舰等军事装备的介入，其军事敏感度自然增加，这就需要双方有很好的互信基础。

（二）反恐安全合作

冷战后，国际恐怖主义成为危害世界各国及各地区安全的重要现实隐患，在一定程度上改变了后冷战时期的战略格局。美国虽然战胜冷战时期的老对手苏联，但在后冷战时期的反恐战役中仍然面临诸多的挑战。两岸当前都面临国际恐怖主义的现实威胁和隐患，需要双方开展一定程度的合作。但两岸这种合作不能任意放大，因为反恐合作本身具有很强的国际参与性，也有高度的国家主权指代意义，所以台湾作为中国的一个区域，在国际反恐合作中的事情还是非常敏感，特别是在当前两岸尚未就最终统一达成最终的政治安排之情境下，反恐合作具有重大的敏感性。两岸在反恐安全领域，可以在反恐情报信息的通报方面加强合作，而反恐其他方面的合作则需要视两岸整体关系发展水平及社会气氛和条件，以及互信建立程度如何再定。

（三）信息安全合作

信息资讯安全威胁以资讯威胁的后果最为严重，原因在于网络的科技发展与技术应用改变了日常的生活、生产与管理工作。诸如资料档案、影音相片数字化、即时通讯、网络社交、网络购物、网络银行、网络转账缴费等生活都已离不开网络。再加上网络购物、网络电子商务的盛行，每一论坛、购物网站、免费空间、电子邮件、线上游戏、社群等只要是加入会员的网站，都在收集储存个人资料，尤其是电子商务公司，涉及金融买卖交易，更是要求会员详细记载个人资料。这些资料如果被不法分子窃取，则后果严重。但这类事件却经常发生。例如，拥有数亿的会员资料库的知名社群网站 FB 遭到无数起的黑客攻击并被窃取会员资料，英国 BBC NEW 新闻网站 2010 年 7 月 29 日报道，不法分子编写程序搜集了社交网站 FB 约 1 亿用户的个人资料，并以 BT 方式于网络上散布。对于国家或地区的安全而言，资讯网络攻击可以成为一种强大的军事武器，它是属于资讯战的重要一环。电脑病毒等恶意程序将成为新的攻击手段，在未来战争中使用的资讯武器将扮演重要角色。而电脑是这些武器的核心，一旦电脑遭到攻击，整个作战系统就会瘫痪，当然会对国家安全带来重大威胁。两岸在这方面都面临很大的挑战和隐患，可以开展某种程度的合作。

（四）海外安全合作

所谓海外安全，简而言之就是指一国或其公民在海外所面临的安全风险与防范。一国在其境外的工作人员、侨民及机构都是构成该国海外利益的主要载体。对海外公民的人身及利益的安全保护是国际关系中一个历史久远的现象。进入近代以来，西方国家由于国际贸易、商业及海运的迅速发展较早认识到维护海外本国公民安全的重要性，也逐渐就维护海外本国公民的安全建立了一套相对成熟和完善的国际法体系。海外安全利益也是一个国家利益的重要组成部分，它是跨越出一国领土边界外的国家利益，更是国家利益向外的拓展与延伸，与一国的国内利益相对应。在海外的中国公民一般分为两类：一是定居在国外的中国公民，通称华侨；二是临时出国在国外学习或工作的中国公民。[①] 即主要指具有中国国籍但是因为种种原因在海外长期或短期停留、居住和生活的中国公民，他们也被称为海外国民，当然包括港澳台同胞和侨胞。这些海外中国公民在其他国家期间会遭遇种种安全问题，使自己的人身、财产安全等合法权利和利益受到侵害。当前，中国公民在海外所面临的主要安全风险包括：恐怖袭击、商务矛盾、劳务纠纷、刑事犯罪、国家或地区局势动荡、天灾人祸、上当受骗或违法犯罪、政治斗争的牺牲品、被侮辱伤害事件等等。[②]

表2：海外公民所面临的安全问题列

风险等级	风险类型	安全事件种类
一类风险	1. 治安不稳	政局动荡；杀人；抢劫；盗窃；钱财被骗
	2. 交通事故	车祸；海难；空难
	3. 恐怖袭击	绑架；枪杀；爆炸；炮击
二类风险	1. 偷渡、非法移民	
	2. 警察执法不当	
	3. 船只被扣	越界捕鱼被扣；在有争议的海域捕鱼被扣；躲避台风被扣；涉嫌走私被扣；涉嫌偷渡被扣；无故被扣；未阐明原因被扣

---

① 梁宝山：《实用领事知识》，世界知识出版社2001年版，第227页。

② 虞花荣：《中国公民在海外安全问题初探》，载《江淮论坛》，2007年第2期，第89—90页。另参见陶莎莎：《海外中国公民安全保护问题研究》，中共中央党校，2011年博士学位论文，第3页。

风险等级	风险类型	安全事件种类
三类风险	1. 入境受阻	机票、签证、护照问题；机场、海关受到不公正待遇；违规携带行李物品；旅游团手续不全；航班延误滞留；未阐明原因
	2. 劳务纠纷	拖欠工资；被非法中介所骗；当地就业限制 官方清查证件和劳工许可
	3. 留学纠纷	学校倒闭、学生被困；被中介坑骗；与当地学生发生冲突；所在国调整留学规定或整顿教育市场

　　海外安全是国家安全利益的重要组成部分，任何一国在维护其海外安全利益时，都要在一定程度上彰显该国的主权符号。在目前两岸尚未达成最终政治解决方案之前，两岸在海外安全方面的合作，即便是非传统安全领域的合作也非常敏感，因此两岸在政治方面的分歧显然是影响双方在海外开展合作的重要障碍。故两岸在海外安全领域的合作，其范围必须要有所限定，以利于推动双方合作的意愿与兴趣。当前，两岸在海外安全的合作领域应包括两个层面，一是人的人身安全层面，即两岸中国人在海外的人身安全问题；二是人的利益安全的层面，即两岸中国人在海外的利益维护问题。两岸开展在海外安全领域的合作，不但有其现实需求的一面，而且本身也是在维护两岸中国人的海外合法权益，它是道义，更是责任的体现。两岸双方都有这种责任与道义。

　　当前，两岸海外安全利益合作的重要性不断凸显。海外安全议题为何重要，主要有以下三个原因：一是全球化的极大发展将两岸带进一个风险社会。随着两岸经济的日益发展和利益的不断扩展，两岸中国人在海外的人身与财产安全等问题正逐步成为维护两岸海外利益的重要内容，在全球化时代维持两岸中国人在海外的合法权益以及降低风险已成为一个迫切又现实的问题和挑战。二是当代非传统安全因素的影响，使两岸中国人在海外的安全风险进一步增加。这就需要进一步加强海外中国公民的安全保护，涉及海外华商的保护、海外中国劳工的保护及海外中国留学生的保护等。三是两岸目前的利益都遍及全球各地。中国大陆近年来经济发展速度较快，经济规模已雄居世界第二位，大陆与世界各国各地区存在着广泛的经济、贸易、人文、政治、交流等关系。而台湾作为东亚地区重要的经济体，其与世界也有着广泛的经济及文化联系。两岸民众的足迹可以说是遍及世界每一个角落。迈出国门的两岸中国人的人数虽然较多，但面临的外部风险环境也日益复杂而严峻。[①]

就两岸关系的现状及互信之角度来观察，两岸在海外安全领域可以开展合作的范畴主要包括以下几个方面：(1)两岸中国人在海外遭遇到诸如绑架、恐怖主义袭击等风险事件；(2)两岸中国人在海外的利益受损之风险事件；(3)两岸中国人在海外面临紧急的人道主义救助等风险事件；(4)两岸中国人在海外面临诸如战争、政变等政治事件而急需的撤侨事件等；(5)两岸中国人在中国海域之外面临的海上安全；等等。2008年以来，随着两岸关系的改善，两岸和平发展路线的确立，两岸在海外安全领域的合作其实早已开展，虽然这种合作并不是以直接协议的方式来进行，而是以某种程度的默契与配合来推动，并取得了一定的成效，有效地维护了两岸的海外安全利益。特别是随着中国大陆实力的快速增强，大陆方面不但越来越重视自身的海外利益，而且也越来越有手段与资源来完成对其海外利益维护的执行。例如，撤侨行动就是当前世界各国保护其海外公民利益的一种普遍做法。撤侨就是一国的政府通过外交手段，把侨居在他国的本国公民撤回本国政府的行政区域的外交行为。当前，撤侨已成为中国政府维护海外中国公民安全的一种重要手段。2008年11月25日，泰国人民民主联盟为胁迫泰国总理辞职，发动示威者包围曼谷素旺那普国际机场并冲击候机大厅，机场被迫关闭后上万名旅客滞留，滞留在机场的中国公民的生命、财产安全也随时可能遭受威胁。在这种情况下，大陆方面组织了及时高效的撤侨行动，共协助包括17名台港澳同胞在内的3346名中国公民回国，切实维护了两岸中国公民的生命财产安全。[②]

海外安全合作是两岸非传统安全合作中最为敏感也最为复杂的事项，它除了需要有两岸双方高度的政治互信之外，还需要双方的默契与配合。

---

① 长期以来，两岸在海外都面临非传统安全威胁。例如，中国船只和人员近年来频繁遭受索马里海盗的劫持，并造成重大经济损失和人员的生命安全遭受威胁的情况。例如，2007年5月，台湾渔船"庆丰华一六八号"渔船在索马里海域作业时被劫持。当时，海盗要求偿付3200万台币的赎金，由于船东迟迟没有付款，当年6月份一名渔工惨遭杀害。

② 陶莎莎：《海外中国公民安全保护问题研究》，中共中央党校，2011年博士学位论文，第29—30页。

第四章　两岸非传统安全领域合作的特征

两岸非传统安全议题既属于一般意义上的非传统安全范畴，但又有其鲜明的两岸特色，这主要是由两岸关系的特殊性与敏感性所决定的。对两岸非传统安全议题的思考只能放在两岸特定的时空环境下，离开两岸特殊的时空环境去探讨两岸之间的非传统安全合作议题，其现实价值与学理意义必然会大打折扣，也不尽客观。

第一节　两岸非传统安全合作的政治性

从海峡两岸在非传统安全合作领域互动的历程来观察，双方的合作非常容易受到两岸政治氛围的影响。这在一定程度上也说明两岸问题的本质症结还在于政治层面。

两岸非传统安全合作的范畴虽然较为广泛，涉及两岸人民的衣、食、住、行等方方面面，但其核心还是在政治上。台湾问题之所以形成，而且至今未能得到彻底解决，除了外部美国因素的介入之外，更主要的还在于两岸在政治上的对立，两岸至今尚未进行政治谈判与政治对话，这是一个重要的原因。海峡两岸之所以长期隔台湾海峡而望，其根源在于20世纪40年代中后期中国国家内部所爆发的内战。这场内战从表面上看，是当时中国社会两个主要政党中国国民党和中国共产党的冲突，但其实质却是中国共产党和中国国民党在面对中国发展前途、未来命运以及发展模式方面存在根本的分歧，它不仅仅是政治意识形态的对决，更是两种政治制度的根本较量。而自1949年以来，无论是中国大陆方面所提出的"解放台湾""一国两制"以及两岸和平发展等战略，还是台湾方面的"反攻大陆""三民主义统一中国"等，都在很大程度上凸显了海峡两岸在解决台湾问题上的政治分歧与不同思路。因此，两岸分歧的根本症结还在于政治制度及政治意识形态上的利益冲突。

正是由于两岸在政治上的重大差异，两岸在非传统安全领域的合作受到政治力的影响与牵涉相当深，这是不可忽视之处。事实上，从两岸互动的历史进程来观察，两岸关系的政治氛围相对较好的时期，往往就是两岸在非传统安全领域合作开展最为顺畅的时期，而当两岸政治氛围不佳，则两岸在非传统安全领域合作所面临的压力和阻力自然增大，这也是过去20多年里两岸在非传统安全领域合作所呈现出来的基本面貌。以《金门协议》为例，两岸虽然早在1990年就签署了《金门协议》来负责执行与落实遣返事宜，但随着两岸情势的波动，《金门协议》在遣返人数方面也是呈现出消长的轨迹。例如，在1990年至1994年的前五年，平均每年遣返人数超过4000人，但1995年李登辉的访美举动引发了两岸关系的重大动荡，李登辉的分离主义行为，不但引发台海局势的重大危机，而且也使两岸民间协商的管道完全关闭，自然对两岸在非传统安全领域合作的氛围产生很大的负面影响，也使两岸过去循《金门协议》模式遣返作业的合作机制受到很大的影响，遣返人数也由1994年的4710人锐减到1995年的1427人。2000年至2008年民进党的八年执政时期，由于陈水扁当局推行"台独"分裂路线，台海局势陷入持续动荡不安之中，两岸开展非传统安全合作的氛围受到很大的破坏，也使双方共同打击犯罪的协商基本停止。[①] 而2008年以来，国民党在台湾岛内重新取得执政权后，国共两党坚持"九二共识"，两岸双方在"一个中国"基本政治共识的基础上开展交流与合作，不但大幅降低之前台海区域的紧张局势，而且也使两岸的互信得到很大的增强，两岸总体政治氛围的极大改善，当然有利于两岸在非传统安全领域的合作，从而也使两岸在非传统安全合作方面进展较快，并迈入了制度化协商的进程。而当前，由于民进党蔡英文当局不愿意接受"九二共识"及其核心意涵，两岸政治互信的基础受到了损害，也对两岸在非传统安全领域的合作带来了影响和牵制。

两岸合作易受政治氛围影响这一特点，自然使两岸在非传统安全领域的合作容易受到两岸政治关系发展的影响与牵制，这对于两岸在非传统安全领域合作建立长期稳定、持续发展的制度化机制目标有一定的牵制和影响。因此，对于海峡两岸在非传统安全领域的合作而言，双方必须要有一定的政治意愿与政治共识，即便最终是一个双方虽不满意但可勉强接受的最低程度之政治共识，

---

① 陈源钦:《两岸共同打击海上犯罪之研究》，台北：台湾大学社会科学院政治学系硕士论文，2011年7月，第57页。

其对于两岸开展非传统安全合作也是至关重要的助力。

第二节　两岸非传统安全合作的两岸性

两岸非传统安全合作的重要特性还在于它与国家之间的合作性质完全不同，它是指海峡两岸之间在面对和应对非传统安全威胁时所开展的某种程度的合作，其两岸性非常突出。这也是由台湾问题的根本性质所决定的。毕竟台湾问题属于中国的内政问题，它不属于国际问题的范畴。因此，两岸非传统安全的合作不能简单照搬国际合作的模式，它完全有别于国际社会不同国家之间在非传统安全领域的合作模式。

两岸非传统安全合作的的典型特征就是它的两岸性。两岸性是指它必须是发生在海峡两岸之间的非传统安全议题，其内涵大致包括：一、这些非传统安全议题是发生在两岸之间的，直接对两岸造成了某种损害；二、某些非传统安全议题虽然不是发生在两岸之间，但它却两岸造成了重大影响与潜在隐患。例如某些跨境性的诈骗犯罪集团可能把基地设置在东南亚甚至非洲的某一个国家，但却针对两岸民众进行电话或网络诈骗犯罪活动，严重损害两岸民众的切身利益，两岸之间可以透过合作来降低或避免损失，从而维护两岸人民的根本利益。两岸之间之所以出现非传统安全威胁，主要还是因为随着两岸社会交流大门的敞开，两岸社会往来日益增多，但由于两岸在政治领域的互信进展有限，在这种情况下，两岸社会治理方面显然无法进行有效对接，使两岸之间私渡、贩毒、走私、诈骗等非传统安全威胁无法得到有效的管控与治理，从而使这些非传统安全威胁得以大行其道，给两岸人民的财产造成了极大的损失。而这些非传统安全领域威胁的发生基本上都是透过两岸交流及海上犯罪，甚至网络犯罪来实施的。两岸在这方面所面临的压力和挑战非常大。此外，还有一种情形，就是当前两岸都是国际社会重要的经济体，两岸在海外都有大量的经济商业利益及交往利益，与国际社会的交往非常密切，两岸在国际海域甚至其他国家和地区可能会遭遇到非传统安全的威胁。而这些发生在海外的非传统安全威胁，都会对两岸人民利益造成损害，当然需要两岸人民合作起来解决。

两岸非国与国关系的性质，在很大程度决定了两岸互信对于两岸开展非传统安全合作的重要性。换言之，两岸在非传统安全领域的最终合作，其成效完全取决于海峡两岸的互信基础，特别是受到两岸政治互信程度的影响非常大。

两岸之间如果没有政治互信基础为根本保障，则两岸非传统安全合作必然会受到很大的影响与牵制。两岸互信基础主要是指海峡双方对"一个中国"核心内涵，以及对两岸的历史连接、民族情感等的基本认知与态度。这与国际社会国家之间的非传统安全合作存在着重大的区别。国与国在非传统安全合作的进展则主要取决于双方之间的利益博弈与现实需求，国家利益可以说起到了核心的导向性作用。两岸合作特别是非传统安全合作虽然也有利益需求的现实考虑，但却不能完全以利益博弈为导向，还有同胞情感等心理层面的因素在发挥重要作用。

两岸非传统安全合作虽然不是国家之间的合作性质，但非传统安全议题本身具有跨境性、扩散性及全球化等特征，也使两岸非传统安全的合作不能完全无视全球的经验，特别是两岸在开展非传统安全合作时，完全可以充分借鉴国际社会的有益做法，从而为提高两岸非传统安全合作的成效创造更好的条件。毕竟两岸合作事关两岸人民的根本利益，强化合作，努力防范和减轻各项非传统安全威胁对两岸人民利益的损害，这本身就与维持和增进两岸人民利益的目标完全一致。

两岸在非传统安全领域推进合作的过程中，必须要根据两岸之间的实际情况来稳步推进，不可急于求成，而应遵循两岸关系发展的客观规律，稳字当头，夯实基础，透过合作来增进互信基础，以互信基础来推动合作的持续进行。同时，两岸在非传统安全合作中，一定要强化合作的意识，要通过海峡两岸的共同合作来化解分歧，而不宜引入第三方介入的机制。两岸非传统安全合作既不可引入第三方介入，也不宜在两岸之外开展合作，因为这些都极容易引发两岸之间在政治上的分歧与争议，从而有可能使两岸本来就相当脆弱的合作关系受到损害。

第三节　两岸非传统安全合作的中介性

由于两岸关系本身所具有的敏感性与特殊性，特别是两岸目前尚未就政治关系达成共识，也未开展相关的政治对话与政治协商，虽然非传统安全议题的政治敏感度较低，但它毕竟属于安全议题的范畴，是两岸关系中的低阶政治议题，因此，两岸之间在非传统安全领域开展合作，当然需要平台和中介来加以配合。特别是在现阶段两岸公权力部门尚无法直接面对与介入的情况下，平台与中介的功能至关重要。

从两岸过去在非传统安全领域开展合作的历史进程来看，平台和中介的作用确实至关重要。例如，早期的《金门协议》其实就是两岸在非传统安全领域开展合作的具体体现，特别是在打击私渡等犯罪行为等领域，当时是依靠海峡两岸的红十字组织等机构，而非由两岸的公权力部门来加以执行与落实，由两岸红十字组织等民间组织所搭建的平台就发挥了非常重要的中介作用。之后，随着两岸交流交往的越发频繁，海峡两岸为方便双方交流活动的开展，以及处理两岸因交流而衍生的各种非传统安全问题和威胁，分别成立了海峡两岸关系协会（即海协会）、海峡交流基金会（即海基会）两个民间组织，从而使海协会与海基会成为两岸开展非传统安全合作的最主要平台，并在推进两岸关系发展进程中扮演了不可或缺的中介作用。即便是 2008 年以来，两岸关系进入了快速发展的新时期，两岸和平发展局面形成，两岸在非传统安全领域的合作与协商，也主要是依赖海协会和海协会这一架构来加以推动和落实。事实上，过去八年以来，涉及两岸在非传统安全领域的多项合作协议，都是在两会的框架下签署的。在某种程度上可以这样认为，在两岸尚未就台湾问题达成最终政治解决与政治安排的情势下，两会的中介功能在短期内还是无法被取代的。

两岸在非传统安全领域之合作，不能简单照搬国家之间职能部门与机构的对口对接之模式。由于两岸关系的性质是非国与国的关系，它是中国内部大陆与台湾地区之间的关系，因此，海峡两岸在非传统安全领域的相关合作，从理论上看，似乎可以由两岸相关的主管机构与部门来主导，但在现实政治中，由于两岸至今尚未就最终解决台湾问题达成政治安排，其敏感性仍然非常显著，现阶段最为务实的做法还是需要有一个中介的角色来代替，这才是符合现实两岸关系的基本状况，也才能务实地推动两岸在非传统安全领域合作的顺利开展。

第四节　两岸非传统安全合作的复合性

冷战结束以来，非传统安全问题的一个重大特点就是伴随着全球化的发展趋势，非传统安全问题的复合性特征越发突出。复合性包括这些非传统安全威胁更多地综合了地缘因素、利益因素以及社会心理因素等，其语境比传统安全问题更为复杂和模糊，其危害和后果也更为加剧。例如，自然灾害可谓自古有之，但如果叠加了人口流动等人为性因素之后，它就成为具有非传统安全特征的复合性重大灾害。就两岸部分而言，很多非传统安全问题本来就是长期存在的问题，但由于叠加了两岸因素和全球化的因素，以及岛内政治因素之后，就凸显其诸多的非传统安全之特征。两岸非传统安全合作的复杂性除了非传统安全威胁本身就极具不可预测性及复杂性之外，还牵涉到两岸关系自身的复杂性与敏感度。两岸事无小事，两岸之间的非传统安全议题也绝非小事一桩。两岸之间的非传统安全议题成因非常复杂，如果处理不好就会对两岸关系产生重大的影响。

在两岸关系发展的历史进程中，因非传统安全事件而影响两岸关系发展的案例并不少见。1994年3月发生的"千岛湖事件"，本来是一件恶性治安事件，犯罪分子将24位台湾游客及6名大陆船员、2名大陆导游共计32人，在船舱内烧死。案情本身非常清楚，但李登辉当局却刻意放大，甚至上纲上线，最终导致两岸关系的极大倒退。1994年4月9日，时任台湾地区领导人的李登辉公开指责中国共产党"像土匪一样"。①同年4月12日，台湾陆委会宣布"即日起暂时停止两岸文教交流活动"，"自5月1日起停止民众赴大陆旅游"。②与此同时，台湾岛内的"台独"势力也借机叫嚣，煽动"台湾独立"。本属一个单纯的刑事案件，最终却被炒成了一个严重损害两岸关系的政治事件。这当然是非常可惜的事情。事后台湾部分学者的一些研究成果也表明，"千岛湖事件"这一本属非传统安全范畴的事件，其对两岸关系的负面影响相当严重，特别是对台湾民众的中国认同有很大的影响。例如，在"千岛湖事件"爆发之前的当年2月份，台湾陆委会委托政治大学选研中心所做的民调数据显示，认为"自己是台湾人"的比例为29.1%；认为"自己是中国人"的比例为24.2%；认为"自己既是台湾人又是中国人"的比例为43.2%；其余是不知道或拒答；"支持独立"的为12.3%；"支持统一"的为27.4%；"维持现状"的为44.5%；其余是不知道或拒答。但当"千岛湖事件"爆发后的当年4月份，同样也是由陆委会委托政治大学选研中心所做的相同的民意调研，其数据显示，认为"自己是台湾人"的增加为36.9%；认为"自己是中国人"的减少为12.7%；认为"自己既是台湾人又是中国人"的为45.4%；其余是不知道或拒答，而"支持独立"的增加为15.5%；"支持统一"的则为17.3%；"维持现状"的比例为54.5%；其余是不知道或拒答。而台湾《联合报》在1994年4月中旬所做的民意调查也显示，台

---

① 林正杰：《李登辉情结的牺牲品》，《海峡评论》1994年5月，第41期，第1页。

② 刘海藩：《中华人民共和国国史全鉴：社会卷》，中央文献出版社，2005年，第377页。

湾"赞成台湾独立"与"非常赞成台湾独立"的比例大幅升至42%。① 此一民调结果也显示"千岛湖事件"之后，台湾民众对大陆的疑惑与不满大为增加，双方的交流在一时之间有冷却的现象出现。因此，两岸双方在非传统安全合作过程中，一定要对非传统安全议题的复合性特征加以重视，从而防止其对两岸关系的冲击和影响，特别是双方都要以维护两岸关系发展为大局，细心呵护两岸和平发展的氛围，这才有利于两岸在非传统安全领域的合作开展。

第五节　两岸非传统安全合作的外溢性

由于非传统安全威胁往往具有跨境性的特征，其影响往往会超越传统安全威胁的地理范畴，因此，非传统安全议题本身就具有很强的外溢性效应。就两岸之间的非传统安全议题而言，其外溢性效应更为彰显。两岸之间爆发的诸如走私、私渡、贩毒、贩运人口等犯罪行为，严重危害了海峡两岸的权益，迫使两岸双方不得不坐到一起协商解决，因为双方都有现实的巨大压力来面对这些非传统安全领域的威胁。于是双方逐渐形成常规的沟通模式，从处理单一事件到各领域方方面面的全面合作，从而使两岸合作的领域不断得到拓展，也大大丰富了两岸关系的内容。例如，在20世纪90年代的初期，危害两岸最为严重的非传统安全威胁就是私渡、走私及贩运人口等犯罪行为，因此，如何遣返犯罪分子成为海峡两岸当时最为棘手的难题。而1990年两岸所签署的《金门协议》无疑就是为双方在这方面的合作寻求解决之道。此后，两岸在《金门协议》的基础上，逐步将合作的范畴拓展到食品安全、医药卫生安全、经济安全甚至核能安全等领域，大大拓展了两岸非传统安全合作的范畴，这些都是两岸非传统安全合作外溢性的重要彰显。

从两岸非传统安全合作的外溢性效应而言，它除了不断丰富两岸合作的范畴之外，还有助于海峡两岸之间的互信积累，有助于两岸为未来解决高阶政治议题营造氛围，创造条件。因为两岸之间的合作越多，共同利益也随之增多，也使任意一方再也不能置身事外，从而使两岸合则获利，不合则蒙受其害的竞合关系形成，这在一定程度上有利于强化两岸在非传统安全领域开展合作的政治意愿，也有助于夯实两岸在非传统安全合作的物质基础。

---

① 参见"联合新闻网"，http://udn.com/news/index.

第六节　两岸非传统安全合作的复杂性

虽然非传统安全领域的政治敏感度相对不高，但由于两岸议题本身极具敏感性与复杂性，两岸非传统安全合作很容易受到多种因素的干扰。

首先，两岸非传统安全合作本身会受到岛内政治大环境的影响。两岸关系不是国与国的关系，这本是国际社会公认的事实，但台湾内部由于存在分离主义的政治势力，岛内统"独"两大政治势力的较量仍然客观存在，特别是两岸自1949年分隔以来，至今尚未正式开启政治对话与政治协商，这些都会对两岸关系发展产生影响，自然也会对两岸非传统安全合作产生重大影响。尤其是台湾不同政治意识形态的政党上台执政，都必然会对两岸在非传统安全领域的合作带来重大的影响。

其次，两岸非传统安全合作还会受到两岸关系发展的大环境影响。非传统安全合作是两岸合作中的重要组成部分，它必然要受制于两岸关系发展的大环境。如果没有良好的两岸关系作为基础，两岸合作的氛围自然就不复存在，当然非常不利于两岸在非传统安全领域的合作。

最后，两岸合作还会受到美国等国际因素的干扰和影响。长期以来，外部势力特别是美国长期介入台湾问题。虽然两岸关系和平发展局面在总体上也符合美国的国家利益，但美国也担心两岸关系发展太快，即使是在低敏感度的非传统安全领域之合作上，美国也有其现实的顾虑存在，因为美国不希望两岸因为合作的开展而最终走上统一之路，从而使美国失去了对两岸关系的主导权，这显然是美国现阶段最不愿意看到的结果。因此，美国对于两岸在非传统安全领域的合作也会扮演某种刹车的角色。

第五章　两岸非传统安全领域合作的问题

　　两岸非传统安全合作为两岸关系发展特别是为两岸交流秩序的有效维护，确保两岸人民的利益做出了重大的贡献，它完全是顺应两岸民意与民心之高度期待的。尽管如此，两岸在非传统安全领域的合作仍然面临着诸多挑战。特别是两岸非传统安全合作在很大程度上受制于整个两岸关系发展状况及台湾岛内政治局势发展的影响。亦即两岸关系的特殊性与敏感性之特质，特别是台湾社会内部长期存在的分离主义政治势力，更是影响两岸在非传统安全领域开展合作的重大障碍。上述因素之客观存在，也在很大程度上对两岸在非传统安全领域的合作造成了影响，从而使两岸在非传统安全领域的合作出现了这样或那样的问题。

第一节　两岸非传统安全领域合作的主要问题

一、海峡两岸的互信不足

　　两岸合作的状况在根本上取决于双方的互信程度及其发展水平。由于非传统安全合作是两岸整体合作中的一个重要组成部分，因此，两岸非传统安全合作自然会受到两岸关系发展的总体氛围之影响。换言之，两岸双方的互信水平将在很大程度上决定非传统安全领域合作的基础是否牢固。两岸互信不足一直是两岸关系发展中的重大现实问题。即便是 2008 年以来两岸关系取得了重大的历史性突破，两岸互信水平也有了较大的改善，但两岸之间的互信仍然不足。这也是海峡两岸始终无法正式开启政治对话和政治协商的根源所在。造成两岸互信不足的根源还在于两岸关系本身所具有的敏感性与脆弱性特征。

　　两岸关系的一个重要特点就是其具有高度的敏感性与脆弱性。敏感性与脆弱性这一组概念最初是由新自由主义国际关系理论大师罗伯特·基欧汉和约瑟夫·奈在 1977 年出版的《权力与相互依赖》一书中提出的。"敏感性"指的是某种政策框架内做出反应的程度——即某一行为体的变化导致另一行为体发生有代价变化的速度多快，所付出的代价多大。[①] 敏感性既表现在经济方面，也表现在社会或政治方面。"脆弱性"是指行为体因外部事件强加的代价而受损失的程度。脆弱性概念的要点在于改变政策和付出代价。[②] 敏感性和脆弱性仅指国际行为体之间因存在相互依赖关系而产生的经济与政治互动过程中的问题。它总体上属于海峡两岸之间政治的范畴，但又限于经济与政治互动以及与经济相关的资源向政治权力资源转化的领域。事实上，敏感性与脆弱性的关系如同一枚硬币的两面，既有区别也有联系。根据基欧汉和奈的理论，敏感性不带来政策的改变，而脆弱性则导致政策的改变。这是二者的最大区别所在。改变政策是为了有效降低外部行为强加给己方的成本。

从两岸在非传统安全领域的合作实践来观察，两岸非传统安全合作本质上是相互依赖的性质，在相互依赖的情境下，两岸非传统安全合作的敏感性与脆弱性又表现出如下特征：一是两岸关系的政治化图腾增加了非传统安全合作的敏感性与脆弱性；二是两岸在非传统安全领域合作中敏感性的存在，虽然未必会对双方的合作产生损坏，但显然会强化合作的脆弱性；三是在两岸非传统安全合作中，其敏感性与脆弱性虽然是两岸相互依赖下的正常现象，但由于两岸合作的制度化机制化建设不够成熟和健全，自然也会强化两岸合作的敏感性和脆弱性，当然对合作有一定程度的牵制与影响。在这种情况下，两岸关系总体上一旦出现风吹草动，则会直接波及两岸在非传统安全领域的合作。两岸合作中的敏感性与脆弱性，其实质根源就是双方的互信不足。例如，2007 年世界卫生组织网站上公布世界卫生条例下各国合格港埠，世卫按照一中原则的惯例，台湾部分港口当然被纳入中国境内港口名单，但台湾陆委会发布新闻稿表达强烈的不满和谴责。[③] 此外，2009 年 8 月，由权威医学期刊《刺络针》与世界卫生组织在北京联合举行"亚太地区新流感大会"，但台湾方面基于意识形态原

① [美]罗伯特·基欧汉、约瑟夫·奈著，门洪华译：《权力与相互依赖》，北京大学出版社，2005 年版，第 12 页。

② [美]罗伯特·基欧汉、约瑟夫·奈著，门洪华译：《权力与相互依赖》，北京大学出版社，2005 年版，第 14 页。

③ 台湾"行政院"大陆委员会 2007 年年报，《"行政院"大陆委员会》2008 年 5 月，第 50 页。

因，不愿意接受"中国台湾"的名称，最终决定不组团参加在北京召开的流感大会，其学者专家均以个人身份出席。①

是故，两岸非传统安全合作与国际行为体之间的合作，虽然都有其敏感性与脆弱性的特性存在，但其程度还是有很大区别，这是两岸的特色所在。而两岸非传统安全合作中的敏感性及脆弱性，只要两岸没有最终解决政治上的统一问题，都将长期存在，必然会对两岸之间的互信形成某种牵制，从而使两岸非传统安全合作的基础不牢。

二、台湾内部缺乏共识

长期以来，台湾内部对两岸非传统安全合作缺乏共识，这也是导致两岸非传统安全合作成效有限的重要原因。台湾岛内对此缺乏共识，主要是由台湾岛内特有的政治生态文化所决定的。

台湾政治发展及其政治文化的形成，与台湾特有的政治生态有着密切的关系。20世纪80年代末90年代初以来推行的政治体制改革，特别是其选举政治体制的确立，对台湾政治文化发展影响甚大。但在台湾推进其政治体制转型过程中，台湾民众在最重要的国家认同方面出现分歧，从而导致台湾社会出现严重的认同危机和争论。事实上，在1949年以来的相当长一段时间以内，台湾社会的国家认同是没有问题的，都是坚持一种中国意识的国家认同。但随着台湾政治转型以及"台独"分裂势力的恶意操作，特别是历经过去几十年的发展与演变，目前台湾社会的国家认同出现了"中国意识"与"台湾意识"的争论与分歧，尤其是绿营政治势力刻意操弄二者的对立，大大强化了台湾社会在国家认同上的对抗性。而这种二元对立的认同分歧体现在台湾政治运作中，就是蓝绿两大阵营的对立。

以中国国民党为代表的泛蓝政治势力在国家认同上仍然主张两岸关系是非国与国的关系。而以民进党为代表的泛绿势力在国家认同上仍坚持"台独"分离主义意识，把两岸视为两个不同的国家，绿营的这种观点在岛内有一定的支持基础。在台湾蓝绿政党不同的国家认同和意识形态分歧下，蓝绿不同政党上台执政，其两岸政策当然会有所不同。以2008年以来两岸关系发展为例，中国国民党在2008年重新上台执政后，两岸关系发展取得了重大进展，其原因就是

---

① 《北京流感大会称为"中国台湾"》，《联合新闻网》，2009年8月22日。

双方均坚持"一个中国"的政策，坚持在"九二共识"和"反对台独"的共同政治基础上开展合作，从而使两岸关系和平发展的局面得以形成，大大改变了自李登辉执政后期及民进党陈水扁八年执政时期两岸关系发展的冲撞与动荡局面。尽管两岸关系和平发展深入人心，但在 2016 年重返执政的民进党至今仍然不愿意承认"九二共识"，不愿意接受"九二共识"的核心内涵，这无疑会给未来两岸关系的稳定发展带来重大的挑战和隐患，当然也会对两岸非传统安全合作造成很大的冲击与影响。因此，台湾岛内对两岸合作的政治共识分歧严重，必然会影响两岸非传统安全合作的开展。

三、制度化建设不足

当前两岸在非传统安全领域的合作水平仍然处于初级阶段，两岸在合作中仍然面临着诸多的问题，特别是两岸非传统安全合作的机制化、制度化建设严重缺乏，这是影响两岸合作成效的重要障碍所在。从目前状况来观察，两岸非传统安全合作的实践中还面临以下问题：

（一）两岸非传统安全合作过于依赖对方的配合

过去几年，虽然两岸在非传统安全领域开展了不少合作，也取得了不小的成效，但总体来看，其合作在很大程度还是要依赖于对方的配合意愿以及配合程度，双方并没有真正建立起一个完全基于制度化的合作机制。以两岸在食品安全等非传统安全领域的合作为例，目前两岸建立的通报机制，其本身并无法对两岸的食品企业进行实质性的约束，形式往往大于内容，特别是两岸食品安全合作的机制中缺乏具体的求偿机制，其内容也多为两岸的各自表述，合作的成效完全取决于两岸双方的诚意，这种合作当然不具可持续性。

（二）两岸非传统安全合作缺乏预警机制

通常而论，预警机制一直是非传统安全合作的重要内容。但从两岸非传统安全合作来检视，两岸之间显然缺乏预警机制的建设。以两岸食品安全合作为例，由于海峡两岸之间至今尚无法认定检验机构，这就容易衍生两岸之间的食品纠纷，也使两岸在食品安全合作中无法建立起预警机制，自然无法从食品安全的源头把关，而只能在爆发重大食品安全事件之后，才被动应对食品安全危机，这当然是两岸食品安全合作中一个很大的隐患。

（三）两岸非传统安全合作还处于磨合阶段

总体上，两岸非传统安全合作的水平还在磨合阶段，互信基础比较薄弱。

一旦有风吹草动，受限于了解对方不足，难免疑虑丛生。因此，互信是开展两岸非传统安全合作的基础和前提。而互信的前提就是对共同利益的确认。虽然两岸对非传统安全合作的动机都存在，双方都有现实需求，但由于双方对共同利益的认知还是有一些分歧，因此两岸在非传统安全领域的合作无法完全做到无缝接轨。

（四）两岸非传统安全合作过于依赖民间力量

非传统安全议题虽然政治敏感度较低，但推动非传统安全合作又往往离不开公权力部门的配合与协同。但两岸非传统安全合作在很多时候还是主要依赖于民间来推动，其动力当然不足，其能量也相当有限。两岸双方在政治领域的对话与协商尚未正式开启，这也限制了两岸公权力部门在非传统安全领域的合作，自然使很多合作的执行力和贯彻力不足，这也是一个很大的挑战。

四、外部因素复杂

两岸非传统安全合作也常常受到外部因素特别是美日等国家的影响。其原因主要有以下几个方面：一是两岸关系的互动与合作长期以来一直受到国际势力特别是美日等因素的影响与干扰。特别是美国，始终是台湾问题无法有效解决的重要外部障碍因素。可以这样说，只要台湾问题没有得到最终完全的政治解决，美国就是影响台湾问题发展的不容忽视的因素，它必然会对两岸在非传统安全合作产生这样或那样的影响。二是近年来随着中国综合实力的增强，中国崛起的趋势越发明显，在这种情势下，以美国为首的西方国家对中国发展和强大加大了战略遏制的力度。以美国为例，近年来美国推动的"重返亚太"以及"战略再平衡"政策，在很大程度上都有针对中国的因素在内。事实上，对南海议题、亚投行问题等美国都是采取了抵制的态度。而台湾问题自然有可能成为美国推动其亚太战略中牵制中国的重要棋子，美国因素当然会对两岸非传统安全合作产生冲击和影响。三是当前中国周边的安全环境越来越呈现出复杂的面向。中日因钓鱼岛主权议题的争议已持续多年，双方的互信基础受到很大的影响，特别是日本国内安倍右翼政治势力推动的对抗中国的战略发展态势非常明显，中日关系的持续低迷及战略较量的长期存在，都有可能使日本在台湾问题上做些文章。此外，当前中国与越南、菲律宾等国家在南海问题上因南海主权问题的争议，也使南海形势格外复杂，美日等大国也借机试图介入其中，这些都可能使这些国家利用台湾问题来牵制中国。

从总体上来看，美国是目前能够对台湾问题产生重大影响力的国家，未来美国如果在台湾问题介入，当然会影响到两岸关系和平发展进程，从而对两岸非传统安全合作产生重大的牵制与负面影响。民进党未来如果推行全面倒向美国日本的战略，当然会对两岸互信有伤害，自然也会对两岸非传统安全合作产生负面影响。

第二节　两岸非传统安全合作的成效评估

两岸非传统安全合作行之有年，在总体上取得了较大的进展，特别是海峡两岸双方在非传统安全领域的合作建立起了初步的制度化机制化等框架，尤其是 2008 年以来，双方在非传统安全领域的合作成绩相当突出，有效地维护了两岸人民的利益。但是我们也要看到，两岸非传统安全合作是两岸关系发展与互动中的重要一环，它不可能完全脱离两岸关系发展的现实，必然要受到两岸关系发展状况及整个两岸大环境之影响与牵制，这也使得两岸非传统安全合作在很大程度上受到两岸政治关系的影响与左右。当海峡两岸政治关系良性发展，双方互信程度较高时，两岸在非传统安全领域的合作则较为顺畅，相反，则非传统安全的合作就会受到牵制。事实上，这与国际社会的非传统安全合作的发展逻辑也表现出基本的一致性。

一、两岸在非传统安全领域的合作成绩突出，很好地维护了两岸人民利益

以两岸开展司法互助及共同打击犯罪为例，海峡两岸共同打击犯罪的行为，有力地维护了两岸社会的和谐。走私、私渡等案件与民众生活和两岸关系原本并无直接关系，但这些案子遍及两岸，大陆和台湾都有人受害，两岸关系发生也有可能因走私、私渡发生而变化，而两岸签署协议后，两岸间文书交换、证据取得更加便利，让走私、私渡等案件起诉和判决更加快速，案件数量大减。以两岸签署的《海峡两岸共同打击犯罪及司法互助协议》为例，该协议使两岸警方得以合作起来，为维护两岸交流的正常秩序，为两岸关系和平发展做出了贡献，取得了重大成就，这也是两岸在非传统安全领域取得重大进展的表现。

2009 年 6 月 25 日两岸签署《海峡两岸共同打击犯罪及司法互助协议》，该协议生效 6 年多来，两岸共提出 67940 件协助请求，已完成 55040 件；两

岸共同侦破 141 件跨境犯罪，逮捕 6288 名嫌犯，其中包括有史以来最大的货轮贩毒案，最大的空运贩毒案，起出 20 多万颗违禁药的产销集团案，也包括被害人遍及台湾南北及大陆 29 省之电信诈骗案，等等。两岸警方合作打击犯罪成效显著，有力保障了两岸同胞的合法权益和两岸交往合作的正常秩序。客观而论，两岸在共同打击犯罪及司法互助方面能够取得如此辉煌的成果，确实非常难得。毕竟两岸权力机关的组织形态不同，类似机关的执掌不同，司法体制与实务运作也有不同。为了能使双方程序准确对接，执行顺畅，两岸人员都费尽心思下足功夫，透过电话、电邮及在两岸轮流举办的工作会议沟通协调，建立有效可行的工作模式，工作才能推展。例如，为将电信诈欺案的赃款返还台湾被害人而建立的返还作业程序，先由大陆人民法院判决应返还的金额，然后请台湾地区的司法部门协助找寻台湾被害人、确认身份及查明事实，再由大陆人民法院逐笔将款项汇还给被害人。从 2009 年到 2015 年止累计从大陆返还的金额已达新台币 1160 万余元。又如，为了将在大陆监狱服刑的台湾人移交回台湾执行，双方进行过 7 次工作会议，讨论移交的方式及相关细节，最终确定每件移交案都需要经过两岸司法主管部门的意见后，才执行相应的接返事宜。①

2011 年 6 月 9 日，台湾地区的"内政部警政署刑事警察局"和中国大陆公安机关在印度尼西亚、柬埔寨、马来西亚、泰国及中国大陆和中国台湾六地同步发动代号为"0310"的跨国境扫荡诈骗集团的行动，一共逮捕 598 名人犯，其中台湾地区的人犯共有 410 名被抓捕。在处理台湾人犯遣返回台的过程中，先将其中的 122 人经由柬埔寨中转至澳门，再由长荣航空公司专程载返台湾。此外，根据台湾陆委会公布的资料，自两岸司法互助协议 2009 年 6 月 25 日生效至 2011 年 4 月底，两岸双方相互提出的文书送达、调查取证、协缉遣返等案件 16300 余件。大陆已遣返台湾通缉犯 106 名，包括涉嫌诈骗、掳人勒索、毒品、强盗等类型。同期两岸还合作侦破诈骗、抢人勒索、毒品、杀人、强盗及侵占洗钱等计 31 件，逮捕犯罪嫌疑人 1423 人（其中台湾地区 838 人，大陆 585 人）。此外两岸警方联手破获多起跨境诈骗集团犯罪，台湾地区的诈骗案件发生数由 2009 年的 38802 件减少至 2010 年的 28820 件，下降 25.73%，而 2010 年度较 2009 年度的受害金额减少达新台币 41 亿多元，

---

① "《海峡两岸共同打击犯罪及司法互助协议》签署 6 周年执行成果展"，台湾"法务部长"罗莹雪的致词稿。

这是两岸合作的成效之所在。

表 1：两岸刑事司法互助件数一览（2009.06.25—2010.12.31）

请求方请求事由	台湾提出	大陆完成	完成率	大陆提出	台湾完成	完成率
协助缉捕	265	63	24%	1	1	100%
犯罪情资提供	788	409	52%	207	189	91%
调查取证	160	17	11%	6	3	50%
重要讯息通报	221	132	60%	900	895	99%
业务交流	41	41	100%	22	22	100%
文书送达	8082	5478	68%	339	339	100%

二、两岸在非传统安全领域的合作已初步建立起制度化的机制

两岸在非传统安全合作中，尽管面临双方互信不足之现实困境，但基于为两岸同胞谋利之考虑，在合作中根据两岸的实际情况，不拘泥于形式，而是随着双方互信程度的提升，两岸合作越来越具有灵活性及弹性，使两岸合作更具弹性与发展空间。例如，在两岸司法互助协议中，第 5 条就规定：双方同意交换涉及犯罪有关情资、协助缉捕、遣返刑事犯与刑事嫌疑犯，并于必要时合作协查、侦办。从条文内容观之，该条规定虽然其文字的表述相当简短，但却是句句值千斤，其内容已涵盖两岸协助侦查案件可能涉及的范畴及基本事项。此外，双方对遣返方式也主张多样化。协议第 6 条明白指出双方可在《金门协议》的基础上，因应情势更为妥当地处置。如 6 条第 1 款首先强调要以人道、安全、迅速、便利为遣返基本原则。

从两岸非传统安全合作之打击犯罪及司法互助领域 20 多年的历程来观察，从最初的专门打击走私、遣返犯罪分子的《金门协议》机制之建立开始，一直到 2009 年签署《海峡两岸共同打击犯罪及司法互助协议》，两岸在司法互助方面终于进入机制化制度化合作的新阶段。事实上，2008 年以来两岸所签署的一系列协议，在很大程度上多数协议都是两岸在非传统安全领域合作的制度化之体现。

表 2：2008 年以来两岸在非传统安全领域合作所签署的部分协议

两岸协议签署时间	两岸协议名称
两会第二次会谈（2008.11.04）	海峡两岸食品安全协议
两会第三次会谈（2009.04.26）	海峡两岸共同打击犯罪及司法互助协议
两会第四次会谈（2009.12.22）	海峡两岸农产品检疫检验合作协议
两会第五次会谈（2010.06.29）	海峡两岸知识产权保护合作协议
两会第六次会谈（2010.12.21）	海峡两岸医药卫生合作协议
两会第七次会谈（2011.10.20）	海峡两岸核电安全合作协议
两会第八次会谈（2012.08.09）	海峡两岸海关合作协议
两会第九次会谈（2014.02.26）	海峡两岸地震监测合作协议（尚未生效）
两会第十次会谈（2014.02.26）	海峡两岸气象合作协议（尚未生效）

三、两岸非传统安全合作的政治溢出效应正日渐显现

两岸在非传统安全领域的合作，有利于两岸交流，建立互信基础，并使两岸之间的合作能够延伸至其他领域的实质互动，特别是有助于两岸在高阶政治领域的互信增加，为两岸最终破解政治难题奠定基础和条件，当然有助于两岸关系稳定发展。

例如，两岸在 1990 年签署《金门协议》时，金门还处于台湾"戒严"体制的军管之下，金门仍然是一个战地，但随着《金门协议》的签署及实施，金门逐渐走向和平，现在已是两岸和平往来的重要交通枢纽。目前金门已成为两岸人员往来及两岸社会互动的重要通道。2001 年厦门—金门的航线旅客仅有 2 万人次，2013 年就达到 125 万人次。厦门—金门的航线的旅客人数达到 100 万人次，历时了 4 年零 8 个月；从 100 万人次到 200 万人次，只历时 1 年零 8 个月；从 500 万人次到 1000 万人次，仅历时 3 年零 8 个月。厦门—金门的航线的发展过程当然也是两岸关系和平发展的生动写照。该航线刚开通时，台湾方面只允许金门籍人员经该航线往返厦金地区，而到了 2010 年 7 月，两岸同胞都可以通过这条航线往返两岸。有数据显示，如今每 6 名往来两岸的人员中就有 1 人选择厦金航线。此外，厦金航线也成为两岸"生命救助绿色通道"。例如，2002 年 6 月，来福建探亲的 79 岁台胞饶永江突发重病，经厦金航线特殊通道返回台北就医，厦金航线生命救助绿色通道的大门自此开启。两岸红十字组织、厦门

边检等部门密切合作，这个通道累计为 265 名患病台胞提供了特殊救助服务。

而两岸近年来透过谈判签署的一系列有利于双方开展非传统安全合作的协议，就其政治层面而言，当然也有其重要意义，正如台湾学者周成渝、蔡佩芬等人所言，海峡两岸双方签署过程中技巧性地避开了司法互助的"国际"、区际主权争议，有助于追诉犯罪及遣返罪犯，大陆也不再是台湾罪犯的天堂。此外，两岸在签署这些协议时也成功跳脱了过去的意识形态与政治框架之束缚，完全以平等互惠方式进行协商，不仅突破两岸文书送达、跨境取证及经济罪犯遣返之限制，并包括协助缉捕及遣返刑事罪犯及嫌疑人，上述成就早已超越目前台湾与国际社会其他行为体之间的司法互助范围。这些当然都是在两岸政治互信基础上开展非传统安全合作所取得的重大成就。它也有助于两岸未来构筑常态化合作的平台，建构民事、刑事司法互助机制，也可望解决日益严重的跨境犯罪，确保两岸人民生命、财产安全，建立双方交流往来的新秩序。

第三节　两岸非传统安全合作的不足之处

一、两岸非传统安全合作常常受到两岸关系特别是政治互信的影响

两岸互信不足仍然是两岸非传统安全合作的最主要障碍。特别是目前两岸都有政治与安全考虑因素，两岸在非传统安全领域的合作必须要有高层的政治意愿才行，如果两岸的政治高层对非传统安全的合作意愿不足，当然对两岸开展非传统安全合作极为不利。因此，两岸基层的合作完全取决于两岸关系发展的整体气氛，以及双方对于合作范畴及推进程度的意愿。事实上，由于两岸关系互动的历史经验，两岸实力差距以及政治体制、意识形态等领域都存在重大的差异性，因此，两岸在交流协商的心态和思维上难免有较大的差异，当然也会影响到两岸在非传统安全领域的合作，但根本性的影响因素还是两岸政治互信问题。

二、两岸非传统安全合作的可操作性不足

两岸在非传统安全领域的合作，目前虽然已经签署了一些合作协议，但这些多数还是框架性的协议，其规定相对粗糙，原则性虽强，但其操作性相对薄弱，需要双方进一步协作。特别是协议的内容过于简单，当然在实际执行过程中会出现一些盲点。例如，以两岸签署的司法互助协议为例，共同打击的范围

以"双重犯罪"为原则，以"非双重犯罪"为例外。如该协议第 4 条第 1 款规定：双方同意采取措施共同打击双方均认为涉嫌犯罪的行为。并于第 2 款规定合作打击犯罪种类。从这两款的相关规定来看，两岸共同打击犯罪范围，协议所采取之基本立场是双重犯罪原则，不过也有例外规定。如协议第 4 条第 3 款规定：一方认为涉嫌犯罪，另一方认为未涉嫌犯罪但有重大社会危害，得经双方同意个案协助。协议第 4 条对重大社会危害定义不明确，标准也不易界定。特别是何种情形属于重大关切利益定义也不明确，标准不易界定。这些都给两岸在具体的合作实务带来很大的影响。

三、两岸司法审判制度的不同影响合作的效果

当前，两岸存在重大的制度差异，特别是攸关两岸司法互助等非传统安全议题的合作时，由于两岸的司法审判制度标准不一，这就有可能会给犯罪嫌疑人逃避法律制裁提供可以操作的空间，当然也会严重影响两岸在共同打击犯罪等非传统安全领域的合作成效。特别是台湾方面对涉嫌电话诈骗的相关规定不严谨，往往使犯罪嫌疑人得不到严肃追究和应有惩处。过去的案例也多次说明，诈骗犯罪的罪证多留在犯罪地及被害者处，一旦诈骗嫌犯被遣返台湾，多因无法掌握罪证，最后不是轻判，就是根本难以审讯，能抓到的也只有中间运钱的"车手"，背后真正犯罪的诈骗集团根本难以破获。台湾方面对相关犯罪嫌疑人处罚过轻之举动，不但无法从根本上有效遏制电话诈骗等犯罪行为的发生，更是对大陆受害者合法权益的漠视与不尊重，当然也会对两岸共同打击犯罪合作和两岸关系发展造成很大的负面影响和重大伤害。例如，2016 年 4 月 15 日，在马亚西亚涉嫌诈骗的 20 名台湾地区遭驱逐犯罪嫌疑人境后搭机返回台北后，因犯罪事证不完整而无法拘留，被台湾警方于 16 日凌晨释放。甚至还被传出被释放当晚，这些嫌疑人还结伙到夜店饮酒狂欢，吹嘘诈骗很好赚，行径相当器张。事实上，台湾法律对诈骗犯的"宽容"与"放纵"，早已举世皆知。2011年，14 名台湾人涉嫌电信欺诈遭菲律宾遣送大陆，经两岸协商，以台方协办、回台审讯的方式解决，结果台湾地区的法院对这些欺诈者予以轻判，激起岛内民众"不如留在大陆受审"的叫骂声。同年，另一批自印度尼西亚押返的 167人台湾诈骗集团，半年后台中地院审结 26 人，仅一人判刑，其余皆轻判，准予

易科罚金或缓刑，连承办的检察官都叹息："台湾已沦为诈骗王国！"①

事实上，在两岸共同打击犯罪过程中，虽然大陆有卷证，但仅仅是基础，台湾还是有独立审判的程序和机制，即使被大陆判刑，台湾仍然有管辖权。台湾的"刑法"及"台湾地区与大陆地区人民关系条例"，只是有条件地承认大陆刑事判决效力。两岸现行除《金门协议》及两岸公证书使用查证协议做出规定之外，另根据各自情况处理司法问题。两岸各自做出的这些规定，在一定程度上解决了一些两岸间的司法协助问题，但是由于这些规定条件都属各自的规范，只具有单方的约束力，两岸间司法协助困难的问题并未从根本上得以解决。这是当前两岸司法互助过程中的最大挑战所在。

四、两岸非传统安全合作的成效没有得到充分的彰显

目前两岸合作的效果虽然取得不少，但总体上看仍然有很多不足之处，特别是其成效与预期有一定落差，从而使其成效没有得到更多的彰显。以两岸过去八年在非传统安全领域的合作为例，两岸在打击犯罪方面的成果比较突出，也得到两岸社会特别是台湾民意的高度肯定，但两岸在其他领域，特别是食品安全合作中的成效就不那么明显，这也会影响两岸民意对两岸非传统安全合作的预期心理。

---

① 《返台获释诈骗犯被爆当晚在酒店集体狂欢》，参考消息网，2016 年 4 月 20 日。

第三编　两岸非传统安全合作的实践探索

第一章　两岸公共卫生安全领域合作

当前公共卫生议题已不仅仅限于生物医学问题和技术性问题，随着全球化的发展，在公共卫生领域出现的一些威胁已经和人的安全、社会的安全及国家的安全以及地区安全、全球安全等概念联系起来，使公共卫生问题超出了医学范围，进入了政治的领域而被安全化了。所谓公共卫生，顾名思义，是关系到一个国家或地区人民大众健康的公共事业。它与普遍意义上的医疗服务存在一定的差距。美国城乡卫生行政人员委员会对公共卫生的定义为：公共卫生是通过评价、政策发展和保障措施来预防疾病、延长人寿命和促进人的身心健康的一门科学和艺术。由于各种传染性、流行性疾病已成为全世界最紧急的公共卫生挑战，传染病引发的卫生安全不仅触及个人的生命和尊严，而且也直接损害国家和社会的经济安全以及政治安全。特别是近年来全球各地有许多传染病疫情持续爆发，给世界各国各地区人民的生命健康及生活都带来了严重的影响。

在两岸关系的互动中，公共卫生安全议题的角色相当重要，处理不慎就有可能会对两岸关系发展带来影响和损害。两岸关系领域中的公共卫生安全，主要是指应对各种流行性疾病及传染病对两岸人民生命健康所造成的威胁。两岸之间有着错综复杂的政治、经济及社会等关系，从三十多年前的鲜少接触，发展到现在每天都有数以万计的人往返海峡两岸。加上两岸人民通婚的频率，进入大陆经商、生活、工作的台湾民众人数，两岸直接或间接的贸易等，均急速增加，而且两岸人民的互动特别是跨海峡贸易、旅游、就学等都可直接加速传染病原之传播，[①] 因此，两岸有必要加强在公共卫生安全，特别是传染病防治等领域的合作，努力促进两岸人民的健康，提升其生活水平。

---

① 何美乡：《新兴传染病的防制与两岸合作》，亚太和平研究基金会网站，2009年。http://www.faps.org.tw/issues/subject.aspx?pk=93. 网络查阅日期：2013年3月25日。

第一节 公共卫生安全合作的国际模式

一、传染性疾病已成为非传统安全威胁

自从有了人类，疾病就如影随形。从某种意义可以说，人类社会的发展史就是一部人类与各种疾病进行抗争的历史。人类与疾病的斗争从来就没有停止过，尤其是对传染病的防控与治理更是伴随人类发展的整个历史。在农耕时代，由于整个社会是完全的自给自足，人员与货物的流动都相当有限，因此，传染病的传播范围相当有限，被封闭一定的区域之内，危害性相对有限。但当人类进入资本主义社会后，社会分工的快速发展使人类打破了地域限制，人员与货物的流动日益频繁。特别是资本主义在全球的殖民扩张使整个世界面临"统一的疾病储存池"之危险境地。① 传染病被视为一种非传统安全议题，也是冷战结束后才出现的情况。在过去漫长的历史进程中，国际社会特别是主要大国并不把传染性疾病视为安全议题来对待，只是把其视为一种单纯医疗卫生领域的问题而已。例如，在东西方对峙的冷战时期，国际社会特别是主要国家仍然把关注的重点放在传统安全议题上，诸如政治、军事及外交等才是关注的重点和核心，而传染病等威胁还提升不到安全的层级。事实上，全球化的极大发展加剧了传染病的全球传播，构成人类安全的新危机。同时，传染病全球化也加强了国际社会的共同利益与共同意识，迫使各国开展国际卫生合作。当代，传染性疾病已与跨国洗钱、恐怖主义一样，作为一种非传统安全因素，构成对人类安全新的威胁。

长期以来，流行性疾病在人类历史中的破坏性作用被大大低估，一直没有被当作一个事关国家安全的问题来对待。其原因主要与当时的社会生产力发展水平有密切关系。例如，在经济发展较低的社会条件下，国家和社会缺乏足够的经济资源来建立应对大规模传染性疾病的基础设施，特别是较低的医学水平也无法对传染性疾病进行有效的预防、检疫和治疗。然而随着国家和社会经济能力的提升与科技水平的进步，特别是天花疫苗的成功研制，欧洲一些国家从18世纪开始有条件地进行某些传染疾病的预防工作，取得日益明显的成效。这个时期，欧洲国家最早开始发展出公共卫生制度。但此时欧洲国家对传染病的

---

① 龚向前：《传染病全球化与全球卫生治理》，载《国际观察》，2006 年第 3 期。

研究主要是考虑为国家的军队战斗力保障，而非基于全体民众的社会福利。在那个时期虽然流行疾病在某种程度上也被视为是国家安全的一种间接威胁，但有关认知仍然极其模糊而相当有限。毕竟在那个时代，传统意义上的主权观念仍然非常浓厚，加之人权概念尚未被普遍承认，各国统治阶级仍然认为没有必要把传染病当作关系国家安全的重要议题来对待。一直到 20 世纪特别是第二次世界大战之后，由于人类的科技水平有了很大的提高，人类征服疾病的能力空前提高，传染病对人类的威胁似乎也越来越小，很多传染病得到有效的控制与消除，但国际社会仍然没有把传染病视为一个安全议题来对待。此种情况一直到冷战结束后才有所改变。

冷战结束之后，传染性疾病之所以被视为非传统安全议题来看待，其原因主要有以下几个方面：

首先，冷战的结束直接导致东西方两大集团之间的对抗完全终结。国际社会特别是主要大国对于安全威胁的认知有了很大的改变。传统意义上的国家安全威胁虽然并没有完全消失，但已大为减弱，其现实的急迫性也大大降低，这使得国家社会开始有时间来考虑传染性疾病等威胁。亦即世界上主要大国在对待传染性疾病的态度上有了很大的转变。正是由于国际社会对安全问题认知态度的转变，使得国际社会开始把传染性疾病视为非传统安全的重要议题来加以关注与讨论。

其次，在冷战结束前后，国际性传染疾病在全球各地蔓延，并产生了严重的后果，并给国际社会造成了巨大的损害。特别是全球蔓延的艾滋病在整个 20 世纪 90 年代已发展到相当严重的程度，导致了数量极大的人口死亡与财产损失，特别是在非洲等发展中国家和地区已造成极为惊人的人道主义灾难，这种情形迫使国际社会开始严肃对待。

最后，冷战结束后，全球化发展在整个国际社会方兴未艾，特别是经济全球化的快速进展，它一方面使全世界的人流、物流及金流在世界范围内快速运转，另一方面，也使艾滋病等传染病在全球范围内跨境跨区域传染与蔓延，而且这种现象有日益扩大之势，这迫使国际社会，特别是主要大国出于维护自身利益的现实考虑，加强在国际社会推动防止传染性疾病的相关治理工作的开展。

冷战后，传染性疾病之所以能够成为非传统安全议题而受到国际社会的关注，除了上述原因之外，还有着一定的社会根源。例如，艾滋病在全球特别是第三世界国家和地区的蔓延就有其深刻的社会因素背景。贫穷显然是导致艾滋病蔓延的重要因素之一。相关的研究资料显示，在发达国家，极端贫困和低收入群体往往比一般群体更易感染艾滋病。例如在美国，虽然非洲裔人口仅占美国总人口的13%，但在2000年新感染艾滋病的人口比例却高达54%；在加拿大，仅占加拿大人口3%的土著居民，在1999年新感染艾滋病的人口中占到加拿大总人口比例的9%。而在贫穷的非洲地区，艾滋病的严重程度更不用说。除了贫穷是导致各种传染病蔓延的重要原因外，大规模的政治、经济与社会动荡，更是使各种传染病快速传播的重要原因。这方面典型的例子就是独联体地区。在苏联解体以及随后几年的混乱过程中，独联体各国的医疗卫生系统遭到严重破坏。在这个过程中，白喉、痢疾、霍乱、B型肝炎、艾滋病等疾病的患者急速增长，死亡率大幅度上升。据统计，从1990年到1996年上升了50%。其中俄罗斯发现首位艾滋病病毒感染者是在1987年，该国的艾滋病病毒感染者增加较快，从1998年底的1万人增加到2002年的20万人。迄今俄罗斯已有约20.5万人因患艾滋病不治身亡，近年来该病死亡人数年均增长约2.5万人。[1]进入21世纪以来，随着国际社会的持续努力，特别是近10年来，全球艾滋病死亡率下降了30%。到2030年，将有可能根除艾滋病疫情。联合国艾滋病规划署将"根除"定义为艾滋病相关死亡和新增感染者比目前减少90%。联合国艾滋病规划署执行主任米歇尔·西迪贝表示，虽然防治艾滋病经费从2004年的46亿美元(约合人民币285.37亿元)增加到2013年的191亿美元。但人们不要过于乐观，全球仍有2200万名病患无法接受充分治疗。[2]

人类社会进入21世纪以来，传染性疾病等公共健康问题全球化趋势更趋明显。突出表现为经济全球化所带来的影响。经济全球化带来国际货物、人员以及跨国服务的流动频率远超过以往任何时代，为传染病的跨国传播带来便捷途径。同时，国家的贫富差距扩大，使得一些极不发达国家丧失了基本的国内健康防控体系能力建设，传染性疾病的爆发和大规模流行最易从低能力防控体系国家转向其他国家和国际社会，加上原有的传染性疾病形成的抗药性和病毒的变异，使这些疾病对人类产生了新的更大威胁。而国际社会流动性的加剧，联系的密切和相互依赖性增强，放大了这种威胁，相应地加剧了防控的难度。国际社会过去的传染性疾病防控机制和办法难以奏效。

[1] 《俄艾滋病感染年增约10%》，新华社莫斯科2015年12月1日电。
[2] 《第20届世界艾滋病大会召开》，凤凰网，2014年7月21日。http://innovation.ifeng.com/jinriguanzhu/detail_2014_07/21/2625574_0.shtml.

当前，新的流行疾病的威胁性更为严重。历史上曾出现过的、广为人知的流行疾病，如黑死病、霍乱、天花、疟疾、流感等，虽然不能完全消灭，但几乎所有国家都已拥有相当成熟而且有效的防治对策，包括预防、检疫、隔离、治疗等医学手段以及相关法律制度和社会动员机制。目前能够引起民众大规模恐慌的流行疾病，基本上是一些新的类别。例如：第一类是早已存在于人间并已被认知，但过去未被视为传染病的疾病。如 T 细胞淋巴瘤白血病、毛细胞白血病等。其病原体直到近年才被发现，并被确定为传染病。第二类是可能早已存在但未被认识，近年才被发现和鉴定的流行疾病，如"军团病""莱姆病"等。第三类是过去可能并不存在，确实属于新型传染病的艾滋病、"非典"、禽流感等。进入 21 世纪以来，全球发生了一系列严重危害国际社会公共卫生安全的传染病事件。2001 年美国的投放口蹄疫病毒生物恐怖袭击，2003 年的"非典"，随后的猪流感以及甲流，这些传染性疾病表现出极强的跨国传播性。据不完全统计，20 世纪 90 年代以来，除一些已知的流行性疾病，如南美洲部分地区的霍乱、印度的鼠疫等死灰复燃外，又出现了 30 多种新的传染病，有效的控制方法还不确定。

在当前，传染病对人类的威胁仍然很大。一方面，是旧有的传染病对人类的威胁仍然客观存在。特别是不少已被控制的传染病似乎又有死灰复燃的迹象，例如结核病、白喉、登革热、霍乱、鼠疫、流行性脑脊髓膜炎及疟疾等最为突出。

近年来，世界传染病的疫情仍然非常频繁地出现。仅以 2015 年的全球传染病疫情为例，可谓"旧病"未去，"新病"已来，由病毒、病菌或寄生虫等不同病原体引发的各种传染病，依旧在困扰着人类。中东呼吸综合症，发源于中东地区，被认为最有可能由骆驼身上的病毒引发。然而伴随着频繁的全球商旅贸易往来，位于东亚的韩国未能幸免，在 2015 年成为疫情的重灾区，[①] 这也正反映了当今时代传染病的传播、流行规律。尽管该疫情最终在韩国结束，但在其发源地——沙特阿拉伯、阿联酋、卡塔尔等国家依旧肆虐。据世界卫生组织统计，自 2012 年首次发现该病以来，中东呼吸综合症已造成 1600 多人患病，其中 584 人死亡，共有 26 个国家发现该病疫情。在西非三国及国际社会的共同应对下，肆虐西非两年之久，引发超过 2.8 万个病例，吞噬 1.13 万个生命后，史

---

① 自 2015 年 5 月 20 日报告首例中东呼吸综合症患者以来，韩国共发现 186 名患者，其中 38 人死亡，近 1.7 万人被隔离，并一度引起周边国家不安。

无前例的埃博拉疫情几近终结，但零星患者仍然出现。在拉美、非洲、东南亚一些国家和中国的台湾地区，蚊虫传播的登革热随着气候变暖而越发猖獗。在巴西，2015 年 1 月至 9 月间就发现约 143 万名登革热患者，其中 709 人不治身亡。几乎已绝迹的脊髓灰质炎在乌克兰、老挝等地再度出现，而这次出现的是"疫苗衍生型脊髓灰质病毒"，是用作疫苗的减毒活病毒发生变异后成为具有感染力的毒株。原本存在于非洲和印度洋地区的热带病"基孔肯雅热"也突然在西班牙出现；在尼日尔，大规模爆发的脑膜炎疫情导致百余人死亡；霍乱、伤寒、麻疹等疫情分别在伊拉克、刚果等国家出现[1]……

传染性疾病在当前已成为非传统安全的重要威胁来源，并直接或间接构成对传统安全威胁的重要来源之一。

二、公共卫生安全合作的国际机制

国际社会对公共安全危机管理的机制形成经历了相当长的一个历史阶段，从早期的不自觉到现在基本形成了一整套国际机制。在 19 世纪以前，尽管传染性疾病已经给人类社会带来了严重的威胁和危害，但尚不存在国际合作机制来应对传染病，国家是在没有国际合作的前提下通过制定国内卫生政策来消减传染病的威胁。然而，随着传染病危害的不断加剧以及传播区域的扩展，单靠某个国家或某个地区的能力，显然不够，加强国际卫生合作的需求越来越大。总体而言，公共卫生安全合作的国际机制大致经历了以下几个阶段：

（一）萌芽阶段

在 19 世纪以前，面对传染性疾病的肆虐，人类往往无能为力，绝大多数感染者被夺去生命，少数人依靠运气存活下来。随着历史的车轮驶入近代，人类对传染疾病的认识有所提高，国家通过实施检疫措施、设置国内公共卫生机构、建立公共卫生制度以及建设公共卫生设施来解决公共卫生问题，这就是所谓的国家卫生治理。[2]传染病的国家卫生治理时期几乎涵盖了整个农耕文明时代直至 18 世纪末。但在封建社会，由于人员、货物相对处于极其有限的流动状态，传染病的传播限制在封闭范围。其防控仅限于一定的区域，基本上在主权国家

---

① 《2015 年全球应对传染情挑战无穷期》，新华社 2015 年 12 月 28 日北京电。

② 龚向前：《传染病全球化与全球卫生治理》，载《国际观察》，2006 年第 3 期。

范围内就能得到有效治理。^①例如，13 世纪—18 世纪的欧洲，各种传染病，尤其是鼠疫猖獗流行，多次肆虐的鼠疫大量削减了欧洲人口，改变了欧洲的社会结构，并导致了一场深刻的医学革命，现代医学实验开始萌芽。在与鼠疫的斗争中，欧洲各国当局运用行政手段，在历次抗击鼠疫的斗争中发挥了重大作用，积累了大量治理传染病的有益经验。

在 19 世纪初，国际贸易与国际航运日益发达起来。在货物与人员频繁流动的同时，霍乱等传染病被带到了世界的每一个角落。面对日益严重的传染病威胁，虽然各国强化了检疫措施，但收效甚微，相反，互不相同的检疫制度给贸易和旅行带来极大不便，停船检疫措施的有效性被广泛质疑。例如，形成于公元 15 世纪的意大利停船检疫制度虽然早已在欧洲各国都存在着，但由于各个国家分散性实施，给跨国货物贸易及人员流动带来极大的限制，甚至一度摧垮刚刚建立起来的资本主义贸易体制运作，为此，国际社会，主要是欧洲国家开始主张建立一个国际监督体系，以便合理、适当地运用停船检疫措施。从这个角度来看，真正出现传染病防控国际合作机制应该是 15 世纪以后的事情。^②

正是基于对欧洲各国停船检疫制度的反思与改进，欧洲各国开始了协调停船检疫规则的努力，主要目标是建立一个国际监督体制，确保各国适当、合理地运用停船检疫措施。遗憾的是，由于贸易利益的冲突和各国政府的消极态度，此方面的国际卫生合作并没有取得实质性的进展。尽管如此，欧洲各国协调停船检疫制度的历史意义仍然相当重要，毕竟该监督体制是国际社会为抗击传染病而进行国际卫生合作的初次尝试，也为后来国际传染病控制体制的建立奠定了重要的基础。

（二）初创阶段

由于停船检疫监督体制未能发挥重大作用，在 19 世纪上半叶，霍乱不断在欧洲地区肆虐，而且随着轮船、火车等现代运输工具在全球范围内的大面积使用而反复流行。霍乱在欧洲的肆虐迫使欧洲国家意识到，为了保护其领域免遭疾病的侵袭和缓解由隔离措施给跨国贸易带来的负面影响，欧洲国家之间需要在防控霍乱等传染病方面开展切实有效的合作。1851 年，欧洲 11 个国家加上

---

① David P.Fidler, Emerging Trends in International Law Concerning Global Infectious Disease Control.http://www.cec.gov/ncidud/EID/vol 9 no 3/020336 htm(2009-12-26).

② 王秀梅、鲁少军:《传染病防控国际合作机制及其演进》，载《河南省政法管理干部学院学报》，2010 年第 2 期。

土耳其举行了第一届国际卫生大会，目的是制定国际卫生公约。第一次国际卫生会议的召开在人类抗击传染病的历史上具有非常重大的意义。它标志着国际社会对传染病的治理第一次超越了主权国家，正式开始进入国际卫生治理的初创阶段，[①] 从此以后直到第二次世界大战结束，各个主权国家频繁召开国际卫生会议，签署了大量的国际卫生条约，进行广泛的国际卫生合作。

在这一阶段，国际社会在公共卫生安全危机管理方面取得了一定的成绩，集中体现在协调各国的隔离立法与实践，创设国际性的监控体制和建立常设性国际卫生组织。国际卫生署（"泛美卫生组织"的前身）、国际卫生公共局（OIHP）和国际联盟的常设卫生组织先后于1902年、1907年和1923年设立。三大常设组织互不隶属，各自独立履行其职责。[②] 公共卫生安全合作国际机制的初创时期，基本上从19世纪中叶开始延续了将近一个世纪。在这一时期，公共卫生安全危机管理国际机制主要体现出以下几个方面的特点：一是参与的国家越来越多；二是国际合作的步伐不断加快，产生了大量关于传染病控制的国际条约；三是国际社会越来越注重利用国际组织和国际法来强化国际公共卫生合作。

但是，我们要看到，早期的国际卫生合作机制并不完善。由于贸易利益的冲突和各国政府对于主权的考虑，众多国际卫生公约频繁被签署，但也频繁被更替，经历了"缔约—失效—修订—失效—修订"的恶性循环，始终没有达成一致的具体规则，签署的公约也很少得到遵守或根本未生效。实践中，各国也很少通报疫情，且往往实施超出条约允许限度的卫生措施，甚至相互报复，更不愿给予国际卫生组织必要的权力和经费。所以，该制度在防止传染病在全球的传播上是不太成功的。自1648年《威斯特伐利亚和约》以来，国际社会治理是建立在主权国家之下的无政府状态，奉行的是主权原则、不干涉和以国家同意为基础的国际法规则，这反映在此阶段之前的《国际健康治理协定》上。该协定奉行不干涉成员国内部事务的原则，只解决发生在成员国之间的传染病传

---

① David P.Fidler,*International law and infectious deseases* Oxford Claredon Press 1999,p21.
② 主要履行以下方面的职责：检疫协调；主持有关国际卫生条约的缔结、修订和实施；充当非正式的有关国际卫生争端的调停者和监测。国际常设卫生组织进行了许多开拓性的公共卫生政策合作，比如定期发布关于传染病疫情的报告，在成员国之间定期通过电报交流信息，改善有关传染病的统计方法和数据搜集，在各国开展对多种传染病的田野调查和人口统计等。

播问题。[1] 成员国仅有权自由处理其国内的与传染病有关的任何公共健康治理问题，不受其他成员国和国际组织的干涉。由此建立起来的传染病防控的国际合作机制的运行及实践没有把公共卫生的治理作为国际合作的目标来构建，其成效自然相当有限。

（三）形成阶段

第二次世界大战不仅给人类社会造成了巨大的人员伤亡与财产损失，而且也诱发了大规模传染病的蔓延风险，在压力之下，国际社会加强了对国际卫生管理机制的建设力度。第二次世界大战的结束，特别是联合国的成立，客观上为构建层级更高、防控更有效的传染病防控国际合作机制奠定了基石。建立永久性的国际卫生合作组织是传染病防控国际合作机制的最高形式。在此条件下，国际卫生治理机制得到深化，建立了以世界卫生组织 (WHO) 为核心的现代传染性疾病控制体制。其特点主要有：

首先，确立 WHO 在国际防控传染性疾病合作机制中的核心地位。

建立永久性的国际卫生组织是国家运用国际法控制传染病的重要目标之一，是传染病防控国际合作机制的最高形式。联合国成立后，建立国际卫生机构被提上议事日程。经联合国经济及社会理事会决定，64 个国家的代表于 1946 年 7 月召开国际卫生会议，并签署了《世界卫生组织组织法》。1948 年 4 月，该组织法经 26 个国家批准而生效，世界卫生组织正式成立。它的成立结束了第二次世界大战前多个与卫生相关的国际组织并存的局面，公共卫生国际合作开始出现统一的趋势。在其后的 60 多年的发展中，世界卫生组织在控制传染病、制定药物标准、安全饮用水和环境卫生、协助成员方建立卫生体系、消灭天花、扩大免疫规划、推动人人享有卫生保健战略实施以及提高人类生活质量等方面，都取得了很大的成就。《世界卫生组织组织法》作为 WHO 创立公约和基本文件，是构建传染病防控国际合作机制宪法性文件，是 WHO 产生、存在和进行活动的法律基础，是其行使职权的国际法依据。它不仅对各成员国有法律约束力，还规定国际社会需要共同遵守的一般性规则。

其次，完成国际防控传染性疾病合作机制中的法律体系。

完成以《世界卫生组织组织法》《国际卫生条例》为国际法构架的防控传染病国际合作的法律体系。在这个体系中容纳大量的有辅助性功能、具有"软法"

---

[1] 熊建军:《国际法治理公共健康的理念与实践探讨》，载《现代商贸工业》，2008 年第 11 期。

性质的决议和建议。随着越来越多的主权国家加入，这些"软法"在全球范围内被接受，正是如此，传染病控制的传统体制才发展为真正意义上的现代国际传染病控制体制。

世界卫生组织成立后，最优先考虑的事情就是，改变传统体制在传染病的控制上奉行的条约取向，而决定统一传染病控制的国际规则。世界卫生大会于1951年通过了《国际卫生条例》（简称 ISR），确定其目的是最大限度防止疾病在国际社会的传播，同时又尽可能小地干扰世界交通运输。该规章把先前对各成员国生效的多个公约和协议组合成了一个单一的法律文件，从而在传染病控制的国际立法上迈出了最具决定性的一步。因为《国际卫生条例》为控制传染病的国际扩散提供了一整套统一的、普遍适用的法律规范，是约束 WHO 成员国加强预防措施，防止传染病蔓延的唯一国际法律机制。[①] 世界卫生组织的成立以及《国际卫生条例》的制定，标志着现代国际传染病控制体制正式形成。1969年第22届世界卫生大会对《国际卫生条例》进行了修改、充实，并改称为 International Health Regulation（简称 IHR)，中文名称保持不变。

最后，实现国际传染病防控国际治理理念的根本转变。

世界贸易组织 (WTO) 成立之初，并不太关心公共健康，只是重申了关贸总协定中为了保护公共健康的权益可以限制自由贸易这一原则。但是，随着健康权日益被人们所重视，贸易机制在保护公共健康权中逐渐发挥重要作用。在WTO 的法律规则中，同传染病防控密切相关的协议就有三个，分别是服务贸易总协定（GATS）、卫生和植物卫生措施应用协议（SPS）和技术性贸易壁垒协议（TBT）。这使得世界贸易组织日益成为传染病控制的国际法律机制的中心。

二战后，防控传染病国际合作机制的新理念，体现在突破主权原则，突破不干涉原则及成员国同意原则的限制，把实现全球公共卫生治理作为最高指导理念融会到相关的国际法规之中。首先是联合国宪章序言中把尊重人的健康权、人类联合的重要性作为核心原则；其次，在《世界卫生组织组织法》及其条例中确立了不再以成员国利益为中心，而是把关注的重点集中到个人健康权的保护和全球范围内疾病的防控，明确规定了可达到的最高健康标准和再分配资源的义务，矫正了以往为了照顾国家贸易而忽略公共健康权的保护的做法，改变

---

① David P.Filder,Global Health Governance Overview of the Role of International Law in Protecting and Promoting Global Public Health,http://www.Ishtm.ac.uk/egch/gllbal health governance. (2009-12-26).

了以前任由各主权国家通过国内政府行为实施的疾病防控措施，进而审查有违国际社会整体利益的成员国政策行为。所以在这一时期形成的传染病防控国际合作的理念是对前一时期的根本转变，在没有否认国家利益的前提下拓展了其实质内容，反映了公共健康威胁全球利益的状态下实现国际社会真正的联合来治理的国际法理念。

当然，在这一阶段，现代科学技术的迅速发展，也从根本上改变了人类与传染病力量的对比。19 世纪以来尤其是第二次世界大战之后，随着细菌学和流行病学的发展、公共卫生体系的逐渐完善以及国际卫生合作的开展，历史上曾经横行一时，被认为是绝症的天花、肺结核、鼠疫等，有的已经被消灭，有的基本上得到了控制。

（四）新阶段

尽管公共卫生安全危机管理的国际机制早在二战后就开始形成，并对全球性传染病防控起到了重要的积极作用，但它仍然不够完善，并在实践中暴露出越来越多的问题，随着全球化及人员流动的频繁，这一机制的困境越来越突出，已越来越不能胜任新时期传染病防控国际合作的使命。20 世纪 90 年代以来，随着全球化的进一步深化，艾滋病、SARS、甲型 H1N1 流感以及"超级细菌"等新型传染病伴随着日益频繁的国际贸易和国际旅游，先后在全球范围内广泛传播，引发一波又一波的全球性恐慌。世界卫生组织开始意识到消灭单独一种传染病的局限性，逐渐将工作的重点放在全面促进全球公共健康的合作方面，从全球治理的视角，从保护全人类公共健康的高度，逐渐形成这一理念。特别是 2003 年爆发的 SARS 疫情，暴露了国际社会抗御全球新型传染性疾病威胁方面的不足。2004 年对亚洲地区罕见的禽流感爆发的回应行动，也进一步显示了抗御全球传染性疾病威胁的实践活动已进入了一个新时期。为了应对新兴传染病的威胁，以 WHO 为代表的国际社会对现代传染病国际卫生合作体制进行了完善，形成了一个多层次的全球公共健康合作框架。

首先，世界卫生组织的功能得到强化与扩充。21 世纪的世界卫生组织更加重视对非遗传病和人为因素导致的疾病之预防，更多关注弱势群体（妇女儿童）和特定群体（非洲人民和 HIV 感染者）的健康，更加致力于改善发展中国家的医疗卫生条件和卫生不公平。2003 年 SARS 疫情使得世界卫生组织认识到自身工作的被动性，也为其职权的扩张创造了条件。在随后的第 56 届世界卫生大会上，以协商一致的方法通过决议，授予世界卫生组织在防治类似 SARS 这样的全球公共卫生危机方面更大的权力。决议规定，即使成员国拒绝承认本国有传染疫情的情况，世界卫生组织也可以派专家组进行独立的调查，并对成员国应对措施的有效性进行评估。这一决议的通过，意味着世界卫生组织不需要等到其成员国提交健康威胁报告就可以进行干预，开始制定应对措施；同时决议还规定建立第一个急性传染病疫情预警体系，且未经成员国邀请，世界卫生组织就可以派员展开实地调查。世界卫生组织职能的扩张，对于进一步加强公共卫生的全球合作起到了积极作用，也牢固树立了世界卫生组织在全球化时代应对全球公共卫生危机中的领导地位。

其次，协调 WTO 国际贸易规则与保护公众健康之间的矛盾。最近几年来，艾滋病等公共健康危机将公共健康推到贸易问题的中心位置。国际贸易与公共健康的矛盾日益突出，最明显就体现在与挽救生命药物相关的贸易领域，即药品的专利保护方面。2003 年 8 月 30 日世界贸易组织总理事会最后一致通过了解决"公共健康"问题有关实施专利药品强制许可制度的最后文件，这标志着世界贸易组织全体成员终于在解决公共健康问题上取得最后的共识。《多哈宣言》确定了公共健康权优先于私人财产权，确认了 WTO 成员使用强制实施专利药品强制许可和平行进口等措施的权利，并从政治上和法律上增强了发展中国家获得药物的能力，对于公共健康与知识产权之间的冲突具有积极作用。

最后，修订国际卫生条例。随着贸易全球化、人员流动急剧增加和生活模式的变化，新的传染病不断出现，旧的传染病死灰复燃，原《国际卫生条例》已远远不能适应全球公共卫生和防控疫病的跨境传播的需要，国际社会要求修订《国际卫生条例（1969）》的呼声日益高涨。经过多次讨论与磋商，2005 年 5 月 23 日，第 58 届世界卫生大会审议通过了对旧条例的修订，定名为《国际卫生条例（2005）》。《国际卫生条例（2005）》是全球共识的产物，是世界公共卫生史上的一个里程碑。可以说，《条例 2005》确立了传染病防控国际合作新机制。

通过上述行动，全球卫生治理机制正式形成，并在防治 SARS、禽流感、艾滋病和 H1N1 甲型流感的重大战役中发挥了重大效用。当然，既有的全球卫生治理机制目前也只是初具雏形，还十分粗糙，需要进一步发展与完善，才能适应不断变化的传染病流行趋势。应该说，当前国际社会以 WHO 为主导的多维治理机构，不仅为传染病防控的国际合作提供重要的平台，也会促使传染病控制之国际法更加一致和有序化发展，而这一点在近年抗击传染病重大疫情上得到了实质的体现。

第二节　两岸公共卫生安全管理

一、中国大陆公共卫生安全管理

大陆官方对公共卫生突发事件的性质及内涵有明确的界定。例如，在《公共卫生突发事件应急条例》中，公共卫生突发事件是指突然发生，造成或可能造成社会公众健康严重损害的重大传染病疫情，群体性不明原因疾病，重大食物或职业中毒以及其他影响公众健康的事件。[①] 在 2006 年 1 月 8 日公布的《国家突发公共事件总体应急预案》中，就公共卫生突发事件的内涵进行了具体说明，强调主要包括传染病疫情，群体性不明原因疾病，食品安全和职业危害，动物疫情，以及其他严重影响公众健康和生命安全的事件。[②]

在过去很长一段时间内，中国大陆在应对公共卫生安全危机方面主要采取的是一种动员机制，对公共卫生安全危机管理的机制建设明显不足。一直到 2003 年 SARS 疫情爆发，大陆官方才引起了高度重视，并立即制定相关法律，加强了突发公共卫生事件应急体系的建设，制定了各个领域的突发公共卫生事件应急预案，提高了应急工作的水平和能力。总体来看，大陆方面在公共卫生安全方面的管理机制主要包括法律规范、组织体系、应急预案、信息监测网络、信息报告与发布等。

（一）法律法规

近年来中国大陆加速推进公共卫生安全管理的制度化建设力度，已初步形成一系列的完备法律规范。例如，2003 年的《公共卫生突发事件应急条例》，2004 年的《中华人民共和国传染病防治法》以及 2007 年的《中华人民共和国突发事件应对法》等法律法规的颁布与实施，都是从根本上建立起中国国家突发公共卫生事件应急管理机制的重大举措，为大陆方面应对突发公共卫生事件提供了有力的法律武器，标志着大陆方面将应对突发公共卫生事件纳入法制化管理的轨道。与突发公共卫生事件应急管理有关的法律还包括《中华人民共和国职业防治法》《中华人民共和国食品卫生法》《中华人民共和国执业医师法》《使用有毒物品作业场所劳动保护条例》《危险化学品安全管理条例》《放射事故

---

① 参见国务院公布的《公共卫生突发事件应急条例》，中国政府网 2011 年 04 月 28 日。

② 参见国务院公布的《国家突发公共事件总体应急预案》的内容。

管理条例》《核事故医学应急管理规定》《突发公共卫生事件与传染病疫情监测信息报告管理办法》《食物中毒事故处理办法》。这些法律法规对保障突发性公共卫生事件应急处理起到了重要作用。除了相关的法律法规之外，还制定出台了一系列关于公共卫生安全的应急预案，例如《国家突发公共事件总体应急预案》《国家突发公共卫生事件应急预案》《国家突发公共事件医疗卫生救援应急预案》等等，从而使我国在处理公共卫生安全危机方面的法律法规体系得以基本建立起来。

中国大陆方面关于公共卫生安全管理的法律法规，总体思路主要包括：一是把预防和应急准备放在优先的位置；二是坚持有效控制危机与最小代价原则；三是对公民权利依法限制和保护相统一；四是建立统一领导、分级负责和综合协调的突发事件应对体制。

这些法律法规的具体作用表现为：首先，规范了各级政府的行为。如在《突发公共卫生事件应急条例》中，将突发公共卫生事件中领导和指挥突发公共卫生事件应急处理工作作为政府的法定责任。同时，还确定县级以上地方人民政府作为突发公共卫生事件的法定报告人。应急工作的责任也定位在政府，包括制定突发公共卫生事件应急预案、应急储备、行政控制措施采取等。其次，规定了政府卫生行政主管部门在突发公共卫生事件应急管理中的责任。如在《中华人民共和国传染病防治法》中，规定国务院卫生行政部门负责制定国家传染病监测规划和方案。国务院卫生行政部门和省市区人民政府根据传染病发生、流行趋势的预测，及时发出传染病预警，根据情况予以公布等责任。在《突发公共卫生事件应急条例》中规定公共行政部门具体负责组织突发公共卫生事件的调查、控制和医疗救治等工作。再次，规定了医疗卫生机构在突发公共卫生事件应急工作中的责任，如《突发公共卫生事件应急条例》规定突发公共卫生事件监测机构、医疗卫生机构发现规定报告的突发公共卫生事件应当在2小时内向所在地县级人民政府卫生行政主管部门报告。第四，负有救援义务的专业和管理人员也在法规中确定其责任和义务，如《中华人民共和国执业医师法》规定，遇有自然灾害、传染病流行等情况时，医师应当服从县级以上各级人民政府卫生行政部门的调遣。最后，公民在享有法律法规保障的同时，其行为也要受到法规的约束。如在《中华人民共和国传染病防治法》中规定在中华人民共和国领域内的一切单位和个人，必须接受疾病预防控制机制、医疗机构有关传染病的调查、检验、采集样本、隔离治疗等预防、控制措施，如实提供情况。

《突发公共卫生事件应急条例》中也规定了公民有配合的义务。上述规定使政府在应急管理中更具合法性，同时为充分信息收集和采取准确而切实的战术决策提供了法律保障。

（二）组织体系

中国大陆在应对公共卫生安全方面的组织体系主要包括突发公共卫生事件应急指挥机构、卫生应急日常管理机构、应急处理专业技术机构、突发公共卫生事件应急预案、突发公共卫生事件应急监测信息网络和报告制度等等。

1. 突发公共卫生事件应急指挥机构

国务院负责特别重大突发公共卫生事件的统一领导、统一指挥，做出处理突发公共卫生事件的重大决策。特别重大突发公共卫生事件指挥部成员单位根据突发公共卫生事件的性质和应急处理的需要确定，主要包括卫生和计划生育委员会、外交部、发展和改革委员会、教育部、科学技术部、中宣部、公安部、民政部、财政部、人力资源和社会保障部、交通运输部、工业和信息化部、农业部、商务部、国家质量监督检验检疫总局、环境保护部、林业局、食品药品监督管理总局、旅游局，以及红十字会、全国总工会、总后卫生部、武器总部等机构。省级突发公共卫生事件应急管理指挥机构由省级人民政府有关部门组织，实行属地管理的原则，省级人民政府统一负责本行政区域内突发公共卫生事件应急处理的协商和指挥，做出处理本行政区域内突发公共卫生事件的决策，决定要采取的措施。

2. 卫生应急日常管理机构

国务院卫生行政部门设立卫生应急办公室（突发公共卫生事件应急指挥中心），负责全国突发公共卫生事件应急处理的日常管理工作，并根据突发公共卫生事件应急处理工作的实际需要，向国务院提出成立全国突发公共卫生事件应急指挥部的建议。各省、自治区、直辖市人民政府卫生行政部门及军队、武警系统参照国务院卫生行政部门突发公共卫生事件日常管理机构的设置及职责，结合各自的实际情况，指定突发公共卫生事件的日常管理机构，负责本行政区域或本系统内突发公共卫生事件应急的协调、管理工作，并根据突发公共卫生事件应急处理工作的实际需要，向本级人民政府提出成立地方突发公共卫生事件应急管理机构的建议。各市级、县级卫生行政部门要指定机构负责本行政区域内突发公共卫生事件应急的日常管理工作。

3.应急处理专业技术机构

各级各类医疗卫生机构是突发公共卫生事件应急处理的专业技术机构。发生突发事件后，医疗卫生机构要服从卫生行政部门的统一指挥和安排，开展应急处理工作。一是疾病预防控制机构。根据《传染病防治法》第七条规定，各级疾病预防控制机构承担传染病监测、预测、流行病学调查、疫情报告以及其他预防控制工作。因此，疾病预防控制机构是实施政府卫生防病职能的专业机构，是在政府卫生行政部门领导下，组织实施卫生防病工作的技术保障部门，是应对公共卫生安全问题的主力军。其在预防控制传染病工作中主要职责包括实施传染病预防控制规划、设计和方案；收集、分析和报告传染病监测信息，预测传染病的发生、流行趋势；开展对传染病疫情和突发公共卫生事件的流行病学调查、现场处理及其效果评价；开展传染病实验室检测、诊断，病原学鉴定；实施免疫规划，负责预防性生物制品的使用管理；开展健康教育、咨询，普及传染病防治知识；指导训练下级疾病预防控制机构及工作人员。二是卫生监督机构。卫生监督机构是卫生行政部门执行公共卫生法律法规的机构，在预防和处置突发事件中，依照法律法规的规定，协助地方卫生行政部门对事件发生地区的食品卫生、环境卫生以及医疗卫生机构的疫情报告、医疗救治、传染病防治等进行卫生监督和执法稽查，履行公共卫生监督的职责，防范突发事件的发生。三是医疗救治机构。直辖市、省会城市和地级市都建立了紧急医疗救援中心和不同规模的传染病专科医院或承担传染病防治任务的后备医院，在各县综合性医院都设置不同规模的传染病科和传染病区，一旦发生突发公共卫生事件，可以集中收治患者，减少交叉感染和患者死亡。

4.突发公共卫生事件应急预案

突发公共卫生事件应急预案体系是针对可能发生的突发公共卫生事件，为迅速、有序地开展应急处置工作而预先制定的一整套行动计划或方案。应急预案明确了事件发生前、发生过程中、结束后各个阶段的应急工作流程、参与应对各方的职责定位、相应的资源配备以及应对策略等。我国目前的国家突发公共卫生事件应急预案体系是在《国家突发公共卫生事件总体应急预案》的指导下，以《国家突发公共卫生事件应急预案》和《国家突发公共事件医疗卫生救援应急预案》两个专项预案为主体。是由22项单项预案、7项部门预案以及1项《突发公共卫生事件社区（乡镇）应急预案编制指南（试行）》构成的预案体系。另外，各级人民政府也已经或正在制定本地的突发公共卫生事件应急预案和不同类型突发公共卫生事件的单项应急预案。①

5.突发公共卫生事件应急监测信息网络和报告制度

国家卫生部建立了统一的国家公共卫生信息系统平台和重大传染病疫情监测报告等信息系统。其中，重大疾病监测报告信息系统实现了国家和省、市、县疾病预防控制机构联网，并与各级各类医疗卫生机构联网。同时，正在利用其他信息渠道规划建设城市社区和乡村的疫情信息网络。目前，全大陆的各级疾病预防控制机构、绝大多数的县级和县级以上医疗机构及部分乡镇卫生院，都能够直接上网即时报告，并在全国实现了传染病疫情的个案化处理，增强了疫情报告的时效性和可靠性。同时，卫生部制定了疫情信息报告制度，要求各级卫生行政部门、疾病控制机构和医疗机构，在发现可能造成突发公共卫生事件的情况后，必须在规定时间内及时报告，并经过必要调查、核实、确认后采取必要的控制措施。例如，《突发公共卫生事件应急条例》中规定突发公共卫生事件监测机构、医疗卫生机构发现规定报告的突发公共卫生事件应当在两小时内向所在地县级人民政府卫生行政主管部门报告。

二、台湾地区公共卫生安全管理

台湾地区在应对公共卫生安全危机机制方面的发展比大陆相对要早，也取得了不少的成就。台湾的公共卫生体制主要还是在1945年台湾回归祖国之后逐步建立与不断完善的，在台湾经济建设取得巨大进展的背景下逐步实现。

在整个日本殖民统治时期，日本当局基于殖民统治需要也开展了一些公共卫生安全方面的作为，但总体上其现代公共卫生体制并未建立起来。日本在1895年侵占台湾之后，基于现实需求也在"台湾总督府"之下设立"卫生事务所"，掌管保健、医务、鸦片和防疫等事宜。随后也在台湾各地开设一些卫生课程，并设置卫生系，落实地方基层卫生工作。同时，日本也在全台开设了不少地方性的医院，并派遣一些医师来台支持，以及创办医学校培养医师等，这些其实都只是殖民统治中不可或缺的组成部分。当时日本在台湾也搞了一些防疫体制，但其主要目的还是为以后攻占南洋群岛时不会因传染病而使士兵死亡。事实上，在整个殖民统治时期，台湾的疟疾等传染病在1945年之前始终没有得到安全防治，因为日本当时只在日本人聚集的地方才做了一些比较好的防治措

---

① 邸泽青：《浅谈我国突发公共卫生事件应急预案体系的构成及管理》，载《现代预防医学》2008年第12期。

施。从总体来观察，这个时期台湾地区的公共卫生安全体制尚未真正有效建立起来。1945年台湾光复之后，台湾地区公共卫生安全体系进入了一个新的发展阶段，这一时期台湾公共卫生安全体系的变化与台湾社会经济快速变迁以及世界环境的改变有着密切的关系。当然，台湾公共卫生安全体系在每一个阶段的发展虽然都彰显出其历史的进步，但也存在不少的问题。

台湾地区公共卫生安全体系的发展大致有以下几个阶段：

（一）建立时期

1947—1970年是台湾地区公共卫生体系的建立时期。台湾光复之前正值第二次世界大战期间，战争也对台湾造成很大的影响，特别是造成很多的伤病滋生，战后初期的传染病非常猖獗。故在台湾光复之后，国民党当局针对台湾地区的公共卫生安全措施便是抵制传染病。例如，在光复之前，一些严重的传染病，如天花、霍乱、鼠疫、狂犬病等在光复后的15年之内就完全得到扑灭。这一时期，台湾方面在疾病传染病的防疫工作中，表现非常出色的应是对肺结核和疟疾的防治。早在1959年，疟疾还是台湾的十大死因之一，而在1964年，世界卫生组织宣布台湾为疟疾病的根除区，这是台湾在防治疟疾传染病方面一个很大的成就。

除了在疾病防治和消除传染病方面有所着力外，台湾当局在公共卫生环境方面也进行了一些努力。早期的卫生环境工作内容包括饮用水卫生废污处理、病媒生物管制等。关于饮用水方面，从1959年起，台湾地区的"农村复兴委员会"就拨款修建多处简易自来水工程，从而在台湾社会激起了使用自来水的意识。截至1995年，台湾地区自来水使用的普及率已高达89%。同时，台湾当局在医疗体系方面全面接收了日据时代的医学教育体系，开始从事医学教育的强化和卫生工作的建设。在日据时代只有医师才可以接受正式的医学教育，光复后对护产人员、牙医以及药事人员均开始增设学校训练，也使医学方面的专业人员越来越多，分工也越来越细。特别是台湾当局推动了在每个乡镇市区兴建一所卫生所和每个县市有一所公立医院的计划，并取得了很大的成功。

尽管台湾当局对医疗体系的建设非常重视，但是它也造成一个很大的后果，就是医疗资源过多分部在人口较为密集的都市区域，而乡村或者偏僻地方的医疗资源明显不足。

（二）扩张时期

1971—1985年是台湾公共卫生安全体系的扩张时期。由于台湾当局在早期对医疗体系建设持放任态度，一时之间台湾各地虽然成立了不少医院，但却发生了集中在都市区域而乡镇较少的现象，使医疗资源的分配明显不均。在这种情况下，台湾"卫生署"成立后，便开始进行一定程度的改革。特别是提升乡镇卫生所的效能。

由于长期以来，台湾地方上乡镇公所的职位薪水都低，一般医师都不愿意留在乡镇卫生所上班，而在当时有高达四分之一的乡镇卫生所没有医生，从而导致基层乡镇卫生所的医疗品质不佳的现象非常普遍。台湾当局为了改变这一状况，特别设立了阳明医学院、成功医学院等专科医学院，以加速培育医师。并建立公费生制度，使医生必须到乡镇等偏远地区执业。另外也推动群体医疗执业中心计划的实施，其目的是强化基层乡镇卫生所的功能。台湾当局的这些改革，在一定程度上使乡镇卫生所的医疗状况有了很大的改变。

（三）整合时期

1985 年以来是台湾公共卫生安全体系的整合时期。在这个时期，随着台湾经济的快速发展，台湾当局有足够的资金投入公共卫生安全体系的制度建设中去。这个时期，台湾当局实施了医疗网计划。建立医疗网是为了整合台湾现存的医疗体系，因为在早期各类医疗机构自发性发展，造成资源分配的严重不均，特别是部分医疗机构的品质较差。为了加以改善，台湾当局通过相关的法律规范来加以保障。例如对"医疗法"和"医师法"等涉及医疗的修正案，使台湾地区整个医疗体系有了比较完整的法律规范。特别是 1994 年开始实施"全民健康保险"，使半个世纪以来的医疗服务自此再也不是有钱人的特权而渐渐普及化。

这一时期，虽然有部分传染病如结核病在台湾地区又有回流上升的现象，也引发了台湾当局的重视，但从总体来看，传染性疾病防治的重要性已不如从前。特别是台湾地区的十大死因早已由传染性疾病转为中老年慢性病，这是一个重要的改变迹象。台湾经济的快速发展，虽然在一定程度上提高了台湾民众的寿命，但也由于经济发展而导致环境被破坏，特别是随着空气、水和土地不断受到污染，自然生态受到破坏，生活中充满了致病因子。人口寿命的增加与慢性病的增长这二者之间的矛盾开始出现。这当然对台湾当代的公共卫生安全的发展有重要的影响。目前，台湾公共卫生政策也在改革之中，开始注重预防医学和老人安养问题，特别是开始注重各个年龄层的健康并提供许多资讯管道。

尽管台湾地区自光复以来，其公共卫生安全体系有了很大的进展，但在全球化时代，台湾仍然不能独善其身，2003 年爆发的 SARS 疫情仍然对台湾地区的公共卫生体系构成了极大的冲击，也暴露了台湾地区公共卫生安全体系的诸多问题。

SARS 是一个公共卫生问题，它的防治是一项公共卫生工作，台湾在防治 SARS 问题的错乱表象，都表明台湾的公共卫生安全体系在预防方面的能力严重不足。其原因主要还是台湾一直将重心放在全民健保方面，而忽视对整个公共卫生安全体系的建构。早期台湾非常重视公共卫生体系的建立。特别是 20 世纪 50—70 年代，许许多多远比 SARS 疫情险恶的急性、慢性传染病横行台湾，包括霍乱、痢疾、疟疾、日本脑炎、肺结核等传染病，严重打击台湾的社会经济。当时，公共卫生的主要政策以"基层公共卫生建设优于医疗建设"为最高指导方针，台湾当局在每个乡镇均建立卫生所，归县市卫生局主管，并赋予大量资源及人力。卫生所的公共卫生医师、公共卫生护士及保健员，挨家挨户地接触、拜访，展开卫生教育、预防、监测、通报、调查等大量的公共卫生工作。这些有系统有组织的公共卫生工作，再加上公共卫生体系其他部门的全力配合，使得大多数传染病在 20 世纪 60—70 年代就已基本销声匿迹。但好景不常，进入 20 世纪 80 年代，台湾在公共卫生安全体系方面的政策有所转变，台湾当局开始协助、推动卫生所成立群体医疗中心，以卫生所为例，卫生所的功能有所转变，从一个负责公共卫生工作的机构转化为以医疗为主、借由医疗服务的提供赚取利润的机构。基层公共卫生工作因无法创造利润，逐渐变成次要的工作。台湾当局把公共卫生体系医疗化，同时也将医疗体系扩大化。随着台湾人口的不断增加，当局不断鼓励、资助医疗院所的建造，于是大量资本涌进医疗产业，企业在商品化的医疗场中不断扩张和累积资本，医事人力成本也大幅度增加，从 80 年代的四万医事人力（包括医生、护士、医技人员等），到 2000 年已急速上升到 17 万。而这些增加的医疗机构绝大多数是财团或私人资本所有。这些私人医疗因为以利润为主要考虑，当然对整个社会的公共卫生安全体系造成了一定的影响。①

从台湾公共卫生安全体系的变迁来观察，早期台湾当局在公共卫生，特别是预防传染病方面有很大的成就，主要得益于公共卫生安全体系的建设。而后来由于台湾当局改变公共卫生安全的思想和政策，特别是推行重医疗轻预防

---

① 陈美霞:《公卫体系废功如何防煞》，台湾《中国时报》，2004 年 5 月 11 日，论坛版。

的公共卫生政策，导致公共卫生经费占全台整个医疗保健经费的比例非常小。2001 年全台共投入医疗保健的经费为 5000 多亿元新台币，但只有区区 3% 的经费用在预防公共卫生安全领域，这是最为明显的佐证。[①]

第三节　海峡两岸公共卫生安全合作

一、海峡两岸公共卫生安全合作概况

过去长期以来，由于两岸关系的影响，特别是政治因素的冲击，两岸在公共卫生安全领域的合作层面较为少见。基本上各自搞自己的公共卫生防卫体系。但随着两岸交流大门的打开，两岸要求推动公共卫生安全领域的合作之呼声不断升高。特别是在 2003 年 SARS 危机后，两岸民间要求合作的意愿强烈，但受制于两岸关系主客观环境之影响，两岸在公共卫生安全领域的合作仍然非常缺乏。

2008 年国民党在台湾地区重新取得执政权之后，两岸双方在"九二共识"政治基础上开展合作，双边关系取得了重大的进展，这为海峡两岸公共卫生安全领域的合作奠定了重要的条件。特别是 2010 年 12 月 21 日，海协会和海基会共同签署的《海峡两岸医药卫生合作协议》，为两岸公共卫生安全危机管理方面开展制度化的合作提供了可能性。根据这份协议，两岸双方可就传染病的检疫与防疫、资讯交换与通报、重大传染病疫情处置、疫苗研发及其他事项，进行交流和合作。特别是在应对和处理诸如传染性疾病等公共卫生安全危机方面，该协议做了一些文字性的规定。

在传染病疫情资讯交换与通报方面，双方同意平时应以书面方式定期互相交换传染病疫情及卫生检疫等资讯。双方同意尽速通报可能或已构成重大突发公共卫生事件的传染病疫情，并持续沟通及通报相关资讯。如接获对方查询时，应尽速给予回应与协助。重大疫情通报的内容，包括病例定义、实验室检验数据、疫情来源、病例数、死亡数及采取的防治措施等。必要时，双方得商定变更通报内容。如有对方人民在发生重大疫情方受感染的资讯，该方应通报对方。

在重大疫情处置方面，协议提出，发生重大疫情方应即时采取有效监测及处置措施，必要时，得请求对方积极提供协助。发生重大疫情方，于对方请求

---

① 陈美霞：《公卫体系废功如何防煞》，台湾《中国时报》，2004 年 5 月 31 日，论坛版。

时，应提供疫情调查情况，并积极考虑协助对方实地了解疫情。

双方还同意就共同关切的传染病防治策略、检疫标准、处置措施及其实力演练，检验技术与实验室标本以及疫苗研发等，进行交流与合作。

《海峡两岸医药卫生合作协议》关系到两岸人民的健康福祉。其中有关传染病防治的内容更是为两岸民众的交流加固了安全网，与两岸百姓的利益息息相关，是新时期两岸在公共安全卫生领域开展合作的最新进展和突出成就。事实上，由于两岸一水相隔，过去十多年以来爆发的 SARS 疫情，以及甲型 H1N1 等传染病的肆虐，都对两岸合作防疫提供了严峻的要求。而近年来两岸之间的交流日益密切，疫情传播成为两岸均不能忽视的问题，两岸签署该协议之后，双方医务主管部门就可以随时掌握整体状况，采取有效措施，可以有共同的力量来解决问题。

近年来，两岸根据协议，在传染病通报等方面建立了联系渠道，这为两岸落实两岸医药卫生合作协议奠定了良好的条件。目前两岸相关的对口单位可以开展对口操作，特别是两岸专家可以通过上述合作交换有效数据，研发疫苗，寻找流行病学的规律，携手应对疾病的挑战。过去几年，两岸在公共卫生安全领域的合作也取得了很大的成就。两岸医疗卫生事业合作是两岸各项交流、合作的重要组成部分，但目前还处于一个起步的阶段，由于两岸在医疗制度、人才培养、保障措施等方面存在着很多的不同，决定了合作只能停留在现在的模式和水平。

二、推进海峡两岸公共卫生安全合作的思考

（一）两岸应强化"大卫生"的观念

全球化时代，海峡两岸都要树立和强化"大卫生"的观念，从而推动两岸在公共卫生安全领域的有效合作。在当代，公共卫生事业是一项重要的公共事业，不能单兵作战，仅仅依靠卫生检疫系统自己的力量，是难以独善其身的。对于年互动规模动辄近千万人次的两岸而言，任何一项重大传染性疾病都会造成无法估量的损害，也绝非两岸任何一方能够独自应对。两岸强化大卫生的观念，就需要对现代卫生检疫的内容扩大有全新的认识，特别是要从传统体制下的防止传染病的概念中摆脱出来，要树立公共卫生的意识。两岸强化大卫生的观念，不但可以培养两岸在公共卫生安全领域合作的意识和责任，而且还可以强化两岸的合作意愿，增强互信基础，有助于推进两岸在公共卫生安全领域合作的机制化建设。

（二）两岸要树立落实协议的意识

《海峡两岸医药卫生合作协议》为两岸在公共卫生安全领域的合作提供了法律规范及实现路径的基础性条件。根据该协议，两岸将就传染病的检疫与防疫、资讯交换与通报、重大传染病疫情处置、疫苗研发及其他事项，进行交流与合作；两岸将就医药品安全管理及研发建立合作机制。双方同意建立两岸重大医药品安全事件协处机制；两岸将展开中医药研究及中药材安全管理合作；双方还强化在紧急救治措施方面的合作；双方同意分别设置传染病防治工作组、医药品安全管理及研发工作组、中医药研究与交流及中药材安全管理工作组、紧急救治工作组、检验检疫工作组以及双方商定设置的其他工作组负责商定具体工作规划、方案。协议签署后两岸有关方面在协议的框架下，通过高层互访、举办高层年度工作会议以及专业领域的工作分组会议等进行了有效的合作，双方在紧急救治及信息通报等领域也有良好的配合，两岸工作组的日常联系和定期会晤等机制都有序进行。但是我们也要看到，协议毕竟只是一个框架性的文件，要真正落到实处还需要两岸双方的配合才行。在当前，两岸树立全面落实协议的意识至关重要。

（三）两岸应建立公卫安全合作机制

针对当前两岸在公共卫生领域合作的状况，两岸应以建立公共卫生安全合作机制为目标，推动两岸在公共卫生安全领域的全面合作。一是建立海峡两岸紧急医疗救援网络及医疗救护基地医院网络。例如，允许台湾地区投资人以独资形式在厦门创办医疗机构，允许台湾医师在厦门开设特色专科诊所，探索大陆公立医院、医疗机构改制经营及社会资本参与医疗事业的可行性，建立两岸医疗领域常设性交流组织，定期举办学术交流论坛并组织两岸访问交流活动，其中涉及医院管理、临床技术和科研、护理管理以及医疗信息等医学专业领域的双边培训和交流。二是建立两岸医疗安全合作的机制体制。积极协调两岸跨境医疗保障制度和政策的协调成为必要。特别是要努力推进两岸公共卫生制度的标准化对接，实现对接，两岸之间跨区域医疗保障关系将容易接轨，既方便两岸民众的自由流动，又方便两岸对各自医疗保障事务的管理，降低管理成本。

（四）两岸要形成合作双赢的意识

两岸在公共卫生安全领域的合作，必须要培养合作双赢的意识。大陆在医疗资源及病员总量上高于台湾，在心外科、心内科、脑外科、神经内科、糖尿病等医学领域医疗技术领先台湾。加强两岸医学交流，不仅可以促进两岸医学事业的共同发展，提升两岸整体医疗技术水平，推动中华民族健康产业进步，还能推动两岸医务界加深友谊，增进共识，并通过医学交流，增强两岸亲情以及华夏文化的认同和传承。

第二章　两岸灾害安全合作

　　海峡两岸同属气象、地震灾害多发地区，长期饱受天灾带来的创伤。台风是常年侵扰两岸主要的自然灾害之一，平均每年约有 3—4 个台风侵袭台湾，就气象灾害而言，灾害性天气所造成的直接财物损失，年平均约高达新台币 150 亿元（间接的损失更难统计），其中 85% 左右与台风有关。由于两岸仅台湾海峡一水之隔，台风在经过台湾后进入大陆，所造成的经济及人民生命的损失，经常是不亚于台湾，两岸共同面临台风的巨大威胁。而在所有的天然灾害中，地震灾害对于人类社会所产生的影响与冲击最难以预估，相较于其他天然灾害，地震发生机率极低，但后果通常都极为严重。[①] 两岸都是地震的多发地带。根据台湾地区百年来地震资料的统计数据来分析，台湾地区平均每 2.5 年就发生一次规模达 7.0 的大地震；平均每 5.4 年发生一次死亡超过 10 人的重大灾害地震；平均每 17 年发生一次死亡上百人的破坏性重大灾害地震；平均每 40—50 年发生一次死亡上千人的毁灭性重大灾害地震。中国大陆平均每年发生 5 级以上地震 20 次，6 级以上地震 4 次，7 级以上平均 3 年 2 次。[②] 近年来，两岸都多次爆发重大的地震灾害。例如大陆的四川汶川地震、青海玉树地震，台湾地区的集集地震、高雄地震等都造成了重大的人员伤亡及经济损失。而 2011 年 3 月 11 日因日本爆发地震而引发海啸，导致福岛核能电厂发生重大泄露事故，引起世界对海啸及核电厂的去留的讨论，两岸迄今虽然没有因海啸及核能灾变造成的重大灾害，但是由地震所引发的海啸、火灾及核电厂的意外事故，已形成复合式的灾害，这些都有可能在未来给两岸人民的安全和财产带来无法估量的损害。

　　两岸一衣带水，近年来都曾遭遇到不同程度的自然灾害，说明两岸共同遭

---

　　① 郑世楠、叶永田：《台湾百年的大地震》，载《科学发展》，2004 年总第 373 卷，第 72 页。

　　② 余立德：《台湾两岸建构安全合作机制之研究——以非传统安全视角分析》，台湾中山大学政治学研究所硕士在职专班硕士论文，2012 年 6 月，第 44 页。

遇灾害威胁的风险日渐增加。虽然这些重大自然灾害的威胁，并非两岸所独有，而是全球共同面临的挑战，但从维护两岸民众根本利益出发，当前两岸应通力合作，建立起两岸相互支持的灾害安全管理合作机制。

第一节　中国大陆灾害安全管理

一、中国大陆灾害安全管理的组织体系

自 1949 年以来，中国大陆逐渐建立起了防灾救灾的组织体系。新政权成立之初中央就建立了统一的救灾领导体制，成立了以董必武为主任，包括内务部、财政部等 12 个部委的中央救灾委员会，统一领导、组织和协调灾害救助事务，并颁布了《中央救灾委员会组织简则》，规定灾害管理工作的主要任务，并明确日常救灾工作由内务部负责。在"文革"期间，中央防灾救灾组织体系有所调整，由党中央及国务院直接决策，调动全社会的力量来从事救灾工作。改革开放以来，中国大陆逐渐建立起规范的自然灾害管理体制，特别是防灾、减灾和救灾等灾害管理被纳入国家和地方各级经济社会发展的整体规划中去，并制定了"预防为主，防灾抗灾和救灾相结合"的灾害管理战略，以及"党政统一领导，部门分工负责，灾害分级管理"的基本领导原则，同时还形成了灾害管理的综合协调机制。

目前，大陆的灾害安全危机管理的组织体系基本上由中央层面和地方层面两个层级所构成。

在中央层级，由国务院统一领导并设立多个全国性的抗灾救灾领导机构。例如，国家减灾委员会、国家防汛抗旱总指挥部、国务院抗震指挥部和全国抗灾救灾综合协调办公室等机构，都是直接负责灾害管理的协调和组织工作。这些协调机构既为中央灾害管理提供决策服务，又能保证中央灾害管理的决策能够在各个部门得到及时落实。其中，国家减灾委员会作为国家自然灾害救助应急的综合协调机构，直接负责组织、领导全国的自然灾害救助工作，协调开展特别重大和重大自然灾害救助活动。国家减灾委成员单位按照各自职责做好全国的自然灾害救助相关工作。国家减灾委办公室负责与相关部门、地方的沟通联络，组织开展灾情会商评估、灾害救助等工作，协调落实相关支持措施。国家减灾委员会还设立专家委员会，专门对国家减灾救灾工作重大决策和重要规则提供政策咨询和建议，为国家重大自然灾害的灾情评估、应急救助和灾后救

助提出咨询意见。根据灾害的危害程度等因素，国家减灾委员会设定 4 个国家自然灾害救助应急响应等级：Ⅰ级响应由国家减灾委员会主任统一组织及领导。Ⅱ级响应由国家减灾委员会副主任，即民政部部长组织协调。Ⅲ级响应由国家减灾委员会秘书长组织协调。Ⅳ级响应由国家减灾委员会办公室组织协调。

在中央建立规范协调运行机制的同时，从中央到地方，各级政府都有特定部门承担灾害管理工作，有关部门各司其职，密切配合，分兵把口，形成了灾害管理的工作网络。

在灾害危机管理的长期实践中，中国大陆已基本上形成了统一管理、上下分级管理、部门分工负责、以地方为主中央为辅的自然灾害危机管理模式。同时，又根据灾害灾种的不同进行具体的分工，分别交由气象、水利、国土资源、海洋、农业、林业、环境、消防、防疫和地震等部门承担；灾害预测预报工作则是分类、分区、分部门来开展；防灾、抗灾等工作则由各级政府及行业部门来承担；救灾与援建等工作则分别由民政部、发展改革委员会、商务部等主管部门承担，紧急情况下需要动用军队、武警部队参与；灾害评估等工作则由科研部门和学术团体负责开展。

从整体来观察，目前中国大陆在灾害管理体系上，基本上已形成中央、省、地方三层管理模式。中央级灾害管理主要负责制定全国减灾决策与对策、规划与计划、减灾立法与执法等，以及重大自然灾害的协调。在灾害发生后，具体的灾害应急救援工作以地方政府为主，按照"条块结合、以块为主"的原则，乡级、县级、地级、省级人民政府和相关部门根据灾情，按照"分级管理，各司其职"的原则，启动相关层级和相关部门应急预案，做好抗灾救灾、灾情预测、灾情调查、评估和报告工作。

二、中国大陆灾害安全管理的法律体系

经过 60 多年的努力，中国大陆在灾害安全管理方面已初步建立起一整套法律法规体系，为中国大陆的灾害安全管理提供了重要的法律规范和依据。

目前，相关的法律规范主要包括以下：《中华人民共和国突发事件应对法》《中华人民共和国水土保持法》《中华人民共和国防洪法》《中华人民共和国防震减灾法》《中华人民共和国气象法》《中华人民共和国自然灾害救助条例》《国家突发公共事件总体应急预案》《中华人民共和国森林法》《森林防火条例》《破坏性地震应急条例》《军队参加抢险救灾条例》《防沙治沙法》《水库大坝安全管理

条例》《中华人民共和国水法》《中华人民共和国防洪条例》等等。并在上述法律法规的基础上，制定了《国家自然灾害救助应急预案》，建立健全应对突发重大自然灾害救助的法律体系，规范应急救助行为，提高应急救助能力，最大程度减少人民生命和财产损害，维护灾区社会的稳定。

目前中国大陆灾害安全危机管理的法律体系，基本是采取了单独立法的模式，例如针对水灾、地震灾害、火灾、气象灾害等灾种，先后颁布和实施了30多部与减灾有关的法律法规，如《防震减灾法》《气象法》《森林法》《防洪法》《草原法》《消防法》等法律，以及《地震安全性评价管理条例》《汶川地震灾后恢复重建条例》《破坏性地震应急条例》《地震预报管理条例》《地质灾害防治条例》《防汛条例》等法规，增强了灾害管理法制化水平，对防灾减灾工作起到了一定的指导作用。

从整体来看，尽管当前大陆关于灾害安全危机管理的法律有很多，但缺乏整体性，特别是对防灾救灾的共性问题缺乏统一的规定，在执行上容易造成政府与社会，中央与地方，以及各部门之间的责任划分不清。同时，部分法律条文本身也存在重复、矛盾与表述不清楚的现象，部分需要法律调整的问题无法可依。此外，在某些时候，政策和行政手段在相当程度上和相当范围内代替了法律的功能。这些都是不好的现象，因此，尽快制定灾害管理基本法，尽快制定出与灾害管理减灾—备灾—应急响应—恢复重建各阶段相关的法律法规，完善各单灾种的法律法规，逐步形成并完善我国的灾害管理法制体系，显得尤为重要。

三、中国大陆灾害安全管理的问题

自1949年以来，特别是在改革开放以来，中国大陆的灾害管理工作取得了历史性的突出成就，特别是为保障受灾群众的生命财产安全，维护社会稳定做出了巨大的贡献，并逐步形成了以防为主，防灾、抗灾和救灾相结合的灾害安全管理模式。但是随着中国大陆经济社会的快速发展，灾害管理与发展的需求还存在一定的差距，灾害管理体制也逐渐暴露出它的缺点，如反应迟钝、效能低下、资源浪费等等。当前，中国大陆灾害安全管理暴露的突出问题主要有以下几个方面：

（一）灾害安全管理部门职能过于分散

目前，中国大陆的灾害管理职能分散在不同部门，并实行自上而下的行业垂直管理模式。长期以来，由于中国大陆实行的是分门别类的灾害应急管理体制，故而形成了"单灾种，分部门，分地区"的单一灾害管理模式。这种由不同部门分管不同自然灾害的管理模式，优点在于能够发挥部门的专业优势，但对于一些规模大、范围广、类型复杂的自然灾害，仅仅依靠某一部门开展防灾减灾工作就显得能力严重不足，特别是由不同部门开展防灾救灾工作又极易产生利益冲突，很难在部门之间统一协调分配有限的公共资源。这种管理体制在国家高度集权的计划经济时代曾发挥出很高的效率，但是在如今的社会主义市场经济条件下，日益暴露出以下严重的弊端：一是职能分散。不同灾害由不同部门管理，涉及灾害管理的部门多达十多个，例如，水利部门管理防汛抗旱，农业部门管理农作物病虫害，林业部门管理森林防火灾害，安全监管部门管理矿山灾害，环保部管理环境污染灾害等。同时，同一灾害管理的各个阶段也被人为分割。例如在1998年的洪灾中，平时的防灾、减灾是由水利部门管理，雨情预报则由气象部门负责，抗洪抢险由水利部门和军队负责，备灾、应急救助和灾民生活安排归民政部门管理，灾后重建则有交通、建设、通信、电力、教育、农业等更多的部门参与。这种不同部门分管不同灾害的方式虽然可以发挥部门的优势，但也存在灾害管理部门自成体系，缺乏横向联系，对灾情和减灾措施缺乏全面系统地分析等问题。二是职能交叉。比如减灾方面，虽然民政部履行国家减灾工作的行政管理职能，但几乎所有的涉及部门也参与了防灾减灾工作，致使减灾工作各自为阵，难以形成合力，造成资源浪费。三是职能缺位。目前灾害管理更重视灾后的救灾与恢复工作，对灾前的防灾减灾工作重视不够，这样的灾害管理治标不治本，使灾害的损失相当大。我们应改变减灾宣传以短时、集中宣传为主的模式，重视长效宣传教育的管理，争取与教育部门合作，将宣传普及与防灾减灾知识纳入各级各类课程体系。在救灾中重物质轻心理慰藉也是一种普遍的现象，心理干预方面的工作相对不足。

（二）灾害安全管理法律体系不健全

我国在灾害应急管理的法律建设方面刚刚起步，远未形成规范的法律体系。我国的灾害管理方式主要是行政管理，灾害防治中政治化问题比较严重。大部分地方还是以政府行政管理体制替代应急指挥体制，缺少政府直接领导的、常设的、专门的综合管理机构，减灾行动的实施在很大程度上仅仅依靠政府的权威，缺乏规范的系统的法律管理，保险赔偿等配套的政策和措施。而西方是基于法律进行应急管理。在我国近年来制定的与防灾、减灾有关的法律法令近百件，特别是 1978 年以来，我国的灾害立法工作开展较为顺利，颁布了很多有关灾害的法律，如《中华人民共和国防震减灾法》《中华人民共和国防洪法》等，但尚无一个综合性规范防灾减灾工作的基本大法，致使减灾领域中许多法律调整的关系和问题无法可依，减灾法律覆盖灾种偏少，内容笼统，操作性不强。

（三）灾害安全管理信息共享有障碍

目前我国大陆的自然灾害管理体制，极易造成灾害信息自成体系的问题，从而使信息共享遭遇困难。由于灾害信息归属不同的部门负责，各种灾害信息的收集与处理基本是自成体系，没有统一的规范与标准，特别是信息的储存与分发应用系统建设长期是各自为阵，独立发展，信息孤岛现象尤其严重。尤其是在灾害信息管理上，相关灾害信息的主管部门基本处于职能上的平等关系，由于缺乏统一的协调机制与管理机构，在灾害信息的通报与协调上有可能出现沟通不良的现象，这对于灾害管理而言，其后果相当严重。因此，建立一种常态化的灾害信息共享机制至关重要。

第二节 台湾地区灾害安全管理

一、台湾地区灾害安全管理的组织体系

台湾地区于 1994 年制定"灾害防救方案"，实施防灾教育、训练、气象、防洪、防台风等各项业务整备、经费筹措、业务分工、管制考核等事项。而台湾当局行政主管部门在 1995 年召开第一次防灾会报，通过"防灾基本计划"，逐渐建立并建构起现行的台湾灾害防救体系。台湾灾害防救体系范围很广泛，包括风灾、水灾、地震、旱灾、寒灾、疫灾、重大火灾、爆炸案件以及厂矿区意外事故、重大交通事故、化学灾害、核子事故等等。虽然灾种的范围相当广，但其运作模式均相同。

台湾地区现行的灾害防救体系主要由三级构成，即"中央层级"、"直辖市"（县市）层级与乡镇（市区）层级。各层级的政府部门分别设置常设性的"灾害防救会报"，并在其下设置实际负责执行灾害防救的专门机构或单位。此外，每当发生灾害时，各层级政府都会设置"灾害应变中心"，作为救灾应变的指挥组织。而各相关行政机构，公共事业单位也须设立"紧急应变小组"。当然，"灾害应变中心"与"紧急应变小组"都属任务编组性质，都是在灾害发生时才紧急召集相关人员，全力整合各机关灾害防救小组。依据"灾害防救方案"之规

定，台湾当局行政主管机构负责订定"防灾基本计划"作为防灾之指导方针，并指定行政机关及公共事业依"防灾基本计划"，就其所掌业务或事务订定"防灾业务计划"，各县市地方政府则依"防灾基本计划"之精神，针对本地区之特性及防灾之需求等订定地区防灾计划。而各指定行政机关及指定公共事业在灾害发生时，均应成立紧急应变小组，依"防灾业务计划"，执行各防灾应变措施。各种灾害防救又以业务主管机关为"中央"主管机关，负责指挥、督导、协调相关机关及地方政府执行各项防救工作。

就台湾灾害防救组织的运作而言，在"中央层级"，行政主管机关设有"中央灾害防救委员会"，负责领导与协调全台地区的灾害防救事项。台湾灾害管理制度是不同"部会"管理不同的灾害。根据台湾"灾害防救法"之规定，"内政部""经济部""交通部""行政院原子能委员会""行政院农业委员会""行政院环保署""行政院卫生署"等"部会"都是灾害防救的业务主管机关。其中，"内部政"主管风灾、震灾、火灾、爆炸灾害；"经济部"负责水灾、旱灾、矿灾、公用气体与油料管线灾害、输电线路灾害；"行政院农业委员会"负责土石流灾害、森林火灾、寒灾；"交通部"负责陆上交通灾害、空难、海难；"卫生署"负责生物病原灾害；"原子能委员会"负责辐射灾害；"环境保护署"负责毒性化学物质灾害；"国家科学委员会"负责灾害防救科技预算；等等。

除"中央层级"外，台湾地区各县市、乡镇等层级都设有"灾害防救会报""灾害应变中心"与"紧急应变小组"。县市政府接获灾情时，除注意乡镇公所灾害应变中心紧急救援之进展外，应主动派员协助，或依乡公所的请求，指派协调人员提供支持协助，必要时也成立县市灾害应变中心，由县市首长或其指派人员指挥、督导及协调军队、消防、警察及相关政府机构、公共事业、后备军人组织、民防团队、灾害防救团体及民间灾害防救志愿组织执行救灾工作。而乡（镇、市、区）公所灾害应变中心处理灾害时，应通报县市灾害防救单位及"农委会"沙土保持局，林地部分同时通报林务局等主管单位，并视灾害情况，分析是否请求县市政府灾害防救单位协助执行救灾工作。同时，受灾县市可以依据县市支持协定书之签订内容，向邻近县市政府灾害应变中心请求支持。此外，根据台湾地区的相关法律法规之规范，当地方行政当局在救灾中感受到能力不足或有必要时，可向军方或"行政院国家搜救指挥中心"提出救援申请或申请直升机救助。

根据"灾害防救法"的精神，台湾当局行政主管机关设立"中央灾害防救会报""中央灾害防救委员会",前者为政策平台,后者为协调平台,专门处理灾害危机管理的相关事项。同时,台湾行政主管机关设立"行政院灾害防救办公室"为会报及委员会幕僚。有关灾害防救之一般执行工作,由"内政部灾害防救署"负责。同时,原先由"内政部消防署"兼管的任务编组"行政院国家搜救指挥中心",也纳入台湾的灾害防救组织体系,以统筹调度相关救灾资源。同时,对原来的"国家灾害防救科技中心"等规范也进行修正,以加速灾害防救科技研发及落实。

"中央灾害防救委员会"主要依据"中央灾害防救会报"决策与相关法令规定,做好协调平台的角色,发挥督导、考核灾害防救相关事项及应变措施之功能,并协调跨"部会"议题。其运作方式包括,每季度在"中央灾害防救会报"会议前召开"中央灾害防救委员会"。遇有重要且急迫性灾害防救相关议题须跨"部会"协调研议,报请主任委员核定召开。其报告事项包括:灾害防救基本方针及基本计划之审查;依据"中央灾害防救会报"决议交由委员会讨论事项;委员会列管重大案件管考事项;各"中央"灾害防救业务主管机关业务计划之审查;"直辖市"、县市政府地区灾害防救计划之备查;金融机构就灾民民众所需重建资金事项之协调;"中央"灾害业务主管机关有关灾害防救建议事项,具急迫性事项须跨"部会"协调者;委员会会议由主任委员召集,并担任主席,主任委员不能出席时,由副主任委员担任主席。

为重大灾害发生导致"中央灾害应变中心"无法运作时,能够立即启动备援机制,台湾"内政部"在北、中、南三区分别规划设置"中央灾害应变中心备援中心"。其中北部位于新北市政府大楼,已于2006年完成建置并正式启用。"中部备援中心"设置于"内政部消防署"南投训练中心基地。"南部近期备援中心"设置于屏东县,于2009年正式建置。"南部正式备援中心"将位于高雄市政府消防局,目前尚未正式启动。

二、台湾地区灾害安全管理的法律体系

台湾地区灾害安全危机管理法律体系的建构经历了一个漫长的过程,若干重大自然灾害的侵袭,使得台湾当局不断加强与健全对灾害防救工作的法律规范。

1975年台湾当局颁布实施"防救天然灾害及善后处理办法",该法案为台湾当局关于灾害防救工作开展的主要法律依据。由于当时还没有形成整体的灾

害管理概念，该法律规范并没有关于减灾、应急及灾后重建等事项，其危机应急的组织机构体系也完全由警政体系来主导。

此后，随着台湾当局对灾害的重视程度不断提升，特别是 1994 年初美国洛杉矶地震以及日本名古屋华航空难等灾难事件的接连发生，对台湾当局的影响相当重大，台湾方面在 1994 年颁布实施"灾害防救方案"，同年并设立了"消防署"筹备处，并于 1995 年正式成立"消防署"。"灾害防救方案"旨在建立起"中央"至地方四级的防灾体系，即"中央"、省（市）、县（市）及乡（镇，市，区）。平时，订定相关防灾计划，推动防灾业务，定期召开"中央防灾会议"，并明确规范各主管机关执掌灾害，预作防灾准备，当灾害发生时设立对应这四层级灾害防救处理中心。"灾害防救方案"明定天然灾害发生前之预防及灾后救护等两大任务，并在台湾省政府设"灾害防救会报"，将省府各相关厅处局首长纳入编组，由省府秘书长担任召集人，警务处长为副召集人，属于临时任务编组。该法案主要借鉴了美国、日本等国的灾害防救体系及工作模式，来为台湾建构较具灾害防救专业基础的施政计划，并首次将非天然灾害范畴的重大灾害纳入考虑，从总体上来看，虽然该法案对灾害防救重视程度有所提升，但强调的仍然是灾后的紧急处理，虽然成立了"消防署"并担任主要承办角色，但其组织任务仅以火灾处理为主，其他灾害为辅。

1999 年"921"大地震发生后，台湾当局加大了对灾害防救法律的重视程度。2000 年正式公布"灾害防救法"，也使台湾地区灾害防救工作正式迈入法制化阶段。当前，台湾的灾害防救工作所依据的主要法律就是这部"灾害防救法"，该法律明确规定台湾各级政府与相关公共事业机关应拟定灾害防救基本计划、灾害防救业务计划及地区灾害防救计划。因此，该法是台湾灾害安全危机管理的母法和重要依据。依据"灾害防救法"第 17 条规定，灾害防救基本计划应由台湾行政主管机关的"灾害防救委员会"拟订，经"中央灾害防救会报"核定后，由"行政院"函送各"中央"灾害防救业务主管机关、"直辖市"、县市政府据以办理各项灾害防救相关计划与业务。灾害防救基本计划属纲要性的关于灾害防救工作指导计划。其目标包括以下几个方面：一是提出整体性减灾计划与策略，考虑灾害环境与社会结构的变迁、气候变化、疫情传播等议题；二是减灾理念结合国土资源、水土保育等业务，注意各层防灾工作的推动，并包括辐射与毒性化学物质管理、生物病原控管，迈向全灾害防救体系；纳入境内外重大灾情案例检讨，落实防灾资讯分享与学习平台，厚植防灾观念。

同时，为达至上述目标，也规定了基本的方针：一是"国土"保育与区域、城乡之发展，重视减灾工作对提升台湾整体防灾能量的必要性。强调把"国土规划"及推动的"国土"保育工作，均纳入各项防灾计划之中。二是反映全球局势与环境变迁对灾害防救工作的影响。针对生物病原灾害、辐射灾害、新兴灾害、重大交通工程、全球气候变迁、复合式灾害等整体性减灾议题，结合整体能量研议全灾害防救体系。三是结合民间整体防灾能量，扩大防灾参与层面。鼓励企业、社区、个人进行各项防灾减灾工作，并透过伙伴关系结合各级政府与民间企业；整合民间团体、志愿组织、非政府、非营利组织参与灾害防救工作；透过"全民"防卫动员体系，征用民间资源协助防救灾工作；透过加强自主防灾意识，建立防灾社区。四是照护防灾弱势族群，平衡防灾资源运用。五是持续强化地方防灾效能，建立"中央"与地方防灾伙伴关系，注重各层级灾害防救专职人员设置与培训。推动灾害防救技术支持机制与科技转移工作。落实灾害防救工作评估与改进机制。六是相关灾害防救计划书以情境设定为出发，配合防救灾功能需求，拟定阶段性、可行性的防灾计划，具体展现 5 年内防灾工作的目标。七是连接各层级的通讯系统，扩大经验共享平台，累积灾害防救知识。八是向灾害学习、前瞻规划与落实推动灾害防救工作。检讨近年来境内外重大灾害与落实重大灾害勘灾机制，将分析建议反映于各项灾害防救工作。

该法案的特色主要有以下几个方面：一是设立"行政院灾害防救委员会""灾害防救专家咨询委员会""灾害防救科技中心""特种搜救队及训练中心"等灾防组织。二是防救组织体系由"灾防会"主导。三是正式确立台湾三级的灾害防救组织体系。四是订定灾害防救基本计划、地区灾害防救计划、灾害防救业务计划及执行计划等。

近年来，随着气候变迁，环境及大自然灾害挑战越来越严峻，尤其是 2009年"莫拉克"台风极端降雨，推动台湾方面加快对灾害防救法律体系的修正。为建构完备的政府整体灾害防救体系，并强化军队迅速主动支援救灾机制，台湾立法机构于 2010 年通过"灾害防救法修正案"，并将"行政院灾害防救委员会"改为"中央灾害防救委员会"，并设"行政院灾害防救办公室"，设置专职人员来处理有关业务，并将"内政部消防署"转型为"内政部灾害防救署"，以强化执行灾害防救任务，另要求"直辖市"、县市、乡镇设置灾害防救办公室以执行各管辖地方灾害防救会报事务。而基层的区公所也必须比照乡（镇，市）公所设置灾害防救会报及灾害防救办公室。根据"灾害防救法修正案"，"行政院灾害防救办公室"已于 2011 年正式成立并运转起来，由"行政院"副院长兼任督导官，并设置主任一人，由"内政部消防署"副署长兼任，纳入相关"部会"与防灾、救灾业务人力共 50 人，分 6 组，负责减灾规划、人力与物质的训练整备、灾害应变措施、灾后调查复原、资通规划、管考协调等，成为台湾防灾、救灾的心脏与中枢。总之，台湾灾害防救体系的建设已开始进入新的里程碑。2016 年台湾"立法"机构通过了对"灾害防救法"部分条文的修正案，其内容包括对灾害类别新增了生物病原灾害、动植物疫灾、辐射灾害及工业管线灾害等类型；将"内政部灾害防救署"修正为"内政部消防署"，并规定中央灾害防救业务主管机构执行灾害资源统筹、资讯汇整与防救业务等；增加了协助灾区受灾民众灾后重建等事宜的相关规定，包含灾前贷款、信用卡本金及利息延期、房屋或土地抵偿原房屋贷款债务、利息补贴、税息减免等内容，进一步完善了该法律的内容，使其操作更具可行性。

三、台湾灾害安全危机管理的问题

台湾位于西太平洋台风地区及欧亚板块与太平洋板块交接的环太平洋地震带西侧，地理环境条件极易引发天然灾害。根据台湾"内政部消防署"的统计数据，1958 至 2002 年之间的 45 年间，总共发生天然灾害 217 次，发生次数依序为：台风 155 次；重大水灾 35 次；严重地震 18 次；其他灾害 9 次。天然灾害平均每年发生 4.8 次。以台风灾害为例，平均每年发生 3.5 次，为台湾地区重大天然灾害种类中发生次数最频繁者，根据"行政院主计处"统计，近 40 年台风灾害所造成之损失，平均每年高达 190 亿元新台币，约为台湾"国民生产毛额"的 0.7%。

表1：台湾地区 1958—2002 年的天然灾害发生次数

年别	每5年发生次数					每5年平均发生次数				
	总数	台风	水灾	地震	其他	平均数	台风	水灾	地震	其他
1958—1962年	26	22	1	1	2	5.2	4.4	0.2	0.2	0.4
1963—1967年	20	13	3	4	-	4.0	2.6	0.6	0.8	-
1968—1972年	19	15	3	1	-	3.8	3.0	0.6	0.2	-
1973—1977年	13	10	3	-	-	2.6	2.0	0.6	-	-
1978—1982年	20	14	4	-	2	4.0	2.8	0.8	-	0.4
1983—1987年	24	17	3	2	2	4.8	3.4	0.6	0.4	0.4
1988—1992年	29	20	8	1	-	5.8	4.0	0.8	0.2	-
1993—1997年	31	21	6	2	2	6.2	4.2	0.6	0.4	0.4
1998—2002年	35	23	4	7	1	7.0	4.6	0.4	1.4	0.2
总计	217	155	35	18	9	4.8	3.5	0.8	0.4	0.2

资料来源：台湾地区"内政部消防署"。

注：

1. 其他天然灾害包括山崩、山洪爆发、龙卷风等。

2. 1995 年以前未包含金门、马祖资料。

表 2：台湾地区天然灾害伤亡情形（1958—2002 年）

年别	总伤亡数 (死亡 / 总伤亡数；失踪 / 总伤亡数；受伤人数 / 总伤亡数)				
	台风	水灾	地震	其他	总数
1958—1962年	5628(8;5;87)	2017(33;20;47)	101(16;0;84)	92(23;12;65)	7838(15;9;76)
1963—1967年	2089(20;7;73)	61(30;33;38)	797(14;0;86)	-	2947(18;6;76)
1968—1972年	1524(27;12;61)	18(94，6,0)	2(50;0;50)		1544(28;12;60)
1973—1977年	1045(24;9;67)	51(67,25,8)	-	-	1096(26;9;64)
1978—1982年	222(41;13;47)	70(71,10,19)	-	-	292(48;12;40)
1983—1987年	770(21;7;72)	50(70,16,14)	62(23;0;77)	88(53;6;41)	970(26;7;66)
1988—1992年	286(41;19;40)	70(63,9,29)	2(100;0;0)		358(46;16;38)
1993—1997年	998(16;6;78)	27(81,4,15)	19(16;0;84)	17(53;6;41)	1061(18;6;76)
1998—2002年	1329(26;14;61)	24(50,17,33)	14374(17;0;83)	4(100;0;0)	15731(18;1;81)
总计	13891(17;8;75)	2388(38,20,43)	15357(17;0;83)	201(40;8;51)	31837(19;5;76)

资料来源：台湾地区"内政部消防署"。

注：

1. 其他天然灾害包括山崩、山洪爆发、龙卷风等。

2. 1995 年以前未包含金门、马祖资料。

尽管台湾当局在防范各种自然灾害方面取得了一定的成效，也做出了很大的努力，但仍然有以下一些问题存在：

首先，职能分散损害了救灾整体效应的发挥。台湾的灾害危机管理制度基本上是由不同部门管理不同的灾害。例如"内政部"负责管理风灾、震灾、重大火灾等；"经济部"负责管理水灾及旱灾；"农委会"负责管理寒灾及土石流等灾害。此种分法看起来非常专业，其实有很多问题会产生。例如，同样一个台风灾害的管理，根据规定，最初是由"内政部"来管理，但如果台风的雨势引发了水灾则又由"经济部"负责管理，如果台风又引发泥石流等灾难，则又要由"农委会"负责管理。

其次，应付极端灾害事件的能力严重不足。台湾在灾害防救上的努力，面对一般规模的灾害事件或已有足够能力加以因应，然而，面对诸如莫拉克台风这样的极端灾害事件，就面临挑战。

再次，"国土"环境监测网络不完整。在减灾及整备方面，台湾"国土环境监测网"及其资料建立尚未完整，而区域性防救灾之作业仍待补强，在缺乏较精准的环境资讯与风险沟通下，政府各部门及民众对自然环境的风险概念仍然有不足。以台风资讯的掌握及预警为例，目前台湾"中央气象局"已建立起地面、高空、气象卫星、都普勒雷达观测网，并累积经验及研发气候预测模式，然而，目前的气象观测及预测科技仍有限制。例如，台湾天气观测资料之经验值仅约百年历史，海面观察资料不足，高山雨量部分的资料也不足，都普勒雷达存在地形死角，模式预测结果与专家经验不一致，都影响剧烈天气的预测及预警。此外，危害性化学物质管理及其灾害防治有待整合、强化。目前台湾危害性化学用品的管理权责分散于各"部会"机构，其他相关防救资料各自建置且无相互支持系统应用之机制，在管理上多仅限于事故发生后的紧急应急与咨询。

第四，管理体制出现问题。依台湾目前的行政体制，地方政府分为县市及其辖属之乡镇市，地方政府可说是因应灾害的第一线。地方政府在灾害发生时，由于消防系统遍布全台各地以及其具有紧急救护应变能力的特性，因此，消防机构成为多数地方政府第一线的救灾单位，当发生重大灾害超过消防所能负担能量时，救灾指挥系统往往瘫痪掉，无法有效把握黄金救援时刻，只能等待"中央政府"与"国军"部队的增援，从而丧失救援先机，造成灾情的扩大。

第五，在灾害应变阶段，对于复合式灾害之应变体系及其运作有待加强，目前对灾情危害的预测仍受技术与经验的限制，特别是对灾害影响最大的降雨量预测，虽然灾害主管"部会"，如"交通部经济部水利署""行政院农委会水土保持局"等均已发布危害与灾害预警资讯，但受限于目前科学对预测能力的不足，及对风险沟通知识的缺乏，相关主管机关发布的灾害预警资讯，可能未能使地方政府及居民充分感受可能的灾害威胁，特别是居民自身观察到的即时的风雨状况与气象单位的预测结果有所矛盾时，也未能即时采取紧急应变的减灾等相关动作。

最后，虽然目前台湾的"灾害防救法"明确规定"经济部""内政部""农委会""环保署"等"部会"为法定灾害的主管机构，但这种规定仍然很不全面，例如核灾、疫病等也会造成重大的危机事件，目前这两个灾害虽然也有特定业务的法令规范，但尚未纳入"灾害防救法"的规范当中。

第三节　海峡两岸灾害安全合作

2009 年联合国国际减灾策略小组把台湾列入高度风险的区域之一，尤其在台风、山崩土石流及地震等 3 大灾害上，可能受创人口及 GDP 损失上都名列全球前 5 名之内。回顾"9·21 大地震""八八风灾"，以及大陆的汶川地震及玉树强震，两岸同处于天灾风险极高的环境之下，两岸如能互助与合作，将有助于减轻天灾所造成的损害，并进一步缩短复原的时程。①

一、海峡两岸灾害安全合作的基本现状

多年来，两岸在灾害安全领域的合作主要表现在学术交流与制度化协商等方面。两岸最早是推动了在气象交流方面的学术交流。例如，1989 年和 1992 年两届东亚及西太平洋气象与气候国际会议在香港召开，两岸气象业务主管部门的负责人均以学者身份参加了会议全过程，这两次会议的召开，使两岸气象学者们有机会具体而直接地了解对方的科研和发展水平，并探讨两岸气象学会进一步扩大出版物交换、人员交流等事宜，成为两岸气象交流的一个重要里程碑。而在实际业务交流方面，两岸也开始尝试直接电话会商天气。1989 年 9 月，两岸共同面对"8921 号""8923 号"两个台风，台北广播公司负责气象的业务人员主动与福建省气象局电话联系，双方交换气象信息，开创了 40 年来闽台两地通过热线电话交往的先例。1992 年"19 号"强热带风暴袭扰闽台，福建省气象台台长陈瑞闪也主动致电台北中心气象台预报科科长吴德荣商讨台风的动向和影响情况，这是两岸气象业务部门首次直接电话会商天气，成为两岸气象科技合作的又一重要里程碑。此后，1994 年中国气象学会赴台参加"海峡两岸天气与气候学术研讨会"，这是 1949 年以来两岸气象学者首次以气象学会为纽带，实现了双向直接互访交流。此后，两岸气象界的交流广泛展开，并逐渐常态化。

① 余立德：《台海两岸建构安全合作机制之研究——以非传统安全视角分析》，台湾中山大学政治学研究所硕士在职专班硕士论文，2012 年 6 月，第 52—53 页。

目前，在气象预报和自然灾害的预警方面的合作上，大陆与台湾每年定期召开"海峡两岸灾害性天气分析与预报研讨会"以及"海峡两岸气象科学技术研讨会"，就两岸气象界共同面临和关心的台风、暴雨、防灾减灾、预报技术、卫星和雷达气象技术及应用等方面进行研讨和交流。在气象业务方面，两岸气象界也进行了尝试，如1998年进行的"海峡两岸及邻近地区暴雨试验"研究，是在中国气象科学研究院主持下，大陆各气象单位的近50名专家，与来自港澳台地区的气象专家，共同参与开展的研究。2002年台湾气象部门决定直接接受大陆"风云二号"地球同步气象卫星的讯号，作为台湾地区天气预报的参考资料，创下两岸气象预报作业合作的首例。2008年以后，在两岸关系开始和平发展的大背景下，两岸气象交流与合作的广度与深度均有突破，合作步伐加快。例如，闽台开展了首次汛期气象联合观测试验，并不断完善气象观测系统。2009年福建省四个地面探空站与台湾地区三个地面探空站参加了两岸首次汛期气象联合加密观测试验，台湾方面还同时进行了38个小时下投式飞行探空试验。2009年6月，福建省与台湾"李国鼎科技发展基金会"、台湾"中央气象局"及台湾灾害防救科技中心等10多家自然灾害"最高"科技主管部门与相关机构共同举办了"海峡两岸自然灾害防治交流合作研讨会"，并签署多个自然防治交流合作协议，两岸针对天然灾害部分开启了交流合作的机制。此外，为加强两岸直航的气象保障，提高台湾海峡气象实时监测和预测预报能力，两岸近年来还不断完善气象观测系统建设。如2010年5月、7月福建省气象部门在台湾海峡设立了两个海洋气象浮漂观察站，可以全天候观测降水、风向、温度、能见度等各种气象要素，以便进一步做好台风观测和台湾海峡航道的气象服务。2010年5月和12月，福建省气象局在隶属于福建东方海运有限公司的香港籍"榕峰号"和"联峰号"集装箱货轮上，安装了六要素船舶自动气象站，可以为台湾海峡运输航线实时提供并连续记录风向、风速、气压、温度、能见度等各类气象数据和GPS定位数据，从而为船舶航行提供可靠的气象保障，提高了台湾海峡气象实时监测和预测预报的能力。而在地震研究方面，两岸交换相关观测数据，并在金门、马祖、澎湖等地建立地震观测台，共同进行跨海峡震测实验。[1]2010年5月福建省政府公务员局组团，与台湾"中央研究院"地球科学研究所、"中央大学"地球物理研究所等项目合作单位进行深入研究，并签署了《组建台湾

---

① "两岸建机制共筑台海天灾"，《文汇报》2009年6月12日。http://paper.wenweipo.com/2009/06/12/TW090612006.htm，网上浏览日期：2011年3月1日。

海峡地震观测网合作协议书》，[①] 这是两岸历史上首次共建地震联合观测网。

近年来，随着两岸关系的快速改善，两岸在应对地震和极端气候灾害等事件时无论是应急处置，还是共享信息等方面基本上能够相互支持，积极援助。例如在四川汶川地震发生后，2008 年 5 月 13 日，台湾同行就提供了第一张清晰的地震灾区的遥感图，为大陆水利科技抗震救灾发挥了重要的作用。在堰塞湖处置情况紧急时，台湾中兴工程科技研究发展基金会又及时提供了关于台湾"921"大地震的抗震救灾技术手册和报告，这为我方最终排除堰塞湖险情提供了有力的帮助。同时，台湾方面还派出了红十字救援队、红十字医疗队奔赴灾区，直接投入抢险救援与医疗救助工作。此外，在四川汶川地震后，台湾各界透过各种渠道给予灾区很多支持和帮助，捐款金额高达数十亿新台币。同时，台湾同胞还捐赠了大量物资，包括水泥、海事卫星电话、帐篷、睡袋、医疗用品、食品、药品、衣物等各类物质，价值约为 3300 万元。[②] 而 2009 年 8 月初台湾由于"莫拉克台风"遭受重大人员和财产损失后，大陆方面也感同身受，在第一时间内表达了慰问，并通过不同管道为灾区捐款捐物，尽我们最大的能力为台湾同胞抗灾救灾提供援助与支持。同时，大陆方面还提供 1000 套活动板房，为台湾灾区民众度过难关提供帮助。这说明两岸在抗击灾害方面相互合作，取得了重大的突破。两岸在灾害安全合作的制度化协商方面，开启于《海峡两岸核电安全合作协议》的签署。两岸于 2011 年正式签署该协议，双方就所属核能电厂的安全检验数据、防护措施、紧急应变之交换，并建立相互通报监测机制等合作范围，在合作方式部分，定期召开工作会议，举办相关交流活动等。

二、海峡两岸灾害安全合作的机遇和挑战

（一）两岸灾害安全合作的机遇

1. 两岸有合作的基础

2008 年以来海峡两岸在"九二共识"政治基础之上，积极推动两岸关系的良性互动，两岸关系由此取得了重大的突破，进入最好的历史时期。随着两岸互信基础的不断增加，两岸两会先后签署了 23 项协议，其中多项协议就涉及两岸在非传统安全领域的合作议题。两岸在非传统安全领域的合作以及所取得

[①] 福建日报网站，2010 年，http://big51.chinataiwan.org/jm/qyys/hxxa/mtjlhd/201005/t20100525-1385462.htm. 检阅日期：2013 年 4 月 20 日。

[②] 《汶川地震台胞捐款 7.8 亿人民币 国台办再次诚挚感谢》，中国台湾网 2008 年 5 月 30 日。

的重大成就，都为海峡两岸在灾害安全的合作奠定了坚实的基础，积累了互信。两岸过去在灾害安全领域合作中所取得的一系列成就，特别是制度化合作的逐步进展，都为未来两岸在灾害安全领域的合作积累了经验，增强了信心。

2. 两岸有现实的需求

两岸都是自然灾害多发地区，近年来两岸都发生过重大的地震、地质灾害、台风等，这些灾难都给两岸带来了重大的损害，因此，两岸加强合作的压力和需要很大。以大陆为例，大陆是世界上自然灾害发生最为严重的少数地区之一，灾害种类繁多，发生频率高，分布地域广，造成损失大，给大陆的经济建设及社会发展造成了极为严重的破坏。而台湾则由于自然环境原因，不但气温高、降雨强度大，更有陡峻的地形、脆弱的地质结构、频频震撼大地的地震、持续的地壳变动，因此常发生各种自然灾害。正是由于两岸都面临严重的自然灾害及其他灾害，两岸合作抗灾的现实压力相当大，也有动力。

（二）两岸灾害安全合作的挑战

1. 双方互信不足

尽管 2008 年以来两岸关系发展取得了重大的进展，但受制于两岸关系的独特性，两岸之间的互信基础仍然不够牢固。一是两岸社会的隔离与对立长达数十年，短短八年多的开放交流显然时间太短，还无法化解两岸之间的所有误解和疑虑，特别是台湾社会对大陆的误解。二是过去数十年来台湾当局对大陆的负面宣传和教育，使台湾社会和民间对大陆有强烈的不信任感。三是目前两岸在政治、军事及意识形态上的仍然有很多障碍未解决，两岸很多结构性问题仍然存在，这在一定程度上影响到两岸互信的增进。四是台湾内部分离主义势力对两岸关系和平发展的负面干扰不容低估。两岸互信基础还不牢固，客观上使两岸在灾害安全领域的合作受到一定的干扰。例如，在 2009 年台湾遭遇"八八水灾"时，尽管大陆方面释放出善意，但台湾方面仍然不愿意让大陆的直升机参与救灾，反而舍近求远，同意美国军用飞机进行救助。五是当前两岸关系陷入了僵局，这对于未来两岸推动灾害安全合作非常不利。民进党重返执政以来，拒不接受"九二共识"，两岸关系的政治基础遭到破坏，使两岸之间的沟通与协商管道陷入停摆状态，这无疑给两岸在灾害安全领域的相关合作带来很大的影响。

2. 两岸制度有别

当前，两岸在灾害危机管理方面的制度也存在一定的差异，特别是台湾的防灾救灾的体系中，民间非政府组织的作用非常突出，扮演重要的角色，而当前大陆由于法律规定以及非政府组织的欠发达状态，客观上非政府组织在救灾中的作用相当有限。这是当前两岸在灾害安全组织体系中的很大区别。中国大陆的情况相当特殊，全面照搬台湾地区经验也不现实，这些差异无疑对两岸在自然灾害危机管理中的合作有一些阻拦效应。

三、海峡两岸灾害安全合作的战略思考

海峡两灾害安全合作一定要创新思维才行，特别是要充分重视两岸民间力量的参与，这样，合作的成效才能够得到更大的彰显。事实上，所有的灾害安全管理，其核心就是围绕救灾和灾后重建这两个主题而展开。两岸公权力部门在这两个部分都有合作的空间。虽然灾后重建无法完全离开官方机构的财政支持与政策支持，但未必全部是由政府来主导，民间完全可以介入其中并发挥重要影响力，反而可以为政府增加公信力和影响力。

未来推动两岸灾害安全合作的基本思路可以用"一二三"来简要概括。即构建"一个平台"，设立"两个中心"，创新"三个模式"。

（一）搭建"一个平台"

搭建"一个平台"是指建立闽台灾害安全合作管理平台。在当前两岸互信不足的情况下，两岸全方位推动灾害安全合作的现实可能性并不高，两岸可以选择从局部区域的合作来推动，从而为未来两岸在灾害安全领域的全面合作创造条件和积累基础。因此，大力推动闽台灾害安全合作管理平台的建设，是当前两岸灾害安全合作管理的重要思路。

台湾与福建隔海相望，同处于一个大陆架，许多自然灾害相互伴生，地质地理信息相互关联，天气系统互为上下游，突发性天气多。长期以来，闽台两地在灾害管理特别是气候气象方面的合作早已开展多年，并积累了很多宝贵的经验。这是大陆其他地区无法比拟的独特优势。在闽台灾害安全合作管理平台的建设中，加强气象保障尤其重要，为了满足海峡两边的船只安全往来，两岸应多多联系合作，加强针对台风、暴雨、东北大风等影响较大的灾害性预报服务研究和科研实验，共同促进海峡上空和航运的气象安全。过去几年闽台就建立两岸台风、暴雨、地震等自然灾害防治常态化交流合作机制，构建了闽台两地合作型的自然灾害防治体系，推动闽台在灾害预警预报、天气系统、信息交

流的密切合作与深度合作等方面取得了很大的进展。福建省气象部门多年来致力于构建福建及台湾海峡气象防灾减灾服务体系，创下业界多个第一，例如，首个面向台湾同胞发布海峡天气预报，首个开展省级联合气象观测，首个开展海峡两岸灾害性天气预警信息交换，首个建立闽台科技研修互访机制，首个建立海峡两岸自然灾害防治交流合作机制等。未来，随着闽台交流的越发频繁，闽台可以就台湾海峡气象网建设、组建海峡气象预报服务团队等方面开展合作，特别是要重点攻关海峡灾害性天气预报、航线气象服务保障等关键技术问题，完善海上航线预报系统平台等等。

闽台两地最近，而且台湾海峡是两岸目前交流的重要屏障。大量的人员往来及物资船只都需要加强自然灾害的防范，可以从台湾海峡气象观测入手。这可以为两岸提供方便，也可以为国际社会其他地区船只的往来提供便利，其意义非常重要。

（二）设立"两个中心"

"两个中心"是指两岸救灾物资储备与调拨中心、两岸红十字灾害救援中心。前者是两岸灾害安全合作管理的物质基础，后者则是两岸灾害安全合作管理的联系运作机制。这是两岸灾害安全危机管理的重要方面。大力推动这两个中心的建设，对于两岸灾害安全合作具有重要的意义。

1. 两岸救灾物资储备与调拨中心

尽管两岸目前都设有救灾物资储备库，但两岸之间目前尚未形成此种物资储备网络。因此，两岸专门建立起救灾物资储备库无疑具有重要的现实意义。其目的主要是方便两岸之间的专项专用。加强两岸救灾物资储备与调拨中心的建设，可以将救灾的重点从被动的"救"转变为主动的"防"：一是加强救灾物资联合储备。充分整合、储备两岸爱心资源，建立救灾储备物资有效运转、合理使用平台，一旦灾区有需求，能在最短的时间内将物资送到受灾民众的手中。二是开展防灾自救培训。针对两岸多发的灾害特点，广泛开展防灾减灾的普及培训，增强民众防灾意识，提高他们的逃生减灾、自救互救能力。三是组织救援队训练。把两岸红十字备灾救灾基地，作为水上安全救生、灾害生命搜救、心理救援服务的训练及演练基地。两岸救灾物资储备与调拨中心的地点选择必须要考虑其位置的便利性，因此，建议该中心选择在平潭与金门两个地方。两岸可以在这两个地方设立大型的救灾物资调拨中心，方便灾害后的物资救援活动及时迅速开展。

2. 两岸红十字灾害救援中心

红十字会作为国际性组织，在国家与地区间人道主义合作服务中的作用，是其他社会组织机构无法替代的。长期以来，两岸红十字组织建立了良好的合作关系。两岸可以成立"两岸红十字灾害救援中心"，推动两岸红十字灾害救援机制之成立。毕竟它符合国际惯例，也容易为各方所接受。两岸红十字灾害救援机制是指两岸红十字组织针对台湾海峡东西两岸区域可能发生或已发生的重特大自然灾害，联合采取协调统一的行动，共同利用红十字防灾救灾力量，广泛动员两岸社会爱心资源，携手实施灾害预防及人道救助，最大限度地降低灾害造成的生命财产损失的规范和制度。两岸可以成立组织协调指挥机构，具体负责两岸灾害预防与救援的协同，统筹制定灾害救援预案，区分灾害救援中两岸红十字组织上职责分工，建立两岸灾害预警预报与救援信息通报的制度，统一灾害分级设定、分级管理、分级响应的标准与条件，协调两岸红十字组织会员、志愿者及社会力量参与救援行动，共同制定开展灾后重建的计划，真正形成两岸红十字组织灾害救援的整体合力。同时，两岸联合建立红十字专业救援队。分专业、有特色、有重点地联合打造四支红十字专业救援队：一是组建两岸"红十字水上安全救援队"；二是组建两岸"红十字生命搜救队"；三是组建"两岸红十字心理志愿服务队"；四是组建两岸"红十字医疗志愿服务队"。

（三）创新"三个模式"

1. 两岸台风灾害安全合作模式

台风是发育在北太平洋热带海洋上的一种逆时针旋转的激烈气流，一个强烈台风所携带的能量，大致等于1000个投在日本长崎的原子弹在爆炸时所产生的能量总和，可见它的破坏力十分惊人。台湾几乎每年都受到台风的侵袭，并且经常造成严重的损失。同样，台风每年也会给大陆沿海地区造成很大的损害，也是中国大陆沿海主要灾害之一。两岸在防范台风灾害方面既有合作的必要，也有现实条件。两岸台风灾害安全合作的主要内容有：一是加强台风信息的交流与通报。两岸可以紧密依托闽台两岸灾害合作平台，加强天气预报方面的合作。二是两岸在台湾海峡附近联合建立监测点。台湾主要负责台湾海峡东岸，大陆负责西岸的监测点建设，并使相关的天气预报数据完全共享。三是两岸共同在南海建立气候观测点，加强对台风的监测。四是两岸建立起台风灾害气象主管部门的电话及现场会商机制。五是两岸共组专家学者攻克台风研究的难点，并建立相应的台风研究数据及模式，从而为两岸防范台风侵扰提供科学决策参考。

2. 两岸地震灾害安全合作模式

地震是构成地壳的岩石在破裂时所发出来的震动，这种地壳的错动现象，会突然释放巨大的能量，从而引起大地的震动，就是地震。台湾岛介于菲律宾海洋地块与大陆地块的交界处，也就是环太平洋的地震带上，地震活动非常活跃。中国大陆位于环太平洋灾害带和北半球中纬度灾害带的交汇处，也是地震多发区域。过去几十年，中国大陆发生的重大地震不少，给大陆人民造成了重大的损害。两岸地震灾害安全合作的模式主要内容包括：一是两岸应加强信息合作与交流；二是两岸共同建立地震观测点；三是两岸应建立平时和灾时的沟通机制，包括电话沟通机制以及信息传递机制等；四是两岸共同组织专家学者攻克地震专题，并建立相应的模式，为决策提供科学依据。

3. 两岸核能灾害安全合作模式

两岸进行核能灾害安全合作完全有其必要。现在，核能已成为两岸重要的能源来源。两岸都有不少核电厂，如果因为地震或其他自然灾害引发核能安全事故，则会给两岸人民带来极大的灾难。两岸加强核能灾害合作完全有其必要性和现实可行性。在日本核电危机灾害的冲击与影响下，两岸加强了核电安全合作的步伐，目前两岸已签署核安全合作协议书，为两岸合作提供了帮助。未来两岸应就如何落实核安全协议、加强核安全信息沟通等方面进行深度的合作。

第三章　两岸食品安全合作

　　民以食为天。食品安全事关民众的健康与生命安全，与每一个人的生活息息相关。食品安全历来都是关乎消费者健康与生命安全的民生问题，随着经济全球化和国际食品贸易的增长，食品安全问题越来越受到全球的关注。保障食品安全已成为保护人类生命健康，提高人类生活质量，促进食品贸易和维护世界和平与发展的重要基础。当前，食品安全已成为一个遍及全球的公共卫生问题，它不仅关系到人类的健康生存，还关系到经济社会的稳步快速发展。无论是发达国家还是发展中国家，食品安全问题都备受社会各界关注。随着食品加工过程中化学用品和新技术的广泛使用，新的食品安全问题不断涌现。尽管现代科技有了长足进展，但食源性疾病不论在发达国家还是发展中国家，都没有得到有效控制。而且，伴随经济全球化进程的快速推进，食品国际贸易更为频繁，食品安全问题也就更容易在大范围蔓延，造成更大的影响。鉴于食品安全事件对世界各国人民生命健康造成的巨大威胁以及对全球社会、经济、政治带来的巨大影响，食品安全已成为当今世界各国高度重视和优先考虑解决的重大问题，已被列为继人口、资源、环境之后的当今第四大社会问题。

　　当前随着两岸经贸及人员往来的快速增长，两岸食品相互销售的情形越来越普遍，食品安全不但是两岸经贸交流中的头等大事，而且越来越成为影响两岸关系发展的一个重要议题。食品安全本身属于质量问题和卫生问题，它无涉过多的政治议题，从性质上不是政治问题。但在较为敏感的两岸关系背景下，食品安全问题又常常容易被台湾某些政治势力加以利用和炒作，演变为纯粹的政治议题，成为台湾内部政治斗争的工具，从而对两岸关系的良性互动带来影响。事实上，无论是2008年大陆发生的"三聚氰胺"事件，还是2010年台湾发生的"塑化剂"风波，都对两岸民众的食品安全构成了极大的挑战，对两岸关系的影响也非同小可。因此，加强两岸在食品安全方面的互动与合作，不但可以为两岸民众提供更加健康安全的食品，而且也可以减少和降低食品安全议题对两岸关系的负面影响，减少两岸危机事件的引爆点。

第一节　中国大陆食品安全管理

食品安全一直是困扰中国大陆社会经济发展的一个重大难题，当前中国大陆食品安全问题比较突出，食品安全事件时有发生。自 20 世纪 80 年代以来，中国大陆的食品安全问题日益严重，从最初曝光的二恶英、红汞、甲醛（福尔马林）、激素、面粉添加剂（过氧化苯甲酰）、面粉漂白剂、假酒（甲醇）、洗衣粉油条、陈化粮毒米、苏丹红、瘦肉精、铁酱油、毛发酱油，到牛奶业普遍使用三聚氰胺，养殖业普遍滥用抗生素，食品工业违规滥用食品添加剂、滥用氢化油（反式脂肪酸）、农药残留严重超标等，直到近几年的转基因食品问题等等。这些问题已给人民生命健康带来严重的威胁，特别是当前各种食品安全事故频频发生，人们对食品的信任度大为降低。在当前经济体制改革与转型的特殊而复杂的历史时期，食品安全问题如果处理不好，不单单是涉及民众健康安全的问题，更易成为影响甚大的社会问题和心理问题，甚至有可能演变为复杂的政治问题。

尽管当前中国大陆的食品安全问题很多，但近年来政府加强了对食品安全问题的管理与治理，经过多年的不懈努力，中国大陆目前已基本上建立起食品安全的管理机制和应急机制，为保障整个中国大陆的食品安全发挥了重要的作用。

一、中国大陆食品安全管理组织体系

目前，中国大陆已初步建立健全食品安全管理的组织机构，形成了相对完整的食品安全组织体系，这对于保障中国大陆的食品安全发挥了重要的作用。在中央层级，食品安全管理工作主要由食品药品监督管理总局、国家工商行政管理总局、国家质量监督检验检疫总局、卫生部、农业部、商务部、税务总局、交通运输部、环境保护部等部委共同管辖；在地方层级，省市县各级行政单位都分别设有相应的延伸机构，每个机构都有自己的具体结构和管理权限。下面就中国大陆负责食品安全管理的相关单位的职责进行简要介绍。

（一）食品药品监督管理总局

食品药品监督管理总局是国务院综合监督食品安全管理的直属机构。它作为综合负责食品安全的监督和组织协调部门，并不能代替具体监管部门的职能，只负责监督各项食品安全监管工作的实施。食品药品监督管理总局在食品安全领域的主要职责包括：①组织有关部门起草食品、保健品、化妆品安全管理方面的法律、行政法规；②组织有关部门制定食品、保健品、化妆品安全管理的综合监督政策、工作规划并监督实施；③依法行使食品、保健品、化妆品安全管理的综合监督职责，组织协调有关部门承担食品、保健品、化妆品安全监督工作；④依法组织开展对食品、保健品、化妆品安全的专项执法监督活动；⑤组织协调和配合有关部门开展食品、保健品、化妆品安全重大事故应急救援工作；⑥综合协调食品、保健品、化妆品安全的检测和评价工作；⑦会同有关部门制定食品、保健品、化妆品安全监管信息发布办法并监督实施，综合有关部门的食品、保健品、化妆品安全信息并定期向社会发布。

（二）卫生部

卫生部主要负责承担食品安全综合协调职责，其主要职责为：①负责食品安全风险评估；②负责食品安全标准制定；③负责食品安全信息公布；④负责食品安全检验机构的资质认定条件和检验规范的制定；⑤组织查处食品安全重大事故等。此外，卫生部还负责进出口食品安全管理的相关法律的起草、特殊产品（如新式食品、功能食品、食品包装和添加剂）的审批工作，以及负责监督食品抽样和分析工作等等。从总体情况来看，卫生部是当前中国大陆食品安全管理环节中最为核心的部门。

（三）农业部

农业部主管种植养殖过程的安全。其职责主要为：①负责农田和屠宰场的监控以及相关法规的起草和实施工作；②负责食用动植物产品中使用的农业化学物质（农药、兽药、渔药、饲料及饲料添加剂、肥料）等农业投入品的审查、批准和控制工作；③负责境内动植物及其产品的检验检疫工作。在农业部的内部诸机构中，几乎所有业务部门都与食品安全工作有关，主要包括市场与经济信息司、种植业司、畜牧兽医局、渔业局、产业政策与法规司、科技教育司等。

（四）国家质量监督检验检疫总局

国家质检总局主要负责食品生产加工和出口领域内的食品安全控制工作。负责食品安全的抽查、监管，并从企业保证食品安全的必备条件抓起，采取生产许可、出厂强制检验等监管措施对食品加工业进行监管，建立与食品有关的认证认可和产品标识制度。特别是出品食品加工厂的注册、出口动物和植物性食品检查、活体动物的进出口检疫、出口检验检疫证书的发放等。省级进出口检验检疫局和县级分支机构，都直接对国家质检总局负责。目前，国家质检总局基本建设形成了包括食品安全监督管理体系、进出口动植物检验检疫体系、食品安全标准体系、食品安全检验检测体系、食品安全认证体系、食品安全进出口技术性贸易壁垒体系等六大体系。

（五）商务部

商务部作为流通领域的行业管理部门，侧重于食品流通的管理工作。其主要职责包括：①起草流通领域食品安全管理的法规草案及制定部门规章；②研究制定食品流通行业发展规划；③推动流通领域食品安全标准的出台；④提出商务部职能范围内的食品安全风险监测计划并组织实施；⑤协调商务部与相关部门间食品安全工作，配合卫生行政部门食品安全事件的应急处理。从总体上看，商务部主要是肩负指导、督促流通企业建立食品安全管理制度，规范经营行为，提高食品安全保障能力的重要责任。近年来商务部的职能发挥主要是通过积极开展"争创绿色市场"活动，整顿和规范食品流通秩序，建立健全食品安全检测体系，监管上市销售食品和出口农产品的卫生安全质量。

（六）工商行政管理总局

工商行政管理总局主要负责组织实施市场交易秩序的规范管理和监督，对食品生产、经营企业和个体工商户进行检查、审核其主体资格、执行卫生许可前置审批规定。同时，查处假冒伪劣产品和无证无照加工经营农副产品与食品等违法行为。

（七）其他部门

除了以上部门外，还有一些政府机构也参与食品检验和控制。如科技部负责食品安全的科技攻关等项目，交通运输部的食品安全监督司参与自己职责领域内的食品安全检验工作；环境保护部参与食品的产地环境、养殖场和食品加工流通企业污染物排放的监测和控制工作。

二、中国大陆食品安全管理的法律体系

1949 年之后大陆方面不断推动在食品安全领域的法制建设。例如，1949 年卫生部发布了单项规章、标准，如《清凉饮料食物管理办法》《食用合成染

料管理办法》等。1964 年国务院颁布了《食品卫生管理办法试行条例》，加强了政府对食品卫生法制化管理的力度，食品卫生管理由单项规章过渡到全面管理，开始步入法制化管理的轨道。1979 年，国务院颁布了《食品卫生管理条例》，食品卫生管理的重点从预防肠道传染病发展到防止所有食源性病患的新阶段。1982 年，全国人大常委会审议通过《中华人民共和国食品卫生法（试行）》，规定国家实行食品卫生监督制度，规范了食品、食品添加剂、食品容器、包装材料和食品用工具、设备的卫生要求，明确了食品生产经营企业及从业人员的法律责任，建立了许可制度。随后的十多年中，大陆加快了食品卫生标准和管理办法的法制建设，颁布了与食品卫生试行法配套的规章、标准及技术规范等，加速了大陆食品卫生安全法律体系的建设进程。特别是改革开放以来，随着中国大陆法制建设的不断进步，中国大陆在食品安全方面的立法保障不断得到加强。

1993 年 2 月 22 日，第七届全国人民代表大会通过了《中华人民共和国产品质量法》，该法加强了对产品质量的监督管理，对提高产品质量水平，明确产品质量责任，保护消费者的合法权益，维护社会经济秩序等方面进行了法律规范。2000 年又对该法进行了全面的修改，主要对产品质量的监督、销售者的产品质量责任和义务、损害赔偿进行了具体的规定。它适用于包括食品在内的经过加工、制作用于销售的一切产品。它是我国加强产品质量监督管理，提高产品质量，保护消费者合法权益，维护社会经济秩序的主要法律。

1995 年 10 月 30 日，八届全国人大常委会审议通过《中华人民共和国食品卫生法》，这部食品卫生法相对以上的法律法规，技术性强，直接授予强制性较强的行政权，明确了各级政府卫生行政机关是食品卫生监督的执法主体，强化了行政机关的执法责任。该法律对食品卫生准入实施较为全面的安全监控，同时也对食品安全效能实施全过程的监督制度，这为我们的食品安全提供了有力的保障。

2009 年 6 月正式实施的《中华人民共和国食品安全法》完全取代了之前行之多年的《中华人民共和国食品卫生法》，这标志着大陆加强了对食品安全的监管力度。从调整环节看，与《食品卫生法》将种植业、养殖业排除在调整范围外不同，《食品安全法》的调整范围不仅涵盖了加工食品的生产、食品流通和餐饮服务，还涵盖了食用农产品的生产，从而体现了全程监管的思想；从调整对象看，《食品安全法》的调整对象不仅包括食品，还包括食品添加剂、食品相关产品（用于食品的包装材料、容器、洗涤剂、消毒剂和生产经营工具、设备），从而体现了全面监管的思想。2015 年 4 月 24 日第十二届全国人民代表大会常务委员会第十四次会议又对该法进行了一些修订，修订后的新法于 2015 年 10 月 1 日起正式施行，被称为史上最严的食品安全法。它完善统一权威的食品安全监管机构，由分段监管变成食药监部门统一监管；明确建立最严格的全过程的监管制度，对食品生产、流通、餐饮服务和食用农产品销售等各环节都进行了细化和完善，进一步强调了食品生产经营者的主体性和监管部门的监管责任；更加突出预防为主、风险防范，对食品安全风险监测、风险评估这些食品安全中最基础的制度进行了进一步的完善；实行食品安全社会共治，充分发挥各个方面，包括媒体、广大消费者在食品安全治理中的作用；突出对特殊食品的严格监管；加强了对农药的管理；加强了对食用农产品的管理，将食用农产品的市场销售纳入了食品安全法的调整范围；建立了最严格的法律责任制度等。

从总体上看，中国大陆关于食品安全与质量的法律法规以及标准等的法律体系基本框架已经确立起来。当前，中国大陆食品安全的法律体系主要是以《中华人民共和国食品安全法》为主导，包括全国人大及其常委会制定的《中华人民共和国食品安全法》《中华人民共和国产品质量法》《中华人民共和国进出口商品检验法》和《中华人民共和国国境卫生检疫法》等近 20 部与食品安全相关的法律，国务院制定的《农药管理条例》《兽药管理条例》《生猪屠宰管理条例》等近 40 部相关行政法规，国务院食品监管部门制定的《无公害农产品管理办法》《新资源食品卫生管理办法》《转基因食品卫生管理办法》等近 150 部相关部门规章。从目前来看，大陆正逐渐健全并完善食品安全监测保障体系。

随着中国大陆对食品安全问题重视程度的日益提高，政府制定并实施了一系列旨在保证食品安全或者与之相关的法律法规，为大陆食品安全的监管工作奠定了法律基础。目前中国大陆食品安全法规体系日趋完善。形成了以《中华人民共和国农产品质量安全法》《中华人民共和国食品安全法》《中华人民共和国标准化法》以及《中华人民共和国进出口商品检验法》等法律为基础，以涉及食品安全要求的大量技术标准等法规为主体，以各省及地方政府关于食品安全的规章为补充的食品安全法规体系。但我们要看到，目前食品安全法律体系仍然不健全和不严密，许多食品问题和食品法律、法规、标准之间的矛盾无法调和和平衡，食品安全问题仍在不间断发生。这说明中国大陆在食品安全领域虽然并非无法可依，但是立法的规范性和成效却始终不尽如人意。虽然目前大陆的食品安全法律体系中，与食品生产过程，流通过程等有关的法律法规相对比较多，但目前尚未有专门针对食品供应链制定有关的法律规定。例如，虽然《中华人民共和国食品安全法》已实施多年，但是食品安全法律体系对田间操作等初级生产过程安全操作和潜在威胁重视仍然不够，相关配套法律法规没有出台。这是一个很大的缺失。

三、中国大陆食品安全管理的历史演变

中国大陆对食品安全的管理经历了一个相当漫长的历史过程。建国初期，当时的中国大陆完全是人口众多、贫穷落后的社会状况。食品的高度缺乏使政府不得不把解决温饱作为食品发展的首要目标，即注意对食品数量的要求。因此，当时食品问题就是要保障食品供应数量，即提高农业生产效率、增加农产品产量。

而中国大陆严格意义上的食品安全管理应始于1979年，其标志就是《中华人民共和国食品卫生管理条例》的出台，其意义相当重要，它标志着中国大陆食品安全管理开始萌芽。此后，1982年修订并正式试行《中华人民共和国食品卫生法（试行）》，1984年中国大陆食品安全控制开始转向主要解决食品质量安全问题的历史新阶段。

从1984年至2000年，应是中国大陆食品安全管理的起步阶段。特别是整个90年代中国大陆兴起的"绿色食品"计划，标志着中国的食品安全计划已正式起步。而1995年正式实施《中华人民共和国食品卫生法》无疑是从法制的角度来加以规范。在这个阶段里，中国大陆在食品安全控制方面主要实施的是绿色食品模式和HACCP模式。

从2001年以来的最近十多年则是中国大陆食品安全步入新阶段的重要时期。在这一阶段，大陆对食品安全的重视程度空前提升，主要表现在以下几个方面：一是政府因应食品安全问题而对机构进行改组与重组，2003年成立国家食品药品监督管理局。这个机构与美国的FDA职能相类似，旨在加强食品安全。二是政府与社会对食品安全科技投入大大增加，食品安全科学建设提速，绿色食品产业进程明显加快。特别是食品安全市场准入制度的实施，有效提升了食品安全水平。三是加强对食品安全的全过程监管体系及机制建设。政府对食品安全问题由针对初级生产环节的控制、被动应付、单一生产环节的重视转向全程综合控制，范围扩大到食品生产、加工、流通及消费等全过程。在农业

生产环节，将在起步期实施的绿色食品模式进一步发展为无公害、绿色、有机三类食品共同推进的三位一体发展模式。增加了无公害食品认证、有机食品认证。在食品加工环节，继续实施以 HACCP 为主体的控制模式，具体控制方式开始综合运用 GMP、SSOP、ISO 等多种方式。在物流配送、市场销售等流通环节，开始实施市场准入、检验检疫制度、配套食品认证制度、HACCP 认证制度。

近年来，大陆方面先后制定颁布了《中华人民共和国食品安全法》《中华人民共和国产品质量法》《中华人民共和国农业法》《中华人民共和国进出口商品检验法》和《中华人民共和国国境卫生检疫法》等法律及一系列法规和规章，并陆续发布实施了 2157 项食品标准，使食品安全管理工作逐步进入了法制化轨道，在保障食品安全，促进食品生产、经营和贸易方面发挥了重要作用。

四、中国大陆食品安全管理面临的主要问题

近年来，我国食品安全的质量在总体上还是不断提高，但食品安全的状况并不容乐观，特别是屡屡出现一些重大的食品安全事件，其原因主要有以下几个方面：

（一）食品安全社会意识淡薄

在中国大陆，整个社会对食品安全的意识仍然相当淡薄，特别是消费者本身的食品安全意识缺乏。消费者作为食品市场活动的主体，如果缺乏食品安全意识，会对食品消费活动的持续发展产生负面的影响。

（二）食品安全监管体制不力

以目前大陆食品安全管理体系来看，它是把对食品安全的监管职责分配到诸多的部门。例如《食品安全法》就规定，"国务院质量监督、工商行政管理和国家食品药品监督管理部门分别对食品生产、食品流通、餐饮服务活动实施监督管理"。尽管这种分工负责有其一定的必要性，但由于这些部门之上没有一个领导部门，如果有事需要协调，则要经过层层关卡，层层报告，降低了行政效率。

（三）食品安全行业自律缺乏

食品安全涉及面相当广，建立有效的食品安全保障体系，离不开产业界包括生产者和进口商、加工者、销售商、食品服务、贸易组织等有关各方的密切配合。我国目前的食品安全体制管理仍然是一个由上而下的管理体制，法律法

规的出台、标准的制定、检验检测体系的建立、认证认可体系的建立并不是完全根据行业的现实情况出发的，这样就容易造成管理虚化的问题。很多具体管理制度实际上执行不下去。

（四）食品安全危机管理不足

当前，快速应急能力不足是中国大陆食品安全危机管理体系一大缺失，特别是应急反应机制的建设相当滞后。缺乏规范和持续性地打击假冒伪劣商品的过程，使得中国大陆的食品安全问题难以摆脱"泛滥—打击—暂时缓解—再度猖獗—再次打击"这样的恶性怪圈，无法从根本上解决食品安全的问题。因此，有必要从制度层面来加以改进和规范。

（五）食品安全监测技术落后

目前我国食品安全状况之所以不佳，也与从事食品安全相关专业人员的严重缺乏，以及我国检测技术的普遍落后有关。目前尚缺乏完善的食品安全标准、食品质量检测和食品安全监测体系，缺乏开展全面、规范的食品风险分析的技术平台。这些都是需要改善之处。

五、中国大陆食品安全管理未来发展的方向

从上面的分析来看，目前中国大陆食品安全管理仍然存在诸多的不足，为了改变这种局面，有必要对现行的食品安全管理体制进行创新。

首先，创新食品安全管理的机制体制。

食品安全管理体制的核心就是要实现"从农田到餐桌"的全过程规范化管理，这就需要对食品安全管理机构的合理分工，特别是要设立权威的食品安全管理部门。在此基础上，充分借鉴美国经验实行食品安全机构联合监管制度，建立中央政府和地方政府既相互独立又相互协作的食品安全监督网。在省市县和全国全面监督食品的生产与流通。目前的监管体制是一个监管环节由一个部门监管的分段监管方式，未来应进一步理顺食品安全监管职能，并逐步建立起完整的由上到下的独立的垂直监管系统，并充分发挥地方食品安全管理体系的作用，由各级政府负责所辖区域的食品安全监管工作，实行主管领导问责制。国家标准的领先性和及时修订是确保全国各地食品安全监管机构相互配合的重要前提。在健全食品安全管理机构中，我们可以借鉴国际社会的先进经验。世界各国大致形成了两种食品安全管理模式。一类是以美国为代表的多部门共同负责的模式，强调通过较为明确的管理主体分工来实现对食品安全的全过程监

管，另一类是以欧盟、加拿大为代表的由一个独立部门进行统一管理的模式，它是为有效控制风险，将食品安全管理部门统一到一个独立的食品安全机构。①

其次，推行食品安全强制性管制措施。

食品安全直接关乎人的健康与生命安全，它比其他任何一种与健康相关的政府活动更需要连续和强制性的管理。而对食品安全生产企业实行强制性管制是提高食品安全水平的基础。目前，我国在食品安全管理的实践中，普遍存在执法不严、违法不究或处罚较轻的问题，特别是对产品的追踪、检查以及召回等还存在不少薄弱之处。因此，扩大执法部门的检查权，包括检查食品生产和销售记录，强制被管理企业把有关不符合法律规定的食品信息向管理机构通报，要求有关组织提供农药、兽药使用的记录等。此外，制定全国性的食品安全政策，颁布全国性的食品安全法规，实施统一的食品安全标准。同时，建立食品安全风险分析与风险评估制度，进行危害预测，在食品安全危险可能对社会造成损害时，决定所采取的措施，通报国内外各地的食品安全信息。

再次，提升社会大众的食品安全意识。

食品安全的实现有赖于社会上每一个人的积极参与和努力。鉴于全球性的食品安全问题不断出现，重视对消费者的教育和宣传，倡导建立一种政府、企业、学术界和消费者共同保障食品安全的新型管理模式。以消费者健康与安全为核心，重新建立足以控制各环节风险的食品安全体系是发达国家食品安全管理体制变化的总趋势。鼓励社团的参与，特别是鼓励消费者积极参与到监督食品安全中去，这是非常重要的一环。因此，政府有责任和义务加强对消费者关于食品安全知识及意识的教育和宣传。

第四，要加强完善食品安全法制建设。

我国目前已初步建立了食品安全法律规制体系，并有一定作用的发挥。食品安全监督管理呈现出从过去多头管理到现在的集中统一管理，从过去重视食物链的重点环节监督管理向现在的加强食物链的全过程监管，从政府部门监管为主向重视发挥社会力量的作用等的总体发展趋势。从事后的制裁发展到事前的预防，从分割式监管到针对食品链全过程的监管，是中国食品安全规制理念和行动的重大改变。主要是指在质量管理和安全卫生控制方面，要适应国际惯例和进口国法规要求，用国际标准统引国内立法，换言之，食品安全标准和食

---

① 秦富、王秀清:《欧美食品安全体系研究》，中国农业出版社 2003 年版。

品安全法规范，必须要符合国际标准，并在可能与必要的情况下，高于国际标准。

最后，建立食品安全危机的应对机制。

近年来发生的一系列重大食品安全事件表明，食品安全突发事件已对公共卫生安全、对经济和社会的稳定产生了重要的影响。处理突发性公共安全事件是政府执政能力的重要表现。当前应加强针对突发食品安全事件的应急处理机制建设。一是紧急风险的识别。通过建立一整套监控程序来系统地搜索、收集和处理数据信息，如果有信息表明将可能产生严重的紧急风险，管理机构应启动应急机制。二是建立快速预警系统，为了快速识别直接或间接影响人类健康的有关食品领域内的风险，应在全国范围建立一个快速识别网络系统。三是对紧急事件制定应对措施。当有明显的证据表明食品极有可能包含对人类健康、动物健康和环境带来风险的因素，应禁止市场产品流通，收回或召回食品或饲料以及采取必要的快速行动。

第二节　台湾地区食品安全管理

台湾地区的农业生产规模虽小，但台湾食品和农产品出口已经发展得相当成熟、规范，形成了一整套健全完整的运作体制和管理体系。台湾在工业化进程中也曾扮演过"世界工厂"的角色，当时的台湾制造一度曾是低质、廉价商品的代名词，台湾企业付出了长期艰辛的努力，才扭转了恶劣形象，使得台湾制造享誉海内外，在国际市场倍受推崇。但2011年爆发的"塑化剂"风波，使享誉"高品质"的台湾制造蒙受阴影，对台湾食品产业无疑是一个巨大的冲击。另外，此次卷入塑化剂产销供应链的商家众多，消费者几乎包括岛内全体普罗大众，民众安全感丧失，恐慌担忧之情溢于言表，社会信任受到严重冲击。较之相关产业、商家的直接损失，这些危及台湾整体品牌形象、危及社会信任的损失更加巨大，甚至无可估量。

一、台湾地区食品安全管理的组织体系

台湾地区的食品安全卫生管理体系建立在"食品卫生管理法"的基础之上。早在1975年，台湾便发布实施了"食品卫生管理法"，但其后整个食品安全卫生管理体系仍然相当脆弱。在经历了1980年的"多氯联苯事件"后，台湾当局

才对其食品卫生管理体系进行改革。经过反思与检讨，1981年7月，台湾当局通过了"加强食品卫生管理方案"，在"行政院卫生署"设立了食品卫生处，并于其后数年间在各县、市卫生局设立了食品卫生科（课），及大量增加食品卫生检验人员。也间接推动了"卫生署环保局"的成立。至此，方才初步完成了台湾地区食品安全卫生管理体系的构建。

目前台湾地区的食品安全管理的组织体系完全根据食品生产、加工、供应链的三个环节，来实施对食品（含原料）安全卫生监管的职能，例如，在原料生产环节，主要由"行政院农委会"负责；在市场流通部分则由"行政院卫生署"负责；而边境管制则由"经济部标准检验局"负责。这三个环节是协调运作的关系。具体负责食品安全管理工作的主要部门为：

1."行政院农业委员会"（简称"农委会"）

"农委会"负责食品原料生产监管，但原料生产所涉及的环境标准的制定、发布则为"环境保护局"的职权。在"农委会"的内部单位有畜牧处、企划处等。"农委会"直属机构"动植物防疫检疫局"的职责就是推动猪瘟及口蹄疫防疫工作，协调及督导地方防疫机关落实动物防疫工作；"农业试验所"主要负责农园艺作物之遗传育种、品种改良及栽培技术改进等；"农业药物毒物试验所"主要负责农药研究与发展，农产品残留有害物质管制，植物保护新方法开发，技术服务及订定各种检定方法与评估标准，以确保农药之安全使用与农产品之安全品质。

2."行政院卫生署"（简称"卫生署"）

"卫生署"及其下属的"食品卫生处"主要负责食品市场的流通监管。根据台湾当局的"食品卫生管理法"第26条规定，食品卫生检验由各级主管机关所属的食品卫生检验机构办理，在"卫生署"层面即由"药物食品检验局"办理。但必要时，可以将其一部分或全部委托其他检验机构、学术团体或研究机构办理。此外，"卫生署"通过其下属的"食品卫生处"对输入、输出食品进行政策管理和证照核发，并委托"经济部标准检验局"具体负责口岸输入食品的管制与查验（注：即进口食品监管）。

3."经济部标准检验局"（简称"标准局"）

"标准局"受"卫生署"的委托，主要负责口岸输入食品的管制查验，以及依据"商品检验法"等受理输出食品厂商的委托检验。

除了上述几个重要的职能部门外，"行政院环保署""国家卫生研究院"以及台湾各县市的卫生局等单位也在台湾地区食品安全管理组织体系中扮演不可或缺的角色。总之，上述这些部门既分工又合作，共同行使食品安全管理职能，构成了台湾地区官方食品安全卫生管理体系。

二、台湾地区食品安全管理的法律体系

台湾目前已经建立起了比较完备的食品安全管理法律体系。台湾的食品安全管理体系架构在"食品卫生管理法"基准之下，依食品供应链的三个主要环节，分别由各相关单位负责执行。"食品卫生管理法"对食品卫生管理，食品标示及广告管理，食品业卫生管理、查验及取缔、处罚等都有相当明细的规定。

与"农委会"相关的法律法规及标准规范包括"农产品生产及验证管理法""产销履历农产品验证管理办法""农产品验证机构管理办法""农产品检查及抽样检验办法""有机农产品及有机农产加工品验证管理办法""进口有机农产品及有机农产加工品管理办法""农产品标章管理办法""农产品产销履历委托认证实施要点""农产品产销履历验证管理作业要点""农产品产销履历验证机构认证规范""产销履历验证机构认证作业要点"等等。与"卫生署"相关的法律法规及标准规范有"食品卫生管理法"及其"施行细则"、"健康食品管理法""食品卫生标准""输入食品查验办法""动物用药残留标准""食品重金属、有害人体健康物质限量标准""食品卫生检验方法""残留农药安全容许量""食品添加物使用范围、限量及规格标准""包装食品营养标示规范""健康食品申请许可办法""健康食品规格标准""健康食品查验委托办法""健康食品之功能评估方法"等等。"标准局"受"卫生署"的委托，主要负责口岸输入食品的管制查验，以及依据"商品检验法"受理输出食品厂商的委托检验。与之相关的法律法规及标准规范有"食品卫生管理法"及其"施行细则"、"商品检验法""商品检验业务委托办法""商品监视查验办法""输入食品查验作业要点""输入活、生鲜、冷藏水产品查验作业要点"等。

三、台湾地区食品安全管理的制度体系

目前台湾地区食品安全管理在制度建设方面取得了不少的成就，包括国际通行的"追溯制度""优良农产品制度"、认证制度等在台湾都已建立起来，对台湾食品安全管理做出了重大的贡献。

（一）严格实施食品追溯制度

台湾是世界第一个实行加工食品追溯制度的地区，台湾当局对相关食品加工业实行了"追溯系统计划"，建立了"加工食品追溯网"。这是台湾当局在制度设计方面的重要作为，这一制度对食品生产者及销售者等构成压力，从而确保"从农田到餐桌"的全过程透明监控管理体系的完善。体现在农产品上，就是所谓的"农产品产销履历（TAP）"制度，消费者只要将具有生产履历的农产品，透过大卖场或超级市场设置的"农产品产销履历资讯查询系统"进行查询，就可以了解该产品的生产者、产品来源地、田间施肥、用药以及农药检验是否合格等信息。该制度从 2004 年推行至今效果非常明显，目前已在台湾全面施行。

（二）强化食品生产验证制度

多年来台湾当局一直强化对食品安全的管理工作，特别是不断加强对食品安全卫生管理的制度创新。这是台湾当局食品安全主管部门积极加强在食品安全方面的作为。在台湾地区，"优良农产品制度（CAS）"至今已实施了几十年，所涉及的食品包括肉及其制品、冷冻食品、果蔬汁、食米、腌渍蔬果、即食食品、冷藏调理食品、生鲜食用菌、酿造食品、点心食品、蛋品、生鲜截切蔬果、水产品及林产品等 14 类产品。但是，台湾当局有关主管部门并未停止食品、农产品安全卫生管理方面的探索和创新。"农委会"为加强对上市之前农产品（含食品原料）的生产及管理，特别制定"农产品生产及验证管理法"作为管理的依据，并积极规范农产品产销履历（TAP）、优良农产品（UTAP）与有机农产品（OTAP）制度之规范，自 2007 年 6 月 14 日起已正式实施自愿性之 TAP 制度，并以 2015 年为全面施行的目标；UTAP 制度已于 2010 年全面取代现行 CAS 制度；而 OTAP 制度也于 2009 年正式在台全面开始实施。

（三）实施食品风险评估制度

食品风险评估制度是使消费者随时参与食品安全监管的重要制度创新。为了让消费者随时掌握食品安全，台湾方面建立了"食品消费红绿灯机制"，根据业内专家对食品安全性实施的风险评估结果，将可能发生的食品安全问题给予不同的信号提示。官方建立了"食品消费红绿灯资讯网"，只要消费者上网查询，即可了解所面临的食品安全问题的风险程度。

（四）健全民间社会监督制度

台湾"卫生署"设立"黑心食品"检举免费专线。而民间相关的财团法人社团组织、基金会、公益组织也积极参与监督与促进，从而使台湾民间社会对食品安全的监督网络比较完整。例如，在每年中秋节前后，民间组织"消基会"就会召开"市场月饼检测发布会"，公布最近抽查市场上销售月饼的调查结果，其调查结果多发布在各个网络及平面媒体上，官方的"消保会"也会不定期抽检市场上销售的食品，不合格者则会由相关单位依照情节督促改善、罚款、勒令停业等。"消基会"和"消保会"也会联手定期或不定期公布一些资讯。

四、台湾地区食品安全管理的不足

台湾地区在食品安全管理方面有一些成效，但也并非尽善尽美。事实上，近年来台湾地区也爆发多起食品安全事件，对台湾地区食品安全带来很大的负面冲击和影响。

表 1：台湾地区 2004 年以来爆发的食品安全重大事件一览

时间	重大食品安全事件	备注
2004 年	"壮阳药咖啡"事件	台湾艺人高凌风代言的"火鸟咖啡"，被检验出违法添加壮阳西药 Tadalafil（犀利士）成分，已涉违禁药刑事案件。
2005 年	"病死猪肉粽"事件	—
2006 年	"孔雀石绿风暴"事件	由香港媒体报道来自台湾的石斑鱼检出孔雀石绿，台湾"渔业署"抽检 36 件石斑鱼样品，发现有 14 件不合格，从代谢物中检出还原型孔雀石绿残留，引发各界关切。
2007 年	"假鳕鱼"事件	卖场使用在香港禁止作为食用鱼类贩卖的鱼冒充鳕鱼，导致消费者肠胃发生不适。
2008 年	"树脂燕窝"事件	2008 年台湾发生"树脂燕窝"事件以及"假鱼翅"事件、"毒茼蒿"事件等。
2009 年	"喂猪饲料米充白米"事件	台北县发现有粮商与粮仓管理人勾结，将未碾碎的过期公粮偷运出去，当作最新大米贩卖，或当作中小学营养午餐用米。至揭露时已经有三四千吨过期公粮流入市场。
2010 年	"黑心油豆腐"事件	—
2011 年	"塑化剂风波"事件	塑化剂风波事件酿成一次重大食品安全危机，波及全台 150 多家业者，受污染产品也扩大到 500 多项，甚至连台湾食品企业统一集团的产品也牵涉其中，其影响范围包括两岸暨港澳。

时间	重大食品安全事件	备注
2013 年	"胖达人"事件	台湾食品卫生单位突击检查发现,此前以"纯天然"为卖点,风靡全台的"胖达人"面包违规添加 9 种人工香精,涉嫌以虚假广告欺骗消费者。
2013 年	"大统"事件	台湾彰化检方查出,大统长基公司制造的 100% 特级橄榄油不仅掺混廉价葵花油及棉籽油,还违规添加禁用的"铜叶绿素"。该公司制造的花生油也完全没有花生油成分,而是以色拉油混合芥子油,再以化学香精提味而成。而所谓 100% 胡麻油经查却是以部分胡麻油掺混色拉油制成。
2014 年	"馊水油"事件	台湾警方通报称,在台湾南部的屏东和高雄市,查获一些地下工厂以"馊水油"(内地称为"地沟油")等回收废油混制劣质食用油,而台湾知名油脂供应商强冠公司以低价购入这种劣质食用油,制成"全统香猪油",销售给岛内 235 家下游企业用以生产食品,涉案油品达数百吨。

近年来台湾地区爆发的食品安全事件,不但严重损害台湾食品的声誉,而且也说明台湾地区食品安全卫生管理仍然面临着许多挑战。其原因主要与近年来台湾当局对食品安全管理的投入太少,以及管理机构、专业人士和民众之间关于食品安全风险的交流不足等因素有关。

第三节　海峡两岸食品安全合作

当前,随着两岸社会群体互动节奏的加快,两岸社会及人员接触日益增多,在此情势下,两岸食品相互销售的情形大为增加,食品安全问题无疑会成为影响两岸关系发展的重要变量。两岸关系发展的根本目的就是要为两岸人民提供更为优质的生活品质以及更好的生活水准,而提供健康安全的食品无疑是海峡两岸官方为民众提供服务的应尽之责。特别是对于中国大陆而言,在经济快速发展的情势下,大力加强两岸食品安全合作,提升食品安全质量,努力为全体中国人提供健康食品不但是应尽之责,更是当前在两岸互动中排除负面干扰,争取台湾民心工作的重要一环。事实上,因食品安全事件而影响两岸关系良性互动的案例并不少见。最突出的就是 2008 年发生的"三聚氰胺"牛奶事件。当时，台湾分离主义势力大肆攻击，加深台湾民众对大陆的负面认知，这给我方争取台湾民心工作的开展造成了相当负面的影响。

虽然"三聚氰胺"牛奶事件及"塑化剂"事件等影响两岸的食品安全的危机事件属于突发性个案，但不难想象，随着大陆和台湾经贸往来日趋紧密，食品等民生消费品贸易规模必将更加成长，未来难免会再次发生类似的食品安全事件。因此，当前应未雨绸缪，对深化两岸食品安全合作的迫切性和重要性有全新的认识。

一、两岸食品安全合作现况

20世纪80年代末90年代初，台湾企业特别是台资食品企业就开始进入中国大陆发展，这应是两岸食品界交流的开启。20多年过去了，多数台资食品企业不但在大陆获得了巨大的成功，而且也已成为大陆食品产业快速发展的重要板块。据相关数据统计，目前大陆规模以上食品产业37607家，年创造产值10多万亿元。[1]大陆食品产业高速增长的背后，当然也有台资食品企业的独特贡献。目前约有1000多家台湾食品企业参与大陆市场的竞争，主要以中小食品企业为主，为台商在大陆的主体行业。这些企业平均投资额在1500万人民币左右，投资规模总体偏小，但回报相当丰厚。[2]食品产业对于两岸人民来说，不仅是民生产业和文化交流，更是两岸食品人对中华饮食文化相融共生的载体。两岸食品产业的发展历程和特点完整地体现了两岸人民共同的饮食文化传统。

2008年的"三聚氰胺"奶粉事件，对两岸关系产生了重大的冲击。当年9月27日，在大陆的同意下，台湾卫生主管机构组织了由专家组成的调查小组登陆实际了解情况，这事实上开启了两岸在食品安全议题上的实质性合作。之后，两岸在食品安全领域的合作不断加强，并签署了多个涉及食品安全、农产品的合作协议。2008年11月在两岸双方共同努力下，双方签署了《海峡两岸食品安全合作协议》，双方同意进行信息通报、建立协查机制、开展业务交流、确定联系主体。到目前为止，双方仅在食品安全领域的合作，通报信息500多次，

---

① 《第七届两岸食品产业合作及交流会议在台北举行》，陕西传媒网，2015年6月22日，http://www.sxdaily.com.cn/n/2015/0622/c508-5700399.html。
② 《第二届两岸食品产业合作及交流会议在京召开》，参见网址 http://finance.sina.com.cn/roll/20100805/15148429742.shtml。

妥善解决了 11 种蔬菜、水产品输往大陆问题。[①]2009 年两岸食品卫生业务主管部门分别在深圳和台北举办了两次海峡两岸食品安全专家会议，就两岸食品安全法规、管理机制和架构、食品安全标准、安全检验、进出口监督体系、膳食用中药品种和保健品管理等进行了交流和讨论，增进了相互了解，2009 年两会第四次商谈签署了《海峡两岸标准计量检验认证合作协议》和《海峡两岸农产品检验检疫合作协议》，为两岸在相关领域的交流与合作搭建了对话平台。这些都说明过去四年两岸在食品安全方面的合作取得了重要的成就，为今后两岸在食品安全方面的合作打下了良好的基础。例如，截至 2012 年 12 月底，两岸共计通报有关食品安全事件 982 件。这些措施对于保障两岸民众的食品安全发挥了积极而显著的作用。同样，2011 年台湾地区发生"塑化剂"事件以来，大陆有关部门就采取了相应防范应对措施，除暂停进口受塑化剂污染的台湾产品外，还持续对大陆食品及食品添加剂进行监测和抽检等。2014 年台湾爆发"馊水油"事件后，两岸还就该事件后续处理机制达成共识，双方同意在大陆食品药品监管部门增设"两岸食安协议"大陆执行及联络窗口。

二、两岸食品安全合作的模式建构

民以食为天，两岸事无小事。两岸食品安全合作的模式建构，必须要从两岸关系发展现状，以及两岸社会各自的实际情况出发来推动。现阶段由于两岸尚未实现最后的统一，两岸建立垂直化的食品安全互动机制的难度太大。因此，当前两岸在食品安全合作方面，应把重点放在应对重大食品安全危机管理以及其预防上面。前者主要是指两岸在应对食品安全危机事件上的合作，后者主要是指两岸在预防食品安全事件方面的合作。以目前两岸往来之频繁程度，两岸任何一方只要发生食品安全危机事件，肯定都会影响到对岸的民众，任何一方都不可能完全置身事外。

（一）两岸食品安全合作的基本原则

两岸在食品安全合作中必须要遵循一些基本的原则，这样才能有效推进两岸食品安全合作的顺利进行，也是对两岸人民生命和健康负责任的具体表现。

首先，坚持专业标准与去政治化相结合的原则。

食品安全事关重大，可谓人命关天，不可小视。两岸在食品安全合作中应

---

① 《直面塑化剂事件，两岸共筑食品安全防护堤》，人民网，http://www.people.com.cn/h/2011/0613/c25408-4286031666.html。

坚持去政治化，放弃意识形态对抗，完全采取专业化标准来处理相关议题，这应是未来两岸在食品安全合作上的优先发展方向。特别是在针对重大食品安全事件的危机管理过程中，双方应积极进行合作，化解危机影响，而不是意识形态上纲上线，无端涂上政治色彩，甚至加以攻击，这种意识形态的取向不利于两岸在食品安全议题上的合作。两岸在食品安全合作上应充分坚持对食品安全负责，对两岸人民生命健康完全负责的积极态度。

其次，坚持国际标准与两岸有别相结合的原则。

在两岸食品安全合作中，一方面要以高标准要求各自的食品生产及加工企业，争取与国际标准接轨，确保两岸食品的质量安全，为两岸民众的健康把好关。这才是负责任的做法。国际社会特别是西方国家在食品安全方面的先进管理经验及思维模式，都值得两岸学习与借鉴，这对于提升两岸中国人的健康生活有正面帮助。另一方面，我们也要认识到目前两岸各自的情况仍然有很大的差异性，特别是中国大陆地域广大，经济发展不平衡，两岸食品安全水平存在客观的差距，在两岸食品安全合作中，也不可奉行一刀切的僵化模式，更不可盲目照搬。例如，微生物污染导致的食源性疾病仍然是中国大陆食品安全面临的最大问题，其次才是化学性污染和滥用食品添加剂带来的问题。受制于特殊国情的限制，大陆的食品安全问题长期存在，也决定了短期内滥用添加剂等问题难以从根本上杜绝。[1]

再次，坚持官方主导与民间优势相结合的原则。

食品安全事关人命，与政府监管的职能有很大的关系。在两岸食品安全合作中，应强调两岸公权力部门的积极作为，从而为两岸食品安全合作提供强有力的政策支持。在两岸食品安全合作中，一定要强调公权力部门的主导性，这是确保顺利合作的前提条件。同时，为确保两岸食品安全合作能够有效展开，也应充分重视两岸民间力量的积极参与，这一环节也是不可或缺。食品安全涉及面广，单靠公权力部门作为仍然有所缺失，必须要依靠社会力量。只有政府与民间力量共同发挥作用才能强化安全网。

最后，坚持框架机制与先行先试相结合的原则。

两岸食品安全议题的政治敏感度较低，但也涉及两岸双方的管理体制问题，而这是目前双方无法突破之处。在这种情况下，双方应不去触及较为敏感的具

---

[1] 《国际食品科技联盟食品安全高层代表团访华，推动中国食品安全国际交流进入新高潮》，参见中国食品科学技术学会网站 http://www.cifst.org.cn。

有政治意义的方面。但在食品安全合作的具体实践中，两岸可以先行先试。例如两岸在食品信息的透明化以及通报重大食品安全危机事件的讯息方面可以加大合作力度。

（二）两岸食品安全合作的基本模式

1. 个案合作模式

个案模式主要用于解决两岸在某单一食品安全危机事件中的合作问题。其属于任务编组方式，但并非一次完成，而是为未来类似的情况积累经验和培育互信基础，最终使这些个案不断转化为通案来处理。食品安全议题本身虽然不具政治敏感性，但两岸关系本身的敏感性与脆弱性之性质，决定了现阶段暂时还无法通盘解决两岸食品安全合作问题，只能透过个案合作的方式来加以处理。例如单一的涉及食品安全事件就可以循此模式。

2. 议题合作模式

过去几年两岸关系发展虽然取得了重大的进展，双方的互信基础也有所加强，但两岸之间的互信基础仍然不足，两岸现阶段仍然无法对食品安全问题通案解决，在这种情况下，两岸可以在较易取得进展的食品安全议题上进行合作，这才是当前两岸食品安全合作的务实之举。尽管这种合作模式不够充分，但却是比较务实的作为。

3. 制度合作模式

目前两岸建立的食品安全信息通报机制就属于制度合作的模式。两岸在食品安全上进行制度化合作应是双方未来追求的目标和方向。两岸可以透过建立制度化、机制化的管道和平台来推动合作。例如，两岸食品主管部门可以建立定期合作的交流模式，包括召开两岸食品安全高层论坛，对两岸消费者进行食品安全教育，提升消费者的食品安全意识，以及对两岸工业界和科研界的从业人员进行培训，提升食品科技水平等等，这些都应是两岸制度合作模式的重要内容。

（三）两岸食品安全合作的实现路径

食品安全管理的范围极其宽广，它既属于公共安全管理的范畴，又属于食品科学问题的范畴。其内涵不仅包括食品科学的内容，还包括农学、医学、理学、管理学、法学、传媒学、分子生物学等内容。尽管当前两岸在食品安全合作中已经开始了某些实质性的合作，并取得了一些进展，但毕竟目前这种合作水平远远不能适应两岸关系快速发展的现实需求。我们当前应加强两岸食品安全的合作，特别是要在重大食品安全危机事件以及建构两岸食品安全管理模式方面下足功夫。毕竟传统的危机管理都只是强调对危机发生后的应急管理，而不重视对危机爆发前因后果的管理。从本质上来讲，它是一种非常消极的危机管理。① 这同样适用于两岸在食品安全领域的合作。也就是说，当前两岸食品安全合作应从以前的危机应对转为风险分析和预防，同时需要在科学的基础上集合各方力量，促进两岸食品安全水平的全面提升。

首先，建立两岸食品安全合作管理的机制体制。

理想的危机管理应该是预防在先，在它没有成为危机之前就将其化解掉。② 目前，在两岸人员往来日益频繁、两岸食品贸易日益扩大的情况下，只有妥善建立起两岸食品安全合作管理的相关机制体制，才能有效化解两岸之间因食品危机引发的潜在冲突。例如，两岸可以在两会（海协会与海基会）机制下设立两岸食品安全合作委员会。该委员会下分别设立两岸食品安全应急管理中心、两岸食品安全预防预警中心、两岸食品安全信息监测中心以及两岸食品安全管理恢复中心等机构。

与其他公共安全事件一样，食品安全危机管理需要预警监测、信息报告、医疗救护、卫生防护、科技攻关、设备保障、财力支持等方面的团体作战。两岸可以在食品安全应急管理中心之下成立专门的食品安全事件应急指挥部，主要针对两岸发生的重大食品安全危机事件，并在该机构下设立救治、防治、监管、科技、保障、媒体、外事、善后等分支机构。同时，两岸应尽快建立起食品安全信息与监测体系，系统、全面地收集、汇整两岸有关食品安全方面的各种信息资料，最终建立两岸食品安全信息与监测网络体系。恢复机制作为危机管理的重要组成部分，是危机管理的重要环节。其内容包括食品安全危机反馈功能、总结经验功能和消除危机隐患功能等方面。食品安全事件必然会带来重大的破坏，给民众心理带来负担，使正常的食品秩序陷入无序、混乱的状态。在发生重大食品安全事故后，两岸民众的心理恐慌甚为严重，及时化解就显得至关重要。因此，在两岸食品安全危机管理模式建构中，必须要强化食品安全的恢复机制，从而恢复两岸民众的信心和社会的稳定。

其次，两岸制定共同的食品安全标准。

---

① 薛澜、张强、钟开斌：《危机管理》，清华大学出版社2003年版。
② 杨洁勉：《后冷战时期的中美关系：危机管理的理论和实践》，上海人民出版社2004年版，第51页。

两岸可以考虑制定共同的食品安全标准，这将有利于加强两岸在食品安全方面的互动合作，共同应对可能出现的危机和挑战，同时也为两岸食品方面的贸易带来方便。事实上，如果两岸在食品安全领域相互借鉴对方的优势与长处，则一定可以取长补短，最大程度为两岸食品安全的发展做出贡献。特别是食品安全本身没有最低标准，只有更高的标准，两岸都要以高标准要求食品安全，这一点至关重要。

两岸制定共同的食品安全标准，可以从以下三个方面着手：一是强化食品原材料安全的控制。过去的一些食品安全事故，究其源头往往是采购的原材料所含的有害物质导致了食品安全问题。如何检验和消除农产品原材料中的农药残留、兽药残留、重金属污染以及非法添加剂，已经成为食品生产厂商关注的首要问题。二是食品添加剂问题。大陆的食品添加剂法规尚在发展阶段，一些标准仍需完善。作为食品生产和加工企业，如何在研发和生产中选择合法的食品添加剂，在食品进口中确保食品所含添加剂符合标准，都是大陆食品厂商目前需要解决的问题，两岸食品厂商在这方面的合作空间比较大。三是从整个供应链角度保障食品安全与质量。如今，控制食品安全已不仅仅停留在生产过程中，食品的物流环节（包括包装、储藏和运输等）越来越受到食品生产和零售企业的重视。只有真正实现食品供应链的可追溯性，提高食品物流（尤其是对冷链）的管理水平，才能确保食品的安全与质量，提高顾客满意度，为企业建立良好的口碑。两岸食品相关企业可以在物流环节强化合作力度。

再次，两岸建立食品安全预防机制。

食品安全问题不仅是检验技术的问题，更多是监管和制度规范的问题。从事件信息交换到预先监管措施和制度规范的沟通合作，意味着两岸食品安全合作层级的提升和深化。两岸食品安全合作只有上升到监管措施和制度规范层面，重点放在"防"，同时重视治理合作，才能有效防范食品安全危机的发生，做到防患于未然，最大程度保障两岸人民的福祉。

食品安全控制环节包括生产、加工、包装、运输、贮藏和销售等，控制对象包括化肥、农药、饲料、包装材料、运输工具、食品标签等。通过全程监管，对可能会给食品安全构成潜在危害的风险预先加以防范，避免重要环节的缺失，并以此为基础实行问题食品的追溯制度。这方面，欧盟建立了统一的数据库，包括识别系统、代码系统、详细记载生产链中被监控对象移动的轨迹，监测食品的生产和销售情况。欧盟还建立了食品追踪机制，要求饲料和商品经销商就其原料来源和配料保存进行记录，要求农民和养殖企业对饲料牲畜的详细过程进行记录。目前台湾已有食品溯源制度，大陆可以借鉴。但大陆由于实际情况特殊，全面推行台湾的食品溯源制度也有现实困难，但现阶段在某些领域还是可以先行先试。例如，由食品加工流通企业来承担这样的责任，显然更为便捷有效。流通企业作为明确的市场责任主体，它可以以自己的信誉来监督生产者，并以此向消费者担保。消费者因购买不安全食品而造成损失，由流通企业承担责任，流通企业承担后，可以向生产者要求追偿，依次形成责任链条。而台湾在这方面的制度及实践已相对具有一些成熟的经验，完全可以帮助大陆食品厂商加以改进。

最后，两岸建立共享的食品安全网链。

民以食为天，两岸食品安全管理体制应是从农田到餐桌的全过程安全监管模式。这就需要建立包括食品供应链、食品安全管理链、食品安全科技链、食品安全信息网等。食品安全链是整个食品安全网系统中的重要主体。食品供应链是食品生产、加工、包装、储藏、运输、销售、消费等不同环节，以及这些环节所对应的农户，食品生产企业、加工企业、流通企业，个体商贩，消费者等食品安全利益相关者所构成的链条。供应链是食品安全网链的第一要素，是整个食品安全控制的实施载体；食品安全管理链，沿着食品供应链的顺序，食品生产、加工、储藏、运输、销售、消费等各个环节都需要政府参与控制管理。食品供应链各个环节的管理也构成了一个链条；食品安全科技链非常重要。食品供应链的每一个环节或多或少受制于科技因素的制约。在农业投入，农业种植、养殖的生产环节，影响食品安全的因素主要以滥用或过度使用农药、兽药、化肥等化学污染物为主，在食品加工流通环节，包括细菌性污染、病毒和真菌及其毒素在内的微生物污染成为影响食品安全的主要原因。因此，针对食品供应链不同环节的关键技术因素，研究并利用各有效科学技术至关重要；食品安全信息网包括信息、教育、交流、培训以及监测、预警、应急等重大食品安全问题，食品安全信息网是整个食品安全系统的外部环境，它与其他三链之间同样有密切的关系。各种食品安全信息的收集需要从生产环节开始涵盖从农田到餐桌的整个过程，教育、交流、培训的对象涉及农户、企业以及政府等利益相关者。

第四章　两岸海上安全合作

21世纪的今天，全球共有超过三分之二的贸易来自于海洋，可见海洋对世界经济发展的重要性。但在其背后，同时也存在着来自于海上的天然或人为灾害。两岸的海域面积相当广阔。随着两岸经济的不断发展，以及相互交流的日益紧密，海洋越来越成为两岸中国人走向世界的重要通路。在这里，两岸海上安全合作所涉及的海域，主要指两个层面：一是指在两岸共有的海域之合作。如在东海钓鱼岛海域、台湾海峡海域以及南海海域等属于中国传统主权范围内的海域空间。二是指两岸在非中国主权管辖范围之内的海域空间，例如索马里海域及世界其他海域之合作。当前，两岸在海上安全领域都面临一些问题的挑战，海峡两岸如果能够加以合作，则不但可以有效维护两岸的海上利益，而且也助于增强双方的互信基础，维持两岸关系的和平稳定。

第一节　两岸海上安全面临的挑战

当前，无论是南海还是东海海域，抑或是在其他国际海域，两岸都面临一系列的挑战与威胁，不但给两岸人民的生活与安全带来若干重大的隐患与损害，而且也对两岸互信积累非常不利。两岸目前在海上安全领域所面临的挑战主要包括搜救问题，如海上事故发生后的搜救活动，例如飞机在海域坠机、船舶相撞后救人、船沉没后救人等等；防污染问题，如原油污染、原油倾倒、原油溢出以及化学物质危险物质污染等等；海上犯罪问题，如海上非法事件、恐怖主义、抢劫、走私、维护海上秩序等一系列挑战。

一、海上海难救援安全面临的挑战

海难也称为船难。是指自然或人为因素造成的船舶搁浅、沉没、碰撞、失火、爆炸、泄漏或其他有关船舶、船员或旅客之非常事故。依据导致海难发生的原因，可以对海难的类型进行以下划分；一是碰撞与触碰。船与船互相碰撞，无论该船是航行还是停泊，两船以上互撞都可归为此种类型。二是触礁和搁浅。指船舶触碰暗礁、浅滩和海岸等，也包括刮碰到沉船，无法使用本身动力脱困。三是浸水和沉没。包括下沉、倾覆、下潜及恶劣气候、断裂、渗漏造成的沉没。四是横倾和翻覆。因装载不当或其他原因，使船只失去重心与浮力而使船体倾斜或翻覆。五是火灾和爆炸。来自外部或内部火源引起的火灾，本身设备操作不良引起的气爆或火灾等。六是船体和机器损坏。船体结构老化所引起的船体破漏或弯曲。因机器故障失去动力无法操控，或单纯因风浪带来的影响。①

　　台湾地区"灾害防救法"第 2 条规定，海难是指船舶发生故障、沉没、搁浅、碰撞、失火、爆炸或其他有关船舶、货载、船员或旅客之非常事故。据此概念，台湾地区海难的类型主要有碰撞、触礁或搁浅、失火或爆炸、浸水、失踪、机械故障、倾覆等等。台湾地区将海难事故等级分为甲级、乙级和丙级三类。② 中国大陆对海难的定义主要是指海上交通事故，即为船舶、设施发生碰撞、触礁或浪损、触礁或搁浅、火灾或爆炸、沉没、在航行中发生影响适航性能的机件或重要属具的损坏或灭失，以及其他引起财产损失和人身伤亡的海上交通事故等。大陆对海难事故的类型主要划分为以下八种：碰撞、搁浅、触礁、浪损、火灾、风灾及其他事故等。大陆将海难事故的等级划分为四级。Ⅰ级（特别重大），指造成重大人员伤亡，死亡失踪 30 人以上或危及 50 人以上的生命安全；Ⅱ级（重大），指造成重大人员伤亡，死亡失踪 10 人以上、29 人以下，或危及 30 人以上、49 人以下的生命安全；Ⅲ级（较大），指造成较大人口员伤亡，死亡失踪 3 人以上、9 人以下，或危及 10 人以上、29 人以下的生命安全；Ⅳ级（一般），指造成一般人员伤亡，死亡失踪 2 人以下，或危及 9 人以下之生命安全。③

---

① 　参见国际海事组织 1986 年《海事安全报告》中对海难事故的分类。
② 　甲级是指船舶损害严重且人员伤亡或失踪 10 人以上者；乙级指人员伤亡或失踪 4 人以上、未满 10 人；丙级指无人员立即伤亡或危险者。
③ 　参见《中华人民共和国海上交通事故调查处理条例》的内容。

表 1：海峡两岸对海难事故等级的定义及界定

海难事故等级	台湾	大陆
开设中央灾害应变中心	有 15 人以上伤亡、失踪，且灾情严重，经"交通部"判定有开设必要者	
Ⅰ级（特别重大）		造成特别重大伤亡，死亡失踪 30 人以上，或危及 50 人以上生命安全
甲级灾害规模	台湾海域船舶发生重大海难之虞，船舶损害严重且人员伤亡或失踪 10 人（含）以上者	
Ⅱ级（重大）		造成重大伤亡，死亡失踪 10 人以上、29 人以下，或危及 30 人以上、49 人以下的生命安全
乙级灾害规模	台湾海域船舶发生海难之虞，人员伤亡或失踪 4 人（含）以上，未满 10 人者	
Ⅲ（较大）		造成较大人员伤亡，死亡失踪 3 人以上、9 人以下，或危及 10 人以上、29 人以下的生命安全
丙级灾害规模	台湾海峡船舶有发生海难之虞，人员无立即伤亡或危险者，船舶发生海难事件，人员伤亡或失踪 3 人（含）以下者	
Ⅳ级（一般）		造成一般人员伤亡，死亡失踪 2 人以下，或危及 9 人以下之生命安全

当前，两岸海上海难救援安全方面都面临着较大的挑战与风险。海难救援需要较强的技术系统等支持，仅靠个人的力量是远远不够的，全社会都应该联动起来。特别是海上救援相比于陆上救援有更多的不可预测性，因此它的难度也更大。两岸海上海难救援安全面临的挑战主要有以下几个方面：

（一）两岸海域气候复杂影响海难救援

以台湾海峡海域为例，它是沟通东海和南海的狭长水道。海底总的地形为南浅北深，同时从东西两侧向海峡中部和缓倾斜。等深线与海岸线的延展方向基本一致。台湾海峡水深较浅。绝大部分海域水深不到 100 米，水深在 60 米以浅的水域约占四分之三。[①] 台湾海峡南部海底地形复杂，尤其在澎湖岛和台湾浅滩附近，等深线随着岛屿排列和水下浅滩上的沙脊（沙丘）的延展方向而改变。海峡东部为澎湖水道。由于海峡西部与福建山区相连，海岸曲折，沿岸附近岛屿众多、礁滩密布，因此海底起伏较大，水深变化很不规则。台湾海峡因地形狭长，以风大、浪大、流急为特征。它是我国最大的海峡，也是东海与南部物质与能量交换的主要通道。区域内地震、台风、寒潮等极端天气及地质灾害对海区的物质通量输移起着较大的作用。

表2：台湾海峡海域的气候种类

气候类型	特点及危害	影响时间	成因
东北季风	风力大，浪大涌高，是影响海峡内船舶安全的主要因素。	长达 5 个月，若是 6 级以上大风日数为 140 天。	海峡冬季受蒙古高压南移及海峡狭管效应的影响，形成持续强劲的东北风。
台风	破坏力极大，是夏季影响台湾海峡内船舶航行安全的主要因素	每年 6 月下旬至 10 月下旬。	热带气旋会引发台湾海峡的大风，一般情况下，热带气旋逼近台湾且有可能在福建沿海登陆时，海峡风浪较大。
雾	雾成为影响海峡航行安全的突出问题	台湾海峡每年 3—6 月为雾季，年平均雾日为 37 天。	台湾海峡北部是我国近海主要雾区之一，发生雾日最频繁的时间多在 4 月间。
流	复杂多变	全年	台湾海峡的流受台湾暖流分支、大陆沿岸流的共同作用及潮流和风的影响，较为复杂，不同时间，不同地点的流有不同变化。

台湾海峡海域附近，气候及地形复杂，如果发生海难事件，其后果相当严重。特别是台湾海峡作为我国最大的海峡，也是南海与东海进行物质和能量交换的主要通道。区域内地震、台风等灾害多发，潮流作用较强，同时受黑潮分

① 刘维坤：《极化扭转技术在毫米波天线中的应用》，载《宇航学报》1995 年第 2 期。

支、南海暖流和东海环流等多种水系的影响，众多的山溪性中小型河流从海峡两侧流入海洋，当然会给两岸双方的搜救工作带来很大的问题和挑战。

（二）两岸往来频繁，海难事故爆发几率大增

两岸交流经过近 30 年的发展，目前总量已达到相当的规模。目前两岸每年往来总人数达到接近 1000 万人之庞大规模，两岸定期客运航班总班次每周已达到 890 班规模，大陆的两岸客运航点增加至 61 个。[①] 两岸每天都有大量的飞机往来台湾海峡海上或空中区域。此外，大陆经济特别是东南沿海经济的快速发展，大陆海运量的增长，国际贸易量的激增，以及两岸直航的实施，无疑都使台湾海峡的通航环境日益复杂，交通冲突现象愈加明显。特别是两岸直航船舶数量大大增加，这对于两岸航行船舶的自身以及其他航行于台湾海峡的船舶都会产生重大的安全影响，必然会给该海域的海上安全带来更大的风险。两岸海上直航集装箱班轮航线共有 29 条，直航客运航线有 7 条，两岸共有 83 个直航港口。两岸间集装箱运输总量年均增长 10% 以上。自 2008 年 12 月 15 日起至 2015 年 3 月底止，两岸直航船舶共计 111980 艘次，总装卸集装箱 1302 万标箱，总装卸货物 5 亿 7657 万计费吨，载运 109 万人次。[②] 两岸在台湾海峡海域及空域范围内有如此大规模的人流及物流移动，一旦发生重大的航空安全或海事安全事故，其后果将相当严重，大规模的往来必然会给两岸海上交通及安全方面都来更大的风险。

表 3：两岸船舶直航发展中的重大事件

时间	两岸船舶直航发展中的重大事件
1979 年	大陆宣布对外开放港口对台湾船舶开放，海岸电台为台船提供导航
1996 年	大陆颁布《台湾海峡两岸间航运管理办法》，规范两岸直航的基本事项
1997 年	福州厦门和高雄间的海上试点直航开始运行
1998 年	两岸定期集装箱班轮航线开通
2001 年	福建沿海与金门、马祖地区直接往来航线正式开通运行
2002 年	澎湖 257 名信众乘台湾"超级星号"客轮首次直航泉州港
2003 年	大陆批准台湾 6 家航空公司共 16 架次春节包机
2004 年	台湾开放两岸海运便捷化，允许国际班轮在同一航次直接挂靠两岸港口

① 《两岸每周航班增至 890 班》，新华社北京电，2015 年 7 月 3 日电。
② 参见台湾陆委会网站的数据。查阅时间为 2015 年 7 月 6 日。

续表

时间	两岸船舶直航发展中的重大事件
2004 年	首批大陆旅游团 55 人从厦门乘同安号客轮直航金门，陆客首次直航金门
2005 年	福建居民赴马祖地区旅游正式启动
2005 年	两岸航空公司首次共同参与春节包机，航班实现双向对飞
2006 年	泉州石井港对台客运码头正式启用，开展第二条对金门客运班轮航行
2006 年	两岸就春节包机扩大到节日包机达成框架性安排
2008 年	两岸签署《海峡两岸包机会谈纪要》，两岸周末包机实施
2008 年	两岸海运直航、空运直航和直接通邮正式启动
2008 年	两岸签署《海峡两岸空运补充协议》，两岸空运定期航班启动
2009 年	中央把福建至金、马、澎地区海上运输的审批管理权限下放到福建实施
2013 年	平潭增开对台客货轮滚装运输航线
2013 年	平潭首次开通与金门、马祖地区直接往来货运班轮

（三）两岸缺乏海难救援合作机制是重大隐患

长期以来两岸政治互信不足，这是两岸合作无法顺畅执行与落实的主要障碍。2008 年以来台海关系有了很大的改善，两岸在海事安全方面开展了一些合作，但这些合作在总体上还是低层次合作，其成效相当有限。主要还是两岸海上体制管理有差异，基本上是事后合作的情形比较多。两岸在海难救援合作方面尚未建立制度化的机制。特别是由于两岸在海事方面的协同机制严重缺失，两岸在海上海难救援合作方面较难开展。例如，台湾海峡包括了闽中渔场和闽南渔场，有大量的渔船作为，商船与渔船的活动空间未能有效控制与分隔，导致商船与渔船间的碰撞时有发生，且绝大多数是发生在距岸较近的渔船密集的海域。海峡可航水域宽阔，交通量相对不大，但宽阔而无序的交通流，增大了船舶间的会遇率，使碰撞事故成为主要事故种类。

二、海上生态环境安全面临的挑战

两岸海上生态环境安全主要是指在两岸海域上出现的因海洋污染、海洋环境受到破坏而引发的问题。例如，原油污染、倾倒，原油溢出，化学物质危险物质污染等类型。它会使海洋生态系统遭到破坏，有害物质进入海洋环境而造成的污染，会损害生物资源，危害人类健康，妨碍人类在海上的正常活动，损坏海水质量和环境质量等。

当前两岸海上环境安全所面临的挑战主要有以下几个方面：

（一）溢油的风险

任何海上都有溢油污染的风险。近年来，随着福建省进口原油量不断增加，油轮吨位不断增大，危险品船舶不断增多。台湾海峡水域属于我国沿海船舶溢油事故的四大高风险水域之一，特别是近十年来，台湾海峡溢油事故急剧增多。1973—2003 年间台湾海峡共发生 8 起重大溢油事故，其中前 20 年只发生了 1 起，1993—2003 年发生了 7 起。福建省沿海及海域有很多环境敏感资源，如自然保护区、海水养殖与海洋捕捞区、工业用水水源、旅游娱乐场所、盐田及各种类型的海岸等。一旦发生突发性船舶溢油事故，这些资源都会受到损害，造成重大的经济损失。

（二）海洋资源过度开采的风险

海洋资源也存在过度开采的风险。目前的最大问题就是两岸都有渔民过度捕捞、这对台湾海峡及周边海域的生态环境有重大的伤害。虽然过去几年两岸在这些领域有一些进展，但形势仍然不容乐观，需要加以重视。

（三）陆地污染加重

台湾海峡是两岸之间的重要海域，但台湾海峡的污染主要来自于陆地。目前从福建和台湾流入台湾海峡的江河污染严重，福建的闽江、九龙江两大流域集中了福建的工业废水，它们都流入台湾海峡。以二类水质标准衡量，两大江河都存在超标污染物，主要是有机物。其中闽江的福州段、九龙江的中段、晋江的入海口水质在三类以下。台湾 100 公里上的 6 条河流基本上都流入台湾海峡，其水质污染也非常严重。据台湾地区水质监测年报统计，去年主要河流的水质达成率只有 17.73%，是最近 6 年来水质达成率最低的一年，反映水质污染趋于严重。以上事实说明，建立台湾海峡环境保护首先要从治理陆地污染源，特别是东河水质污染入手，而其有效途径就是通过合作研究和采取共同措施治理环境污染。

（三）破坏海洋资源

对海洋的不当使用，也会破坏海洋资源。人类活动对海洋生态造成的破坏，使海洋资源减少，造成鱼类和海洋生物的总数不断降低，海洋生态环境受到破坏，如珊瑚礁、海草栖息地、岩礁、海底山及海岸受损等。其形式主要包括：

一是人类的违法渔捕行为。包含使用毒物、炸药或其他爆裂物、电气或其他麻醉物采捕或处理水产动植物。贩卖或持有禁、限制之水产动植物或其制品。使用禁、限制之渔具、渔法等行为。二是污染海洋环境。包含排放违禁物质、废污水、废弃物等有害物质及违法探采油矿及海上弃置、焚化等行为。

表4：近年来台湾取缔破坏海洋海岸资源行为统计（单位：件次）

年份	重大海洋污染	一般海洋污染	捕捉海洋保育生物	非法毒炸电网鱼	盗采砂石及伐木	违反海洋生态及环境保护
2000 年	—	1	1	25	—	5
2001 年	3	3	3	79	11	34
2002 年	5	30	6	290	19	95
2003 年	—	22	5	141	6	93
2004 年	1	33	2	158	5	34
2005 年	9	23	12	130	2	28
2006 年	4	14	28	160	2	20
2007 年	3	34	12	101	18	10
2008 年	2	21	14	163	22	10
2009 年	2	27	6	209	15	6

本表系作者自行制定，数据来源："行政院海岸巡防署"全球咨询网2009年海巡统计年报。

三、海上治安安全面临的挑战

台湾海峡及其附近海域海上犯罪问题日益严重，归纳而言主要是指海盗、走私、偷渡及其他如海上纠纷所引发的刑事案件。这些案件除对台湾海峡海域治安造成严重的威胁外，更因事涉敏感的两岸政治与军事关系，处理更为艰辛复杂。特别是两岸之间的跨境犯罪数量较大，更不容小视。两岸海上航道密集，人员和船舶互动频繁，使两岸海上犯罪的问题有增多的风险。对两岸而言，两岸海上非法活动损害两岸利益，也导致诸如走私、贩毒等活动猖獗，对两岸都造成不小的隐患。

（一）走私

走私依其各类不同，其所产生的危害也有所不同，但均对一国的财政、关税、卫生、治安等各层面形成负面影响。走私方式有"人员、行李夹带""货物夹带""航空邮件""货轮、渔船夹藏"等。[①] 常见走私物品包括：一是枪炮、弹药及刀械等。这些物品具有强烈杀伤力，常成为暴力犯罪之工具。二是毒品。台湾地区的毒品主要是从境外走私入境。三是农林渔畜产品及其他。

（二）非法入出境及偷渡

非法入出境就法律而言系犯罪行为，偷渡犯罪在世界各个国家和地区都是重要犯罪形态之一。

四、南海海域安全的挑战

南海海域的非传统安全威胁，诸如海盗、海上恐怖主义、海上走私等跨国犯罪及台风等自然灾害时有发生，给地区带来了危害和不安，构成了南海安全角势的重要一环。它是一个由来已久的问题。以海盗和海上武装抢劫为例，其与地区海上贸易往来相伴而产生、发展，严重地威胁着南海地区的安全秩序。

南海地区非传统安全威胁发展有两个阶段。一是 20 世纪六七十年代到 2001 年"911"事件前。随着该地区经济发展和对外贸易规模之扩大，反海盗和打击海上犯罪任务加剧。而 1997 年亚洲金融危机后，南海地区非传统安全状况持续恶化。其中，海盗在南海非传统安全威胁中最为突出。数据显示，1999 年第一季度，世界范围内有记录的海上抢劫事件超过一半发生在南海海域（全球 66 起，其中有 38 起发生在南海海域），2000 年南海地区发生 262 起海盗事件，约占全球海盗事件总数的 56%。[②] 第二阶段是 2001 年"911"事件至今。这一时期，南海地区安全角势复杂，非传统安全威胁主导。恐怖主义活动与海上武装抢劫、海盗等活动频发，严重危及南海地区安全与社会稳定。其原因主要是地区恐怖主义势力扩散及由此引发的恐怖主义事件频发，以及国际恐怖主义势力的渗透。东南亚地区的恐怖主义组织既有部分国家内部活动的宗教极端势力和民族分裂主义势力，如"摩洛伊斯兰解放阵线"，也有组织网络和活动区域扩大至整个东南亚地区的恐怖主义组织，如"伊斯兰祈祷团"和阿布沙耶夫

---

① 参见"海巡 2009 白皮书"，"行政院海岸巡防署"出版，2009 年 4 月，第 10 页。

② 葛红亮：《非传统安全与南海地区国家的策略互动》，载《国际安全研究》，2015 年第 2 期，第 141 页。

反政府武装。受此影响，南海地区进入 21 世纪后恐怖主义活动明显加剧。南海海域的海上环境瞬息万变，一些具有战略航道的地区，如马六甲海峡、巽他海峡、龙目海峡和新加坡海峡等位于群岛之中或位于群岛之内，有大量人口居住，但都缺乏理想的社会，政治和经济条件，这些具有重要全球海上商贸通道价值和军事战略价值的海域往往成为基地组织或东南亚地区恐怖主义组织发动袭击的理想场所。

2001 年年底，一名"伊斯兰祈祷团"特工在新加坡被捕，供称监视海峡地区和袭击过往的美国海军军舰是其任务和目的。2004 年阿布沙耶夫反政府武装集团在菲马尼拉对超级渡轮发动恐怖主义袭击，造成了大量的人员伤亡和失踪。这次袭击被视为最恶劣的海上灾难之一。近年来，南海海上的武装抢劫事件有反弹的情况。据英国海事情报咨询公司的数据，东南亚地区的海上犯罪数量在 2012 年增加了 8.5%，占全球海上犯罪事件总量的 44%，[1] 到 2013 年，南海海域仍时有海上武装抢劫事件发生，而印度尼西亚海域则是南海地区海上武装抢劫事件发生最多的海域。[2]

南海是世界上著名的热带大陆边缘海之一，地处太平洋和印度洋交汇处，位于亚洲大陆和南洋群岛之间，既是联系亚洲与美洲、太洋洲、非洲和欧洲的世界上主要的海上海空交通枢纽之一，也是中国与世界经济、资源和能源等联系的主要通道，对世界和中国的经济、政治具有不可替代的作用。南海的北面是中国广东省、福建沿海大陆和台湾岛、海南岛两大岛屿，东面是菲律宾群岛，西面是越南和马来西亚群岛，南面是加里曼丹岛与苏门答腊岛等。除缅甸和老挝外，东南亚国家都是南海海域的沿岸国，南海对东南亚国家的安全状态具有头等重要意义。南海北起北纬 23 度 27 分，南至北纬 3 度 00 分，西自东经 99 度 10 分，东至东经 122 度 10 分，南北长约 2380 公里，东西宽约 1380 公里，整个海域面积约 350 万平方公里。大陆架面积为 168 万平方公里。[3] 南海平均水深 1212 米，中部最深处达 5559 米。其中中国的南海诸岛北起北卫滩，西起万安滩，南至曾母暗沙，东北至黄岩岛，南北绵延 1800 公里，东西横跨约 1200 公里，总面积为 200 万平方公里，自北向南大体分为东沙、西沙、中沙和南沙

---

① 交通运输部海事局：《东南亚地区海上犯罪增多》，载《防范海盗信息简报》，2013 年 3 月 28 日。

② 中国海事服务网：《国际海事局发布"2013 年全球海盗报告"》，2014 年 1 月 22 日。

③ 金翔龙、柯长志：《南海自然资源、环境与合作》，国家海洋局海洋发展战略研究所编《南海诸岛学术讨论会论文选编》，1992 年，第 258 页。

四大群岛。[①] 南海资源丰富，是世界上著名的大渔场，还拥有巨量油气资源，各类矿物资源和高效新型能源可燃冰。

当前，我国南海面临的风险与挑战不仅存在于传统安全领域，也大量存在于非传统安全领域。由于中国南海政策的主轴还是搁置主权上的争议，因此，现阶段在南海海域面临的主要现实威胁还是集中体现在非传统安全领域。目前，南海地区非传统安全问题日益突出，已成为影响亚洲经济乃至世界贸易的重要因素之一。当前南海地区存在的非传统安全问题主要包括：自然灾害频发、海上运输和海上资源开发威胁海洋环境、海盗及其他海上犯罪行为突出。因此，如果南海争议各方能够秉承互利、互助、友好、平等的原则，探索非传统安全合作的领域，采取切实、具体的措施，在维护航道安全、海上联合搜救、人道主义救援、海洋环境保护等方面加强合作，营造和平的国际和地区安全与秩序当然可期。

第二节　两岸海上安全合作的范畴

海上安全属于非传统安全领域高政治性的范畴，特别是在两岸政治、军事仍然对立的情势下，两岸海上安全事务的政治敏感度不容小视。从当前两岸关系发展的现状及现实功能需求来观察，两岸海上安全合作宜从常规事务性海上安全合作与突发性海上安全合作两个层面来加以推进。

一、两岸事务性海上安全合作

事务性是指在两岸海上安全合作中那些属于常规性、日常化的事项，它属于基础性的合作事项，具有长期重复的特点，而非一次性合作的属性。这些事项直接影响到两岸的海上秩序，海峡两岸需要合作才能有效解决。

（一）海上执法安全合作

两岸特别是闽台两地隔台湾海峡遥遥相对，台湾海峡两岸岛屿星罗棋布，自古就有渔盐之富、海运之利。由于两岸地理位置相近，自古以来就有大量闽粤移民渡海入台垦田，两岸航渔从业人员凭借乡亲人脉关系，出海作业或海上商贸交往热络，即便在两岸关系紧张时期，两岸仍有诸如私渡、海上交易、抢

---

① 沈伟烈、陆俊元主编：《中国国家安全地理》，时事出版社 2001 年版，第 321—323 页。

劫渔民、越界捕捞等行为发生，而两岸民间交流重新开启后，两岸海上犯罪行为愈发增长。为保障海峡两岸人民权益，维护两岸交流秩序，海峡两岸先后签署了《金门协议》以及《海峡两岸共同打击犯罪及司法互助协议》等。两岸海上执法安全合作主要是联合打击在台湾海峡海域等海上犯罪行为。海上犯罪类型主要包括海盗、走私、偷渡，及非法越界捕鱼、船舶碰撞、绞网等海上纠纷所引发的刑事案件。当前两岸应加强在以下海上犯罪行为方面的打击力度：一是走私枪械弹药及毒品犯罪行为；二是走私农畜产品、农渔畜活体动物、苗木等犯罪行为，以及有可能滋生传染病的潜在危险等犯罪行为；三是海上私渡行为；四是环境保护类，从事破坏海洋、海岸行为，如非法捕鱼，电毒炸以及破坏海底之捕鱼等非法事件；五是海盗或海上抢劫等犯罪行为。

（二）海上资源安全方面

两岸还应加强在海上资源安全方面的合作。无论是东海的钓鱼岛海域还是南海海域，都属我国重要的海上资源范畴。就海上安全的内涵而言，依海域而衍生的海域作为国防屏障，直接影响到国家安全与国家利益。当前，世界各国对海洋重要性的认识不断提升，不少国家特别是世界大国都围绕海洋权益而展开激烈的争夺和博弈，已在争夺军事目标、战略要地如海峡通道等的基础上增加了争夺经济利益、海洋资源等内容。两岸在海上资源安全领域的合作，一是要共同维护专属经济海域的合法权益，制止其他国家对我海洋资源的不法侵占与掠夺行为。如在钓鱼岛海域以及南海海域，两岸都要共同阻止其他国家的不法行为。二是两岸还可以加强在专属经济海域的资源利用与开发。包括合作开发海上海洋资源及其他矿产，以及开发海洋文化产品，如海上观光旅游，举办跨海域的文化活动等等。

（三）海上护渔安全合作

海峡两岸为了有效维持两岸渔民的切身合法利益，应强化在海上护渔领域的安全合作。例如，无论是在钓鱼岛海域还是南海海域，两岸目前都存在护渔的问题。钓鱼岛海域是我国台湾渔民与福建渔民的传统渔场，数百年以来一直如此。但由于过去三四十年以来，日本强化了对钓鱼岛及其附近海域的非法侵占活动，严重影响到两岸渔民在钓鱼海域的的合法捕鱼权益。同样，在南海海域，也经常有两岸渔船被菲律宾、印度尼西亚、越南等非法驱赶的事情发生。两岸渔民在中国传统捕鱼海域的正常行为之所以被其他一些国家阻挠，其原因主要有两个；一是这些国家过去几十年曾大肆侵占了我在南海及东海的大片海域，二是两岸由于过去几十年的对立状态而导致在海上安全领域的长期不合作局面。当前两岸利益已日渐融合，两岸未来可以在渔船权益维护及海上航运安全等领域开展紧密合作。特别是当前两岸的海洋活动几乎遍及全球，即便是台湾不少渔船也大量雇用大陆劳工。中国大陆在索马里海域的护渔成功，为两岸护渔与航运安全合作开启了更多的契机，对于两岸的海上安全合作之推动也有正面促进作用。

（四）海上航道安全合作

两岸的海域面积非常广阔。以南海为例，南海是连接太平洋和印度洋的重要海上通道，也是重要渔场，船舶通行密度大，通航环境复杂，气象海况多变。一直以来，南海海域船舶航行的安全保障设施、海上应急救助力量以及船舶溢油反应力量和设施不足，影响和制约了南海海域通航安全和经济社会发展。因此，两岸可以在维护南海海上航道安全方面展开有效合作。事实上，过去几年这方面的进展也不少。例如，自2015年5月起，交通运输部在南海海域开工建设大型多功能灯塔，不断加强南海民用导航助航、应急搜救设施的建设力度，特别是华阳灯塔、赤瓜灯塔及渚碧灯塔等大型多功能灯塔的相继投入使用，必将有助于进一步提升南海水域航海保障能力，特别是会有效提升周边水域助航、通航管理及应急搜救能力。而台湾方面在南沙兴建的太平岛灯塔也已完工，两岸在南海海域修建灯塔之举动，本身就是为有效维护两岸海上航道安全所采取的重要举措。事实上，无论是台湾海峡还是南海海域，两岸理应在航道安全的维护方面发挥作用。因为这些海域都是当前世界上船运非常繁忙的海域，很容易发生海上安全事故。

从两岸过去合作的发展历程来观察，现实需求是推进两岸合作的重大动力所在。以两岸海上安全合作为例，随着两岸航运业合作领域的不断扩大，两岸就海上安全等领域的议题展开了对话与接触。例如，1997年1月22日，大陆方面的"海峡两岸航运交流协会"与台湾方面的"海峡两岸航运协会"在香港就两岸船舶直航试点等技术问题达成一系列共识。同年11月，两岸航运界就台湾海峡海难救助问题进行磋商并取得成果，其中一项便是设立"24小时值班通联热线"，为日后两岸开展海上联合搜救演练打下了重要的基础。而2008年11月4日由两岸海协会和海基会所签署的《海峡两岸海运协议》，明文定出"双方积极推动海上搜救、打捞机构的合作，建立搜救联系合作机制，共同保障海上航行和人身、财产、环境安全，发生海难事故，双方应及时通报，并按照就近、就便原则及时实施救助"的海上救助合作内容。2008 年 10 月 23 日，福建省海上搜救中心和厦门市海上搜救中心共同举办了首次金厦航线海上搜救演练，台湾"中华搜救协会"则以观察员身份参与。这次的演练活动虽然谈不上规模，但双方海事主管机关人员却以救难协会等民间组织的身份展开交流，为两岸此后所推动的联合海上搜救演练创造了有利的条件。2010 年 9 月 16 日，两岸海事部门在共识之下，由交通运输部举办了"第一届联合海上搜救演练"。该活动之所以格外重要，在于它是海峡两岸 60 多年来，双方公权力部门在民间团体名义下，首次就共同议题联手合作，而且还是以演习的形式来开展。这次演练的内容由两岸相关搜救单位依据就近、就便、立即驰援的原则共同策划，台湾方面派出了海巡舰艇 4 艘及空勤总队的直升机 1 架，大陆则出动海上搜救中心、海事局及救捞局所属船舶共 9 艘及东海第二救助飞行队直升机 2 架，总计双方动员大大小小船舶约 42 艘，参演人数约 400 人。2012 年 8 月 30 日，"第二届海峡两岸联合海上搜救演练"由台方"海巡署"主办，主题为"强化搜救合作，共建平安海峡，维护两岸三通，共创两岸双赢"。演练活动正式开始前，双方共同举办多次沙盘推演及三场实兵预演，参练成员包括台方的"海巡署""中华搜救协会"、金门县政府、"空勤总队"及大陆方面的海峡两岸航运交流协会、厦门市政府、交通运输部、海事局及中国海上搜救中心等单位，此次演练不论在规模还是内容编排上都胜于以往，其所模拟的遇难场景，不再只限于船舶对撞，还包括直航客机因机件故障迫降金厦水域所引发的海难事故，如人员逃生、换乘及消防等科目。这次模拟是以"大三通"开放后往来两岸间的直航客机、客轮和作业渔船为对象所进行的海空联合搜救演练，两岸规划每两年轮流主办联合搜救演练，推动两岸海上搜救合作的常态化和制度化。2014 年 8 月 7 日，"第三届海峡两岸联合海上搜救演练"在福建马尾与台湾马祖附近水域举行。此次两岸海上搜救机构共出动 33 艘船舶、4 架直升机，两岸 550 多人共同参与演练。本次演练的主题是"携手海上应急，共建平安海峡"。中国海上搜救中心、台湾中华搜救协会、福州市政府、马祖连江县政府及海峡两岸海上搜救相关部门共同执行演练。这是两岸首次在"两马"水域开展演练，实现了区域拓展。同时，这次演练也是两岸首次在港外开放水域举行演练，搜救任务更为复杂，而且也是首次以海上大规模人员疏散逃生为重点，演练更加贴近实战。本次演练是对海峡两岸海上搜救协作机制的有效性和海上搜救应急预案的一次检验。它有利于两岸搜救监管部门在信息传递、搜救力量整合互动、安全监督技术等方面的进一步合作和交流，对于构建平安海峡、促进两岸海上航运发展也具有重要意义。

表5：海峡两岸对于海上犯罪行为之刑事立法规范对照

犯罪形态	台湾地区	中国大陆
海盗罪	"刑法"第30章"抢夺海盗及海盗罪"第333条。	——
海上走私罪	"惩治走私条例""枪炮弹药刀械管制条例""毒品危害防制条例"等都有相关规定。	《中华人民共和国刑法》第2章"危害公共安全罪"、第3章"破坏社会主义市场经济秩序罪"、第6章"妨碍社会管理秩序罪"等条款都有规定。
海上偷渡罪	"台湾地区与大陆地区人民关系条例"第15条、第28条；"国家安全法"第3条；"入出国及移民法"第6条等都有相关规定。	《中华人民共和国刑法》第6章"妨碍社会管理秩序罪"有相关规定。
污染海洋罪	"海洋污染防治法"第15条、第17条、第20条、第22条都有相关规定。	《中华人民共和国海洋环境保护法》；《中华人民共和国刑法》第6章有相关规定。
破坏渔业资源罪	"渔业法"第44条、第48条、第62条、第63条等都有规定。	《中华人民共和国渔业法》；《中华人民共和国刑法》第6章有相关规定。

二、两岸突发性海上安全合作

两岸可以强化在海上突发危机事件领域的合作。两岸突发性海上安全事件主要是指船舶、设施在海上发生火灾、爆炸、碰撞、搁浅、沉没、油类物质或者危险化学品泄漏以及民用航空器海上遇险造成或可能造成人员伤亡、财产损失的事件。[①] 海上突发事件应急，主要包括两个部分，一是为保证生命安全的海上遇险人员搜救，二是为避免、防止或减少危险品或油污造成的海域环境污染的海上防污染应急。这两类在海域安全中，其敏感度更低，都是要有专业人士参与，两岸在这两方面的合作空间完全存在。

台湾与大陆沿海，都是自然灾害多发地区，海峡风浪难测，海上灾难之预防与救援重要。例如，由于台湾南北海域为近海渔业主要渔场，台湾海峡、巴士海峡均为国际海运航线捷径，商船渔船通行繁忙又彼此交错，加上季节性浓雾，东北季风，台风产生之影响，自然因素与人为疏失导致海事灾难频频发

---

① 中华人民共和国海事局编：《海事管理基础知识》，中国人事出版社2011年版，第393页。

生，且海域气候变化难测，船舶一旦失事不仅损害严重，且救援困难，所费不少。例如，近年来，世界各地海滩事故不少。2009 年 7 月 25 日，海地籍帆船在英属柯克斯群岛触礁沉没，偷渡客 200 人落水，仅 124 人被救起；9 月 5 日，南欧马其顿籍游艇在奥赫里德湖超载沉没，游客 73 人落水，救起 50 人。这些都是重大的灾难性海难事故，其后果非常严重。目前两岸已建立 24 小时海难通联，两岸间气象预警机制与世界接轨。既然危险天气与海象通报均在国际规范下实施，今后可扩大功能，特别是要朝海事通报及协同执行方向加强。大陆飞机及船舰不能进入金马外岛所限制水域及台湾海峡，使得救援活动受到影响。以希腊籍"阿玛斯号"货轮油污事件为例，该轮于 2001 年 1 月在台湾南部的垦丁海域搁浅，并造成漏油污染事件。自新加坡请来的打捞船救援，其航程较大陆就近至少拖延一天半，以致伤害倍数扩大。而 2009 年 10 月，巴拿马籍"SILVER SEA"海轮在台湾海峡遇难沉没，两岸立即出动船舰及直升机在现场联手救援，为两岸的海难合作建立了良好的互动模式。

随着两岸海域的繁忙程度的不断加剧，未来两岸海域发生重大污染的可能性大增，因此，加强两岸在搜救与防污染处理方面的合作非常重要。

从总体来看，目前两岸在事务性与常规性的海上安全合作上并没有形成制度化，但两岸在海上突发事件应急机制的合作方面还是有一定的进展，主要是双方已有一定的管道联络。目前这种沟通管道联络主要有以下三种方式在运作：一是中国海上搜救中心和台湾地区中华搜救协会之间的协调搜救，这是目前两岸之间最主要的合作方式；二是中国大陆个别省级海上搜救中心与台湾中华搜救协会之间建立起来的应急事件联系机制，这应是两岸个别区域开展合作的主要模式；三是两岸进行海上搜救行动协作联系。

表6：海峡两岸海难应急救援分析比较

	中国大陆	台湾地区	比较分析
特色	国际海事组织会员	非国际海事组织会员	台湾不是国际海事体系的成员
政策规划机构	政策规划：交通运输部主导"国家海上搜救部队联席会议制度"及救助打捞局	政策规划："灾防委员会"及"交通部"	"灾防委员会"是任务编组，成员由"消防署"或非海事业管人员兼任 中国大陆救助打捞局设有救助指挥处，海巡署将相关业务并在巡防处灾害防救科，而该科并非专责、专人承办
指挥协调机构	指挥协调：中国海上搜救中心是国家海上搜救部际联席会议制度的办事机构，另救助打捞局负责组织、协调及指挥海上搜救应急工作。	指挥协调："中央灾害应变中心"及"国家搜救指挥中心"	"国家搜救指挥中心"也是任务编组，非常设机构。
执行单位	北海、南海及东海救助局 烟台、上海及广州打捞局 北海第一救助飞行队，东海第一、第二救助飞行队，南海第一救助飞行队	空中勤务总队 "行政院海岸巡防署" "国防部"	—
法令规范	依海上交通安全法第7章第39条规范：外国派遣船舶或飞机进入中华人民共和国领海或领海上空搜寻救助遇难船舶或人员，必须经主管机关批准	依"台湾地区与大陆地区人民关系条例"第29条第1项规定，大陆船舶、民用航空器及其他运输工具，未经主管机关（"交通部"）许可，不得进入台湾地区限制或禁止水域、台北飞航情报区限制区域	台湾中华搜救协会与大陆海峡两岸航运交流协会达成共识：为争取台湾海峡发生海难事故时，提高救助时效，大陆以中国海上搜救中心的名义，与台湾中华搜救协会为海难直接通报联系窗口。遇有海难事故，双方直接通报有关资讯，各自组织力量搜救并负责答复对方搜救进度及成果。

第三节　两岸海上安全领域的合作

台湾虽然紧靠海洋，四面临海，但从国际法的角度来看，它不是联合国的会员国，也不是国际海洋法的签约方，甚至连提交海洋划界的资格都没有。国际政治现实对台湾影响最深远的就是其远洋渔业。台湾地区的远洋渔业是以跨国合作方式来经营的，最盛时期其远洋捕鲔渔船多达 640 多艘，作业渔区遍及全球三大洋，年产 40 多万公吨，超越日本，位居世界第一。但由于不具联合国会员国之身份，只能分别以"捕鱼实体""委员会会议""观察员"等非正式身份参加国际渔业组织机构的研讨，接受渔业组织管理，配合其海洋生物资源有效利用。台湾远洋渔船在 2008 年只有 400 多艘。两岸如果能够加强海上安全合作，以台湾船舶的实力，以及大陆在国际渔业组织中的地位，海峡两岸共同争取更多的渔业配额，当然有利于两岸渔业的发展。即便在台湾海峡海域及南海海域，两岸也可以共同建立大型的系统平台及数据库，记录船只数量、事故分析、海象资料、天气状况分析等等。这些资料的收集与整合绝非单纯的治安或经济问题，而是直接关系到两岸的海洋安全与发展的高度战略性问题。两岸如能强化合作，其收益自然相当丰硕。

一、两岸海上突发事件应急机制的差异与问题

两岸在海上突发事件应急机制方面的差异主要有以下几个方面：

1. 两岸海上搜救体制不同

目前大陆建立起了由交通运输部主导的国家海上搜救部际联席会议制度，统筹全国海上搜救和船舶污染应急工作，确定了中国海上搜救中心为国家海上搜救部际联席会议的办事机构，海上搜救中心分成三级至四级，中央、省、县，负责协调相关单位进行搜救。台湾地区由其"交通部"会同"国防部"组建"海难救护委员会"，负责海难船舶及人员之搜救、救助与紧急医疗救护。"海难搜救委员会"为执行海难救护任务设立，其机构主要有搜救协调中心、船舶救助中心、灾害处理中心、任务管制中心等等。

2. 两岸应急管理体系基础不同

大陆海上应急管理体系，是依据《突发事件应对法》，并参照《国家突发公共事件总体应急预案》而形成的应急预案管理体系，强调的是突然发生的，造

成或者可能造成严重社会危害，需要采取应急处置措施予以应对的自然灾害、事故灾难、公共卫生事件和社会安全事件。该海上应急管理体系以危机管理周期为脉络，着重强调事前的应急预警准备机制，事中的应急回应机制和事后的恢复重建机制。应急管理机制主要包括预防、预警、资讯报告、资讯发布、处置及重建6大环节。台湾地区的海上应急管理制度由其灾害防救体系所主导，依据其"灾害防救法"建立。其中"行政院灾害防救委员会"在2006年制定了"灾害防救基本计划修正案"，增加了海难、毒性化学物质等内容，将应急机制的灾害防救体系纳入其灾害防救的应急管理体系来运作，其所规定的灾害主要是指自然灾害、事故灾害，并未强调公共卫生事件和社会安全事件。大陆主要以"突发事件"进行表述，台湾以"灾害防救"进行表达，因而程度不同地影响到两岸对各自应急体制的认知，容易造成混乱与困惑。

3. 两岸应急预案体系不同

两岸都有危机管理体系，但有差异。大陆是依据《国家突发公共事件总体应急预案》所研究的预案框架体系，大致包括突发公共事件总体应急预案；突发公共事件专项应急预案；突发公共事件部门应急预案；突发公共事件地方应急预案；企事业单位根据有关法律法规制定的应急预案；举办大型会展和文化体系等重大活动，主办单位应当制定应急预案。台湾地区的灾害防救计划体系，主要划分为灾害防救基本计划、灾害防救业务计划、地区灾害防救计划3个层级；依其行政体系划分为"中央"、"直辖市及县市"、乡镇市3个层级。分别建立"中央"、"省市"、县市及乡镇4级防灾会报，在灾害可能发生或发生之时，各灾害主管机关成立"灾害防救中心"，各参加编组作业机关同时在内部成立紧急应变小组，与防救处理中心及其他灾害防救单位紧密配合，实施灾害防救工作。由于应急预案的层级体系不同，大陆对不同突发事件依据内容分列，台湾依据防救内容以及层级进行划分，造成两岸在发生海上突发事件时依据各自预案进行应急，无法形成一一对应，可能会影响事故的及时有效处理。

4. 两岸事故应急处置不同

大陆船舶发生污染事故或可能造成海洋环境污染的，船舶及有关作业单位即启动相应的应急预案，并按照有关规定的要求就近向海事管理机构报告，通知签订船舶污染清除协定的船舶污染清除单位，并根据应急预案采取污染控制和清除措施。船舶污染清除单位接到船舶污染事件通知后，根据船舶污染清除协定及时开展污染控制和清除作业，并及时向海事管理机构报告污染控制和清除工作的进展情况。接到船舶造成或者可能造成海洋环境污染的报告后，海事管理机构核实相关情况，并加强监测、监视，发生船舶污染事故的区域，海事管理机构应当立即组织对船舶污染事故的等级进行评估，并按照应急预案的要求进行报告和通报，防污应急各相关单位依据规定成立事故应急指挥机构。在台湾地区，为处理重大海洋污染事件，由"行政院"设置"重大海洋污染事件处理专案小组"，为处理一般海洋污染事件，由中央主管机关设立"海洋污染事件处理工作小组"。在处理重大海洋油污染紧急事件中，指导单位为"重大海洋油污染紧急应变中心"，一旦发生油污染事件后，依据油污染的情况判定处理层级，由各级主管机关负责，整合政府各职能部门，包括"环保署""内政部""外交部""法务部""国防部""财政部""经济部""交通部""海巡署""卫生署""行政院研究发发展考核委员会""农委会""国家科学委员会"等，产业团体及社会团体资源以及专业技术人员共同应对污染。在应急事故处置上，大陆启动的应急模式是从下至上。从船舶主动开展相应的应急预案到向海事管理机构报告，再到海事局按照应急预案进行报告和通报，是一种从船舶向上级通报处置的过程。台湾地区是从上到下。在接到污染资讯后，成立应变中心，再依据中心的规划整合各方力量应对污染，是一种集中处理的方式。事实上，不同的处置方式并不影响各自的应急工作，只有当遇到需要双方共同处置的时候，对于对方机制的不了解或者不习惯，才可能会影响到处理的效率。

从上面的对比来看，两岸海上突发事件应急机制存在的问题主要有：一是两岸之间的沟通管道不畅通。两岸救助体系虽然已初步建立，但是搜救工作的紧迫性和实效性，对救助联络体系有更高的要求，因此，需要进一步完善沟通管道，才能提高成效。二是突发事件应急配套设施不够完善，应急力量薄弱。两岸应急力量比如专业救助船、拖轮、海巡艇专用码头等设备不完备，应对海上突发事件能力较弱，难以适应形势发展的需要。三是两岸之间缺乏有约束力的搜救及应急协议，使双方在合作中缺乏相应规范的指引。四是搜救和应急责任区域各有划分，两岸仅在各自实际管辖的水区域内处理海上事故，不利于事故的快速处理，耽误施救和应急行动的开展。五是两岸污染标准与事故等级标准不同，在事故发生后投入的资源和力量以及处理的方式难以满足现实需要。

二、两岸加强海上安全合作的作为与对策建议

（一）两岸海上安全合作可以"一带一路"战略为核心支撑

两岸海上安全合作需要新的战略思维，以"一带一路"战略为核心支撑，不但可以化解两岸在海上安全合作上的困境，而且还可以有效排除外部势力对两岸在南海海域合作的干预。两岸海上安全的合作区域，从台湾海峡到马六甲海峡的这一片海域，南海就位于其中，其实都是广义上的"海上丝绸之路"。由于海上安全合作包括搜救、环保等内涵，也自然使打捞、历史、人文等因素纳入海上治理范畴，当然这种治理是跨域治理，它不只是维持海上交通秩序与维护往来安全那么简单。将"一带一路"战略纳入两岸海上安全合作中，在某种程度上将可以使中国大陆摆脱目前在南海海域维持权益过程中所遭到的巨大压力与困境。因为"海上丝绸之路"本身就是海域治理的重要一环，这也使美国等境外势力无法介入其中。同时，两岸在海上开展的诸如打捞、历史、人文及环境等共同治理活动，其本身也映射海权的某种扩张。而两岸在合作中既可以增加互信与利益，同时，也是在南海彰显和延伸两岸的主权，而外部势力无法介入其中。另一方面，如果两岸在南海海域的合作中直接大张旗鼓地搞"联合护渔"等动作，则可能会引发外界的反感，美日也会介入其中，这就可能会出现问题。因此，两岸在海上安全合作中，特别是在南海开展合作时，不宜在台面上大提政治议题，而可以用非传统安全合作的思维来为政治服务，透过两岸在南海联合开展各项治理等思路来进行，这本身就是两岸非传统安全合作的重要内涵。

（二）两岸海上安全合作应重点放在"危机预防"领域的合作

海上安全首要之务在于预防，防范可能潜在的危机事件。两岸的海上安全合作应在"危机预防"方面加强合作。例如，两岸可以做好季节性的防范工作，及时提醒或告示直航客船做好防台风、防雾、防冬季大风等安全工作。并加大对海上犯罪的打击力度。这就需要两岸加强对台海海峡及南海海域等两岸共有海域的基本资料的收集与整理，建立大型的海上数据库平台。一是两岸应搭建起多种沟通平台，建立有效沟通机制。可以通过网络、通话、民间交流、固定访谈等多种方式，构建全方位沟通平台，第一时间了解和掌握现实情况及存在的问题，同时让两岸及时了解对方法律法规的最新动态，以便更好地在两岸之间推广和施行相关规定。二是两岸建立危险品资料数据库。针对两岸对危险品运输与管理所适用的标准不完全统一的问题，加快推进两岸间统一适用 IMO 标

准，减少甚至消除差异，以便利两岸危险品的运输往来。同时，尝试建立统一的危险品品名资料库，明确两岸直航所运载的危险品范围，以尽可能化解因两岸危险品认定标准不一致带来的困扰。三是两岸应统一直航危险品协合的差异事项。统一两岸直航危险品运输的差异事项。针对两岸在包装、标志、联合国编号运用、港口装运作业、危险货物清单、积载图、装箱证明书等危险品监管具体事项存在差异的问题，为了使两岸直航危险品运输的管理更为方便、快捷、统一，高效，协商建立以国际海事公约的相关标准作为直航运输监管的统一标准。

（三）两岸海上安全合作应设立"海上突发事件应急基金"

设立海上突发事件应急基金，解决参与搜救就意味着要承担陷于高风险、高难度、高投入而无报酬的尴尬境地之难题，并且建立搜救补偿机制，积极鼓励渔船等社会救助力量参与海上突发事件应急活动，对于施救费用、误工损失、参与救助船舶施救人员伤亡的医疗费用、救助船舶损坏的修理费用以及搜救志愿者、防污染应急志愿者其他费用给予一定的补偿与奖励。同时，应当制定相应的规范，使"海上突发事件应急基金"的设立、运行等程序有统一的标准。两岸海上安全合作应最大程度地动员民间力量的广泛参与。没有民间广泛参与与支持的非传统安全合作，其成效很难有大的彰显。从两岸在过去近三十年的非传统安全合作实践来观察，民间参与不足是其最大的败笔，这也是导致两岸非传统安全合作成效没有得到彰显的重要根源所在。而两岸海上安全合作，其涉及面非常广泛，复杂因素更多，因此，两岸海上安全合作中应最大程度纳入民间力量的广泛参与，例如两岸在设立"海上突发事件应急基金"过程中，应尽最大可能地发挥民间参与的积极性和主动性。

（四）两岸海上安全合作应建立海上应急救援机制

两岸救助资源不同，资源配置不均的现实，两岸可以考虑沟通协商建立两岸海上应急共同机制，以实现两岸海空力量互补，专业力量和社会力量互补，公务力量与民间力量互补，提供两岸水区域的整体救助力量。此外，两岸应加强海上突发事件应急演练，探求建立民间主导的两岸高效应急机制。目前两岸在海上应急救援方面虽然已有一定的合作，但并未形成常态化机制化。因此，两岸可以加强这方面的演练，以便能够在事故发生时迅速做出反应并积极配合。两岸海上应急救援机制可以增加防污染应急演练的内容，通过演练，探寻出两岸在应对防污染问题上的快速高效的反应体系，形成适合两岸实际情况的合作体制。此外，两岸应签署搜救与防污染应急协定。目前缺乏协议，搜救和应急区域各有划分，两岸仅在各自实际管辖的水区域内处理海上事故，不利于事故的快速处理，耽误施救和应急行动的开展。因此，两岸应在合作基础上签署相关协议，规定搜救与防污染应急的沟通协作机构、协作条件，以及具体协作的事宜。

（五）两岸海上安全合作宜成立联合海事公司

两岸应成立以提供船舶拖带、海上搜救等服务为主的联合海事服务公司，其所需要的人员，训练及相关设备均可由此公司自行组建解决。两岸联合海事公司可以作为"海上丝绸之路"战略实施的重要推手。一方面，它可以满足两岸在海上安全领域开展合作时的各种现实需求，另一方面，它可以避免外界的猜测，甚至可以降低外界对两岸海上安全合作的政治想象，大大削弱两岸海上安全合作的政治敏感度。在这方面两岸可以向新加坡好好学习。新加坡是亚洲第一个利用潜艇开展救难的国家。新加坡政府透过科技工业集团公司新科海事（Singapore Technology Marine），和英国 James Fisher Defence（水下救难系统制造商）合资成立了"第一反应海事公司"，再以这家公司名义建造"雨燕号"潜艇救难艇，并以每年 210 万新加坡币租金向第一反应海事公司签下 20 年服务合约，这一做法不仅让新加坡政府省去造舰费用，更省去每年可观的营运费用。

第四编　两岸非传统安全合作趋势与展望

第一章　绿营重返执政对
两岸非传统安全合作的挑战

第一节　绿营全面执政与台湾政局发展

2016 年 1 月初台湾地区举行的领导人选举中，国民党惨败，民进党大获全胜，不但赢得了台湾地区领导人选举，而且取得了在台湾立法机构的极大优势，拿下 79 席，民进党在台湾地区政治生态中首次取得了非常明显的优势。从地方到"中央"，从行政到立法，民进党在台湾已确立全面执政的地位。民进党一党独大的发展态势，不但极大地改变了台湾岛内政治生态的发展轨迹，也对未来两岸关系发展产生诸多的影响与冲击。

一、台湾政治生态进入新一轮重大调整与改组时期

2016 年台湾地区的"大选"结果不但使过去八年以来岛内所形成的政治生态发生显著的变化，而且也使台湾岛内的政治权力结构进入新的重大调整与重组时期。

中国国民党在 2008 年台湾地区选举中重返执政，实现了台湾地区的第二次政党轮替，过去八年，国民党及其泛蓝阵营在台湾地区处于全面执政的局面，而民进党及其泛绿阵营处于在野地位。随着蔡英文在 2016 年选举中的大获全胜，民进党不但实现了台湾地区的第三次政党轮替，而且还赢得了台湾立法机构的绝对多数席次。这对于台湾地区的政治生态和政局走向产生了很大的影响。从选举的投票结果来观察，国民党在其传统的优势选区全面崩盘，在 2014 年"九合一"地方选举中，国民党也只是从台湾的西部败退到"后山"，但 2016 年选举结果却使蓝军连花莲、台东等地区也皆失守，仅仅剩下金门、马祖两个岛，

客家的新竹、苗栗及南投勉强支撑，这将是一个与过去截然不同的政治版图。①国民党在全台特别是传统优势选区的大溃败，不但使国民党对台湾政局的影响力大幅削弱，而且使民进党和绿营政治势力大为上升，台湾地区的政治权力结构进入新的重大高速与重组时期。

从过去二十多年台湾政治生态发展来观察，民进党始终未能掌握台湾立法机构过半席次，这也是不少绿营人士认为的陈水扁执政时期施政过程处处受到掣肘的重要原因。而民进党在 2016 年选举中取得了行政及立法的绝对优势，形成全面执政的局面，当然有助于民进党未来的执政摆脱上一次执政经历中的"朝小野大"之困境，客观上有利于民进党的施政与作为。

二、台湾社会的极端"本土化"意识将进一步增强

台湾地区 2016 年选举结果无疑使台湾社会的"本土化"意识进一步增强，特别是台湾社会中的极端"本土化"与"去中国化"思潮等政治意识形态有可能大为膨胀。

国民党在 2016 年台湾地区选举中之所以大败，除了国民党自身的原因之外，也与近年来台湾社会中的极端"本土化"意识增强有一定的关联性。特别是在"太阳花运动""反课纲运动"中，台湾社会的"主体意识"一次又一次被强化，特别是在"独"派政治势力的操作下，台湾社会运动中的这种"主体意识"与"大中国"意识似乎越来越呈现出对立的态势，甚至连极具敏感性与争议性的"修宪"议题也在台湾社会重新被提起，显示出台湾社会的极端"本土化"与民主化转型运动再次有所启动。②随着民进党重返执政以及绿营政治势力在台湾政治生态中的政治优势地位之确立，绿营特别是"独"派政治势力在台湾社会强化本土意识形态的氛围更为有利，而且可以运用的政治、经济等资源也较为充足。这些都可能使台湾社会的分离主义政治意识形态进一步增强，台湾社会中"统独"意识的对立有可能不断加剧。

从目前来看，重返执政的民进党上台后，利用掌握立法机构多数席次的优势，通过了"不当党产处理条例草案"及"促进转型正式条例草案"等提案，这其实都是民进党打着所谓"转型正义"的旗号，以清查"党产"为名义，企

---

① 《年轻世代主导台湾新政治》，《中国时代》，2016 年 1 月 17 日，A2 版。
② 胡凌炜：《两岸关系发展：新特点与新挑战》，载香港《中国评论》，2015 年 11 月号，第 17 页。

图用透过政治手法来对国民党进行清算的行为，其目的就是要阻止国民党未来的东山再起，从而为绿营的长期执政创造条件。民进党的这些政治性动作必然会不断强化台湾社会的蓝绿对决氛围，甚至有可能会使蓝军快速凝聚团结力，强化与民进党的政治对决态势。

三、台湾社会蓝绿政治板块有所位移但未解体

台湾地区 2016 年选举结果对台湾政治生态结构中的蓝绿政治板块有很大的影响和冲击，但台湾政治中的蓝绿基本盘并未解体。

在 2016 年 1 月台湾地区的选举中，尽管代表民进党的蔡英文大赢代表国民党的朱立伦 300 多万票，蓝军在很多传统优势选区遭遇大崩盘，蓝绿结构也有很大的松动，但这次选举的投票率并不高，总投票率仅 66.27%，创下了台湾开放选举以来的最低投票纪录，这表示绿营并没有扩张到预期的程度。[1]

分析蓝绿两大阵营的得票情况，蔡英文历经四年蛰伏，最终拿下 689 万多张选票，只比她在 2012 年选举中的总得票数多出 80 万票，并未打破马英九在 2008 年及 2012 年两次选举中的得票数。这说明蔡英文和民进党背后所代表的绿营基本盘在过去四年里并没有很大的增长。而反观国民党方面，朱立伦在这次选举中的得票数不但比马英九在 2012 年选举中的得票少了 300 多万，而且也比 2014 年"九合一选举"中国民党的总得票数少了 118 万票。从国民党选票的流失来看，蓝军士气涣散、不愿意出门投票才是国民党败选的主因所在。因此，蔡英文成长的 80 万张选票，其实多数是来自年轻人或不满马英九执政表现的一些选民，而国民党的传统选票更是被蓝军所抵制，从这个层面分析，此次选举并没有使蓝绿结构大崩解，台湾政治生态中的蓝绿结构仍然存在，只是继续朝蓝消绿长的态势发展。此外，在这次选举中，亲民党的宋楚瑜拿到 158 万票，较四年前多了 120 万票，显示蓝军过去在选举中的"弃保效应"并未发酵，这在一程度上或许也可以说明，台湾社会确实出现了某种希望裂解蓝绿的政治力量，而且这股力量正在隐隐骚动，其未来发展前景还需要观察。特别是在此次选举中，台湾不少年轻人开始提出了"世代正义"诉求，用世代的框架来替代蓝绿的思维，以此决定投票取向。但是在过去几次选举中，这个群体的数量仍

---

[1] 《赖怡忠：投票率不高 绿军没有扩张到预期程度》，"中国评论网" 2016 年 1 月 18 日，http://zhgpl.com/doc/1040/9/0/3/104090313.html?coluid=142&kindid=0&docid=104090313&mdate=0118004227。

比较小，影响力还不够大。但是在今天，台湾社会 20—40 岁的台湾青年总数已经有 720 万人，其对政治版图的影响力不容小视。[①] 这股力量的未来发展趋势还需要持续观察。

四、第三势力对台湾政局的影响力有所增强

台湾地区 2016 年选举中以"时代力量"为代表的第三势力兴起，无疑会对未来台湾政治生态及政局走向产生影响。

在 2016 年台湾"大选"中，第三势力成为一股不容小觑的政治力量。依据台湾地区"公职人员选举罢免法"之规定，在本次选举中得票率达到 3.5% 的政党，都可以获得每年每票 50 万新台币的补助，而在此次选举中，除了民进党和国民党两大政党外还有"时代力量"、新党、亲民党等三个小党均跨越 3.5% 补助款门槛。[②] 也就是说，在未来四年，这三个小党每年都将会得到一笔数额不菲的选举补助款，不但有助于保障这些小党维持党务运作的基本开销，而且也有助于台湾政治中的第三势力为争夺下次选举进行全面布局。

第三势力在这次选举中的窜起，特别是"时代力量"等小党的政党票能够跨越 3.5% 门槛，对台湾政治生态的影响相当大。以"时代力量"为例，不但提名的黄国昌、林昶佐及洪慈庸在所在选区都顺利当选，而且"时代力量"在其他选区的很多提名人选虽然最终没有当选，但其得票数几乎都冲破了 1 万，代表第三势力很有可能在未来杀出蓝绿之外的第三条路。以台北市为例，第三势力在台北市各选区几乎都拿下超过一万票的成绩，这说明选民对原本的立法机构和政治生态不够满意，选民期待能够有不同的多元的声音。此外，也说明台湾选民对传统蓝绿两大政党盘根错节的政商关系有一定的反感。[③]

第三势力对政治的影响加强，未来无疑会对民进党执政有所牵制，台湾立法机构中的政治纷争无疑会进一步加剧。

当然，台湾政治生态中的第三势力未来是否能够真正崛起，恐怕还不宜过早下结论，特别是还需要通过下一次的选举中的表现加以验证。以"时代力量党"为例，它在意识形态领域还是属于绿营，从选举结果来观察，它在此次选

---

① 《专家解读台湾选举：国民党败在青年》，中国新闻网 2016 年 1 月 18 日，http://www.chinanews.com/tw/2016/01-18/7720664.shtml。

② 依据此法规，未来四年平均每年民进党有 26854 万新台币，国民党有 16404 万新台币，亲民党有 3974 万新台币，"时代力量"有 3721 万新台币，新党有 2550 万新台币的补助款项。

③ 《第三势力窜起选民的新选择》，《中国时报》，2016 年 1 月 17 日，A14 版。

举中只是取代了"台联党"，在民进党的强势执政下，"时代力量"未来如何与民进党互动还需要持续观察。

第二节　两岸关系发展面临的新形势

台湾地区新领导人蔡英文在今年 5 月 20 日的"就职"演说中，并没有公开接受"九二共识"，没有正面回应两岸关系和平发展的政治基础，这无疑为未来两岸关系的发展投下了巨大的阴影。中共中央台办、国务院台办负责人于当日就当前两岸关系发表谈话时表示，台湾当局新领导人在两岸同胞最关切的两岸关系性质这一根本问题上采取模糊态度，没有明确承认"九二共识"和认同其核心意涵，没有提出确保两岸关系和平稳定发展的具体办法。"这是一份没有完成的答卷"。[①]针对民进党已经在台湾上台执政，国台办与陆委会联系沟通机制是否还能继续运作的问题，国台办发言人马晓光表示，只有确认坚持"九二共识"这一体现一个中国原则的共同政治基础，两部门联系沟通机制才能得以延续。[②]这也表明，如果蔡英文当局未来不能就两岸共同的政治基础进行清晰的说明，两岸官方之间的沟通与联系机制将处于停摆状态。

一、两岸关系将进入冷对抗的僵局

民进党全面执政后，虽然海峡两岸在民间交流方面皆有现实需求，两岸民间交流部分不容易断绝，但民进党与大陆在意识形态上长期对立，尤其是双方在政治互信方面严重缺乏，这无疑对未来两岸关系发展有极大的牵制与负面冲击。蔡英文过去多次声称两岸关系不是国共关系，在处理两岸关系上，"名词"或者是"标签化"的处理，其实都不是有利于两岸关系朝有效、正面的方向发展的。两岸关系应朝着重质的方向发展。[③]蔡英文的这些话语其实是为其不接受"九二共识"进行铺垫。事实上，尽管蔡英文在 2016 年 5 月 20 日的"就职"演讲中对两岸关系着墨不少，但就是不愿正面接受"九二共识"，这说明以蔡英文为代表的民进党仍然排斥"两岸同属一中"的政治定位。

---

① 《中共中央台办、国务院台办负责人就当前两岸关系发表谈话》，新华社北京 2016 年 5 月 20 日电。

② 《国台办发言人就今后国台办与陆委会联系沟通机制表明态度》，新华社北京 2016 年 5 月 21 日电。

③ 张瀞文：《蔡英文：从谈判桌到总统府》，台北：《城邦商业周刊》，2015 年 11 月，第 115 页。

民进党的政治意识形态里面仍然有着分离主义的基因，这将是阻碍民共双方增进互信的根本障碍。未来如果民进党不能公开放弃分离主义意识形态，不能接受两岸同属一个中国之政治基础，则过去八年所形成的两岸关系和平发展局面很难维系，不但主管海峡两岸事务的国台办与陆委会机构之间的交流机制难以为继，而且连海协会与海基会之间的协商机制都很难有效运作，即便是过去八年以来大陆不少省市推动的对台高访团交流活动也无法继续下去。两岸官方层面的热络互动有可能大幅降温，当然有可能使两岸关系的发展陷入某种冷对抗的状态。

二、两岸交流将进入以民间交流为主的发展模式

从总体情势来分析，由于蔡英文当局不愿接受"九二共识"等两岸关系互动的政治基础，两岸关系良性互动的气氛大受影响，海峡两岸在官方层面的接触日渐冷却应是某种必然的趋势，而两岸民间交流则有可能再次成为双方互动的新常态。

长期以来，两岸民间交流的最大动力并非来自官方的驱动，而在于两岸民间内在强大的现实需求。事实上，民进党全面执政后也需要一个稳定的两岸关系，而中国大陆方面也不希望看到两岸民间关系的完全中止，在两岸利益高度密集与融合的今天，两岸完全断绝民间交流已几成不可能之任务。尽管台湾当局新领导人蔡英文多次强调台湾未来发展的一个思路就是要透过贸易多元化的手段，保护台湾经济的自主性。[1]但毕竟两岸民间的经贸交流关系已持续数十年，两岸经贸走到今日紧密之程度，不是一句"马英九倾中"可以解释的，其实主要是内在经济驱动力在起作用。民进党未来如果反其道而行之，则可能让台湾开拓新天地难成，又失去原有江山，如此将置台湾经济于灾难之中。[2]因此，未来在民共政治对立的情势下，两岸民间交流的重要性无疑更为突显，两岸民间互动或许将成为两岸关系发展中的重要特色和主要方面。

三、两岸关系的外部环境更趋复杂

民进党全面执政后，两岸关系和平发展的外部环境无疑将进入一个更为复

---

[1] 蔡英文：《英派：点亮台湾的最后一里路》，台北：圆神出版社有限公司 2015 年版，第 199 页。

[2] 《社论：两岸经贸前景传警讯》，载《中国时报》2015 年 1 月 24 日，A12 版。

杂也更为险峻的状况。在台湾岛内，至今仍然没有完全放弃分离主义政治意识形态的民进党上台执政后，无疑会在台湾岛内进一步强化其分离主义的政治、经济、社会等话语及论述，两岸的对抗性有可能大为增强。在这种情势下，两岸关系将陷入长时期的冷和平、不发展之状态，这必然会进一步对两岸的民间往来关系发展造成牵制与相当负面的影响。除此以外，民进党上台后基于分离主义的意识形态及利益考虑，必然会更为配合美日之战略，包括美国的重返亚太战略，以及日本对抗中国的战略，绿营的这些动作又会进一步强化两岸的不信任情绪，使两岸关系和平发展进程面临更为复杂的环境。

四、两岸关系的稳定度会大为降低

2008 年以来，两岸在"九二共识"的基础上开展合作，不但降低了两岸关系的紧张度，而且使两岸关系的稳定度大为提升。"美国在台协会"台北处长梅健华在台湾 2016 年领导人选举后接受媒体专访时特别强调，过去几年两岸讨论的基础是"九二共识"，不但在两岸，在整个区域的交流，都因此而增加了。特别是使两岸的紧张局势降低了，也带来了很多的机会。[①] 他还表示，美台关系改善的重要原因是双方都同意采取"零意外"的做法，频繁、明确地沟通。[②] 但由于民共之间长期以来就缺乏最为基本的互信，民进党执政后，基于历史互动经验及现实利益折冲等因素之影响，两岸关系的稳定度无疑会大不如从前，特别是两岸之间的一些偶发危机事件有可能会冲击两岸关系，从而为两岸关系发展带来极大的风险和挑战。例如，未来台湾的国际参与方面很有可能会成为两岸冲突的爆炸点。民进党执政后由于分离主义意识作祟，必然会积极拓展其"国际空间"，[③] 这些动作都会极大地降低两岸关系的稳定度。

第三节　两岸非传统安全合作面临的新挑战

不可否认，民进党在台湾地区的全面执政，为两岸关系发展带来了新的重大变数。民进党长期坚持分离主义的意识形态，无疑会使两岸在非传统安全领

---

① 《九二共识美不抱持任何立场》，《自由时报》，2016 年 1 月 25 日，A2 版。
② 《九二共识美不抱持任何立场》，《自由时报》，2016 年 1 月 25 日，A2 版。
③ 蔡英文：《英派：点亮台湾的最后一里路》，台北：圆神出版社有限公司 2015 年版，第
191 页。

域合作的环境更趋复杂性。这对于海峡两岸双方的非传统安全合作而言，无疑是一项重大的挑战。当前，两岸在非传统安全领域合作所面临的挑战主要表现在以下几个方面：

一、两岸政治互信缺乏

两岸问题的核心障碍还在于政治领域的对立和冲突。其意涵包括两岸在政治制度、政治意识形态等领域的巨大分歧。即便 2008 年以来，两岸双方的互信基础有所改善，两岸关系取得了重大的进展，但这些进展也主要体现在非政治领域，主要是两岸经贸及人员往来等领域，而政治领域的进展则相当有限，至今尚未举行任何政治对话与政治谈判。这也说明虽然过去几年两岸政治对立的气氛有所降低，但两岸在政治领域的共识并未形成，分歧依旧。

而 2008 年以来尽管两岸在政治领域的分歧并未减少，但却开创了两岸关系和平发展的新局面，其原因主要在于双方在交流交往的政治基础上取得了共识，两岸都公开接受"九二共识"和一个中国原则，这是两岸能够开展往来和合作的重要前提，也是两岸在非传统安全领域合作能够顺利开展的原因所在。自李登辉执政后期，到陈水扁八年执政时期，台湾当局不愿意接受一个中国原则，奉行分离主义的政治意识形态，从而使两岸关系互动的政治基础不复存在，不但造成两岸关系紧张和台海局势动荡，而且也影响到两岸在非传统安全领域的合作。而 2008 年以来，马英九当局公开接受"九二共识"，两岸在"九二共识"的基础上开展对话与协商，两岸互动中政治因素的干扰虽然没有完全排除，但其紧张程度与对抗强度确实已大为降低，从而使两岸非传统安全合作水平有很大的提升。

随着民进党重返执政，蔡英文当局对待"九二共识"的态度无疑将成为两岸关系发展的重要分水岭。如果蔡英文当局接受"九二共识"的核心内涵，则两岸关系和平发展的政治基础得以维系，政治因素将不再是影响两岸开展非传统安全合作的重大障碍。但如果蔡英文当局仍然不愿意接受"九二共识"的核心内涵，则两岸互动的政治基础不复存在，肯定会对两岸非传统安全合作造成重大影响和牵制。因为一旦民进党当局不愿意接受过去两岸互动的政治基础，则必然加深大陆对民进党未来推动分离主义的担忧，两岸互动中政治因素的干扰必然上升，当然会对两岸非传统安全合作带来障碍。

从蔡英文在其"就职"演说中的表态来观察，民进党执政当局在对待"九二共识"议题上仍然采取了模糊与回避的做法，这当然不利于两岸之间互信的培养，不但会引发大陆方面的顾虑，也有可能使两岸关系大幅度降温，两岸未来在政治上的对抗有可能上升，海峡两岸政治互信水平的降低，当然对于两岸非传统安全的合作极为不利。

除此之外，民进党在 2016 年上台执政以来，其政治人物对两岸关系的表态与过去蓝营有很大的区别。例如，台湾立法机构新的会期在今年 2 月开始后，已掌握了立法机构多数席次的民进党并没有把精力放在拼台湾的经济发展，而是着手拼转型正义，之前被阻拦的相关"法案"又卷土重来。民进党"立委"高志鹏提案要废除孙中山遗像，强调不该继续洗脑下一代，民进党部分政治人物心目中急于"去中国化"的政治意识形态暴露无遗。而在 5 月 20 日台湾地区政权交接过后的次日，新任的教育主管部门负责人潘文忠就表示近日将以行政命令废止 2014 年通过的"课纲微调"。台湾所谓的"课纲"就是"课程纲要"，以前台湾地区的教科书是由教育主管单位编的，只有一种版本。后来李登辉废了这个版本，允许书商编教科书，但必须符合主管单位的"课程纲要"，1997 年李登辉强行推出"认识台湾"教科书，迈出"台独"教育的第一步。总体上李登辉和陈水扁当局的课纲，都是不折不扣的"台独"课纲，而且一直沿用至今，马英九执政后期，终于要对这种"台独"课纲进行稍稍修正，即"课纲微调"。"课纲微调"确定把"中国"改为"中国大陆"，同时，"日本统治时期"改为"日本殖民统治时期"，对于慰安妇的描述增加"被迫"二字。跟绿营主政时期对教材"去中国化"的动作相比，此次课纲调整幅度极小，但仍引发民进党和"独派"的激烈抗议与反弹。① 而现在民进党一上台马上拿意识形态争议最大的"课纲"下手，充分说明民进党及其政治人物仍然是以意识形态挂帅，此举不但会继续撕裂台湾社会，而且会对两岸关系的发展带来相当负面的影响，严重影响两岸之间的政治互信。

二、两岸合作意愿降低

民进党在台湾岛内全面执政后，如果无法与大陆取得政治上的最低共识，当然会影响到两岸关系的整体气氛，而两岸关系氛围的降低，则自然会影响到双方对非传统安全合作的意愿，这也是影响两岸合作的重大挑战所在。

① 《上任第一天台"教长"废微调课纲》，《厦门日报》2016 年 5 月 22 日，A05 版。

　　两岸在非传统安全领域的合作状况与实际成效，在很大程度上取决于双方
对合作的真实意愿。如果两岸关系和平发展的氛围受到影响，甚至发生逆转，
当然会对双方的合作意愿有冲击，会直接影响到两岸在非传统安全领域的合作。
以两岸打击犯罪活动为例，在两岸关系陷入对立状态之时，随着互信程度的减
弱，两岸合作的意愿相对大幅度降低，相互之间的配合度也大为下降。从两岸
过去互动的经验来看，陈水扁执政时期推行分离主义路线，导致台海局势日益
紧张，大陆方面对民进党执政当局采取了冷处理的策略，海协会和海基会之间
的互动完全处于停摆状态。陈水扁八年执政时期，海基会发文给海协会有 7000
件，但只收到大陆方面 41 件回信，而这些回件也多是慰问天灾，以及辜振甫过
世等等。[①] 这说明两岸完全没有政治互信基础，必然会影响到两岸互动的氛围，
两岸之间的合作包括非传统安全合作都会受到很大的影响。而由海协会与海基
会所搭建的两会框架，是海峡两岸在尚未最终化解政治难题的特殊情势下，双
方开展交流与互动的重要沟通与联系平台。2008 年以来两岸之间所签署的 23
项协议，都是在两会框架下完成的。而两会之所以能够在两岸谈判协商中间扮
演重要角色，关键就在于双方坚持"九二共识"这一政治基础。未来如果蔡英
文当局不接受"九二共识"，大陆方面必然会对两岸两会之间的协商失去意愿，
其后果就是两会协商机制无法持续下去，两岸之间无法继续展开沟通，台湾的
海基会等机构则又有可能回到陈水扁时期的"冬眠"状态。

　　事实上，台湾当局新领导人蔡英文在其"就职"演说中没有正面接受"九
二共识"，仍然采取了回避与模糊的策略，当然会引发大陆的不满，国台办发言
人在今年 5 月 21 日的发言中明确表示，只有确认坚持"九二共识"这一体现一
个中国原则的共同政治基础，两部门联系沟通机制才能得以延续。这表明在台
湾新当局接受"九二共识"之前，两岸之间原有的合作安排机制有可能受到很
大的影响，甚至不排除暂时中断的可能，这对于两岸在非传统安全领域的合作
非常不利。事实上，蔡英文当局上台后，台湾当局陆委会负责人也表示与国台
办负责人没有任何的互动。[②] 这说明两岸关系已陷入某种僵局。

三、外部牵制力道增大

　　两岸关系的发展也常常受到外部因素的牵制和影响。特别是美国因素的影

---

① 《苏起看民共僵局：对立时就要看实力》，中评社台北电，2016 年 4 月 8 日电。
② 《张小月：至今和张志军没有互动》，中评社台北电，2016 年 6 月 7 日电。

响非常突出。美国等外部因素对两岸合作特别是非传统安全合作的影响，主要体现在以下几个方面：

首先，近年来随着中国大陆实力的增加，中国崛起已成不可阻挡之势，美国基于其国家利益考虑，当然不希望看到中国的发展与强大。美国近年来提出一系列针对中国的战略，诸如"重返亚太"以及"战略再平衡"等等都是美国极力阻挠中国国力发展的重要举措。而两岸过去八年的快速发展，特别是台海和平稳定的局面客观上对美国在海峡两岸的利益非常有利，但美国仍然不希望两岸过于靠近，更不希望两岸未来走上统一之路，从而使美国丧失对两岸关系的影响力。因此，对于美国而言，两岸关系的发展维持住某种平衡的态势最符合其国家利益。而当前民进党在台湾岛内重新取得执政权，在某种程度上是符合美国的战略利益的。因此，美国未来可能会强化与蔡英文当局的互动与合作，这当然会对两岸在非传统安全领域的合作带来某种牵制和阻碍。

其次，美国等外部势力与民进党的合作力道加大，虽然并不代表美方会支持民进党的"台独"冒险主义政策，但美国的这种支持在台湾社会却会造成这样的认知，即不少绿营支持者会认为美国支持民进党的分离主义路线，支持台湾与大陆对抗。这也是当前不少绿营支持者始终坚持认为美国会帮助台湾抵抗来自大陆的统一压力的原因所在。换言之，美国基于其自身战略需求而拉拢台湾之做法，客观上会强化台湾当局和台湾社会对美国的依赖需求心理。在这种情势下，蔡英文当局对与大陆开展合作的意愿自然也大为降低，当然更缺乏要去接受"九二共识"的政治压力，这对于推动两岸在非传统安全领域的合作也是很大的伤害。

第二章　两岸非传统安全合作的发展趋势

就两岸非传统安全合作本身而言，它虽然具有国际社会一般行为体之间开展非传统安全合作的基本特征，但也有其鲜明的两岸特殊性，加之两岸关系自身的敏感性与脆弱性，使两岸在非传统安全领域的合作与发展容易受到多方综合性因素的作用。因此，两岸非传统安全合作的发展趋势不但会受岛内政局发展演变之影响，也会受到两岸关系发展之牵制，还会受到外部因素的制约。民进党在台湾全面执政后，两岸关系已经陷入了某种僵局，这无疑使两岸在非传统安全领域的合作面临很大的挑战与变数。

第一节　两岸非传统安全合作的影响因素

首先，台湾岛内政治生态发展及政局演变始终是影响两岸非传统安全合作的重要变量。

台湾地区是一个政党轮替的社会，而岛内的政党轮替必然会影响到台湾当局的两岸政策走向。从台湾岛内过去政治关系发展来观察，国民党与民进党的大陆政策存在很大的差异，特别是这两个政党对两岸关系的性质与定位，以及对两岸关系的发展前景等重大议题的态度存在着很大的区别，所以，蓝绿不同政党上台执政，其大陆政策必然有所不同，也会影响到两岸关系的发展，当然会对两岸在非传统安全领域的合作产生重大的影响。2008 年以来，国民党在岛内重返执政，两岸双方在"九二共识"的政治基础上开展合作，开创了两岸关系和平发展的新进程，自然为两岸在非传统安全领域的合作奠定了良好的基础和条件，这也是海峡两岸在过去八年的时间里能够成功签署 23 项协议的重要原因，而其中多数协议就直接涉及到两岸在非传统安全领域开展合作的内容。而反观民进党，由于民进党长期坚持分离主义的政治意识形态，拒不接受"九二共识"和"一个中国"等两岸共同的政治基础，致使双方的互信基础始终无法建立起来，当然会影响到两岸在非传统安全领域的合作与开展。这也是2000年至2008年期间，两岸在非传统安全合作几乎陷入停滞化的重要原因所在。

当前民进党再次取得了台湾地区的执政权，但蔡英文在其"就职"演说中仍然没有接受"九二共识"，也没有对"九二共识"的核心意涵表示认同，无疑使民、共之间的互信基础仍然很难建立，针对这种情况，大陆方面也公开表示，只有确认坚持"九二共识"这一体现一个中国原则的共同政治基础，国台办与陆委会的联系机制才能得以延续。这说明如果蔡英文当局不能进一步就"九二共识"进行明确表态，国台办与陆委会这两个部门的联系机制就有可能无法持续下去。2014年2月，国台办与陆委会负责人在南京见面，决定在"九二共识"政治基础上建立两部门常态化联系沟通机制，此后，两部门积极互动，先后举行了5次负责人工作会面，建立起两岸热线，保持密切联系沟通，妥善处理了许多复杂敏感问题，受到两岸各界的普遍认可。两部门联系沟通机制的运作，有利于两岸双方及时沟通情况、避免误判、管控分歧，也有利于增进了解、累积互信，让两岸关系中的一些"不可能"成为现实。当然有助于海峡两岸在非传统安全领域的合作推进。未来两部门能否互动，关键还是取决于蔡英文当局的大陆政策能否务实调整。

其次，两岸关系的发展状况是影响两岸非传统安全合作的另一重要变量。

如果说台湾岛内政局演变是影响两岸非传统安全合作的隐性变量，那么两岸关系发展状况则不但是影响两岸非传统安全合作的显性变量，更是两岸非传统安全合作发展状况的晴雨表。事实证明，两岸能否开展合作，特别是在非传统安全领域的合作能否顺利开展，在很大程度上取决于双方的互信基础，主要取决于台湾方面是否坚持一个中国原则，这才是核心之所在。台湾问题是中国国家的核心利益之所在，它涉及中国的领土完整与主权尊严等重大问题。两岸虽然至今尚未完成最终的统一，但两岸并没有分裂，这就是两岸关系的现状。即便现阶段两岸实现完全统一的条件尚不具备，但大陆方面绝对无法接受台湾要从中国领土分离出去的后果。因此，台湾岛内任何政治势力所主张的分离主义，都是大陆无法接受与认可的，它也会影响到两岸关系的和平发展与台海局势的稳定。

第二节　两岸非传统安全合作的发展趋势

一、两岸非传统安全合作的范围有可能缩小

在民进党全面执政的情势下，两岸关系和平发展的政治基础受到了很大的损害，两岸关系也由过去八年的和平发展进入僵局，这也给两岸非传统安全合作的合作带来了很大的影响，如果未来两岸还不能达成最低程度的政治共识，则肯定会冲击到两岸非传统安全领域业已形成的合作关系，不排除两岸非传统安全合作的范围有缩小的可能性。

近年来，随着两岸关系的快速发展，特别是马英九执政时期两岸关系和平发展进程的不断巩固，两岸在非传统安全领域的合作需求也越发增长，从而使两岸在两岸非传统安全领域合作的范畴日渐拓宽。在过去八年，两岸在非传统安全领域的合作非常广泛，在诸如食品安全、海域安全、公卫安全、旅游安全以及打击犯罪等方面都建立起了很好的合作机制，不过这些领域仍然还是局限在低政治的非传统安全领域。如果两岸合作的势头能够持续，当然有助于两岸在非传统安全领域合作范围的不断拓展，甚至有可能会超出两岸地域范畴，不排除可以在太平洋、印度洋还有非洲地区就涉及两岸关系的非传统安全议题开展合作，以共同维护两岸同胞的海外利益。事实上，大力拓展两岸非传统安全的范畴不但有其必要，而且也有其实现之可能性。从必要性的角度来看，海峡两岸都有在境外开展反恐合作的现实需要，特别是在反海盗等方面的合作，其现实需求性非常高。以台湾为例，台湾地区的远洋航运业非常发达，近年来台湾渔船因聘用外籍渔工而引发了不少血案。如 2008 年台湾的"和财发18 号""泰亿祥号"渔船喋血两大案件；2009 年发生的"金满成号"上两名台湾籍船员在印度尼西亚的苏门达腊外海，疑似遭到船上外籍渔工杀害的案件；2009 年 9 月的"升进财号"渔船 2 名台籍船员及 8 名印度尼西亚船工在中西太平洋海域被通报失联事件；2010 年 3 月琉球籍"圣易财 166 号"渔船，1 名台籍船工和 10 名印度尼西亚渔工被通报失联案件；等等。维持两岸海上船舶的安全，本身就是非传统安全合作的重要内容，两岸当然可以开展某种程度的合作，特别是在中国大陆综合实力不断增强的情势下，两岸在海外开展非传统安全领域合作的能力已经具备。

有必要指出的是，两岸未来在非传统安全领域合作的任何进展，都取决于

两岸关系大环境的氛围，取决于两岸双方在政治基础上是否取得最低程度的共识。如果绿营继续不愿意面对两岸关系和平发展的政治基础，不但会损害两岸非传统安全合作的氛围，也有可能使两岸在非传统安全领域的合作范畴收紧，甚至完全中断。这是绿营执政当局应该警惕之事。

二、两岸非传统安全合作的制度化机制化发展势头有可能受阻

尽管从两岸关系长期的发展趋势来看，两岸在非传统安全领域合作的机制化制度化发展将呈现出不可逆转之势，但就现阶段两岸关系而言，如果民进党继续不接受"九二共识"及其核心意涵，则有可能使两岸在非传统安全领域业已形成的制度化机制化发展势头受阻。

事实上，自20世纪90年代之初的《金门协议》开启了两岸在非传统安全领域合作的制度化大门之后，两岸在非传统安全领域的合作就由此拉开，尽管其过程受到两岸政治关系的影响与牵制，但两岸非传统安全合作之路却也不断向前延伸。特别是在2008年以来，随着国民党在岛内重新取得执政权，两岸在非传统安全领域的合作进入了制度化机制化的新时期。海峡两岸双方在一系列非传统安全议题上展开制度化的合作。例如，两岸签署了《海峡两岸共同打击犯罪及司法互助协议》《海峡两岸医疗卫生合作协议》《海峡两岸食品安全协议》《海峡两岸核能安全协议》等等[①]，这些都是两岸在非传统安全领域的重要协议，两岸不但在这些领域签署合作协议，而且还建立了业务上的沟通小组，积极推动相关业务的合作。

例如，在两岸医疗卫生领域的合作中，双方特别成立了传染病防治、医药品安全管理与研发、中医药研究与交流及中药材安全管理、紧急救治及检验检疫等五个工作组，并已开展工作；在两岸核电安全领域的合作中，工作组定期开会，双方定期开展核电厂事故紧急通报通讯测试；两岸还加强了海关合作，双方成立了五个专家组，及时解决货物通关中遇到的问题；投资保护和促进协议落实方面，双方建立投资争端协查机制和投资咨询机制，积极协调处理投资人申述案件，双方交换"两岸投资争端解决机构"及"代位机构"名单，大陆发布实施《台湾投资者经第三地转投资认定暂行办法》；共同打击犯罪及司法互助方面，两岸警方联合侦破上万起电信诈骗案件，大陆方面遣返台方通缉犯

---

① 参见国台办网站，《两岸两会协议执行成果总结会充分肯定协议成果》http://www.gwytb. gov.cn/guide_rules/exe/201402/t20140228_5749075.htm

332人，移交12名病重台湾服刑人员，同时，海峡两岸的审判及检查机关相互委托送达文书、调查取证已逾3万件。[①] 这些工作组的推动，必然会有力促进两岸在非传统安全领域的合作不断朝制度化机制化的重要方向发展。

当前绿营拥有全面执政的优势，尽管绿营也无法完全忽视民意对两岸在非传统安全领域的合作需求，但如果民进党执政当局拒不接受"九二共识"及其核心意涵，当然会对两岸现阶段的非传统安全合作产生很大的影响和牵制，也有可能使两岸非传统安全合作的制度化机制化发展进程在短期内受阻。

三、两岸非传统安全合作的成效有可能受到影响

过去八年，随着两岸在非传统安全领域合作的不断展开，两岸互信基础的积累，两岸在非传统安全合作经验的积累，以及制度化的建设，都使两岸在非传统安全领域的合作成效越发突出。但随着两岸关系转入低谷，特别是两岸僵局之形成，两岸非传统安全领域的合作成效可能会大受影响。依循合作理论，行为体之间的合作往往会带来边际效应，因此，双方合作越久，其互信基础就越能得到增强，自然也有利于合作的进一步深入。以过去八年两岸在打击犯罪方面的合作为例，其成效就相当广泛，也赢得了两岸的民意支持，成为两岸加强非传统安全合作的重要动力之一。台湾方面所公布的资料显示，自两岸签署司法互助及打击犯罪协议之后，两岸警方联合侦破上万起电信诈骗案件，抓获犯罪嫌疑人5000多名。台湾电信诈骗发案数下降近半，民众被骗金额从最高峰的200多亿元新台币下降到2012年的40多亿元新台币。[②] 其效果非常明显。

在当前两岸僵局的情势下两岸在非传统安全领域的合作肯定会受到一些挑战，特别是有可能使两岸在非传统安全领域的合作成效受到影响，无法展现过去八年两岸紧密合作那样的成效。

四、两岸非传统安全合作对维护两岸关系和平稳定的作用有可能降低

在马英九八年执政时期，两岸非传统安全合作成为维持两岸关系和平发展进程的重要推动性力量。两岸问题的核心在于政治分歧与政治意识形态之差异，

---

① 参见国台办网站，《海协会发布两岸两会协议执行成果》，http://www.gwytb.gov.cn/guide_rules/exe/201402/t20140228_5749073.htm。

② 《两会制度化协商后十次会谈盘点：十全十美惠及两岸》，新华网，2014年2月28日。http://www.gwytb.gov.cn/zlzx/tjsj/201404/t20140415_6017809.htm。

说到底还是政治问题。2008 年以来，尽管两岸关系和平发展进程取得了重大进展，但由于两岸在政治关系上进展不大，两岸双方并未开展政治协商或政治谈判，政治问题至今仍然是两岸关系互动中的高度敏感性议题。尽管如此，但两岸在非传统安全议题领域的合作却非常频繁。

两岸在非传统安全领域的合作与进展，在一定程度上可以成为推动两岸关系和平发展及维持两岸良性互动的重要正能量。当然，这主要与非传统安全议题本身的低敏感性有关系。从两岸的现实情况来观察，双方可以在非传统安全领域加强合作，增强互信基础，从而为未来两岸在高阶政治议题领域的对话与协商创造条件，至少从两岸关系发展的历程来看，这种运作的路径是有其现实可行性存在。但民进党重返执政之后，两岸政治互信基础缺乏，两岸在非传统安全领域的合作受到一定程度的影响，而两岸在非传统安全领域合作的不顺畅，自然无法起到对两岸关系和平稳定的促进作用。

第三章　强化两岸非传统安全合作的战略举措

当前，两岸关系发展尚处于重要的转折时期，特别是蔡英文当局仍然不愿意接受"九二共识"等两岸关系既有的政治互信基础，当然会直接影响到两岸关系的发展前景，但毕竟两岸之间的合作仍然至关重要，特别是非传统安全领域的合作直接关系到海峡两岸人民的切身利益和福祉，两岸双方都应以理性务实的态度来看待。下面就新时期强化两岸非传统安全合作提出几点建议。

第一节　两岸非传统安全合作需要顶层设计

一、两岸非传统安全合作的思维要创新

当前，两岸关系和平发展的环境日趋复杂，特别是台湾政局已呈现绿营全面执政的情势，由于民进党与中国大陆之间的互信基础尚未建立起来，民共之间的互动无疑会成为影响两岸关系发展特别是两岸非传统安全合作的重要变数。在这种情势下，如何看待当前两岸之间的非传统安全合作，无疑具有重要的现实意义。

两岸关系本身错综复杂，两岸往来非常频繁，两岸利益已高度融合在一起，因此，两岸在非传统安全领域的合作也宜采取全新的思维才行。即便是民进党全面执政，两岸之间仍然需要维持在非传统安全领域最低程度的合作。其原因主要就是两岸双方都有现实需求，不仅台湾方面需要合作，大陆也需要合作。这是全球化时代的必然要求，也是两岸现实互动中的客观需求。特别是两岸之间的很多非传统安全威胁，不但对两岸关系的发展危害极大，而且也直接与广大两岸同胞的利益相牵连，如果两岸的某些合作完全停止，则会给两岸民众带来实质的损害，这也不符合我们对两岸关系发展的期待。两岸关系发展必须要以维护两岸交流的秩序和增进两岸人民的根本利益和福祉为主要目标。因此，

即便是在民进党执政下，双方政治关系有所倒退，但非传统安全合作还是有必要维持在一定的水平，如果条件允许还是希望能够进一步深化。毕竟非传统安全领域合作的政治敏感度较低。我们以两岸共同打击犯罪为例，无论是电话诈骗还是贩卖毒品等类型的犯罪，都给两岸人民的生活和财产带来了巨大的伤害，海峡两岸双方只有通力合作，才能够有效制止犯罪集团给两岸人民利益带来的损失。这也完全符合两岸民众的最大期待和根本利益。

当前两岸对非传统安全合作的思维创新主要体现在以下几个方面：一是非传统安全合作的实质就是治理，而且它是跨领域的合作与治理，这是两岸非传统安全合作的核心要领之所在。因此，两岸应抱着治理的思维来看待两岸非传统安全领域的合作，唯如此，两岸合作才有可能真正得到落实。二是非传统安全合作本身就是非对称治理，它在一定程度上是跨越公权力部门的治理行为。这是非传统安全合作的规律所在。两岸在非传统安全合作中一定要始终秉持这样的思维才行。三是非传统安全并非都是威胁，并非都是对两岸关系发展不好的东西。我们一定要改变对非传统安全的固化认知。例如，有些就属于有利于两岸和谐发展的非传统安全事项。以两岸文化合作为例，两岸文化是两岸的共同利益，也是人类文化的重要遗产，金门和鼓浪屿都有过去相同的文化记忆。金门和鼓浪屿的洋楼很多都是闽南建筑风格，甚至还有日本殖民文化的元素，两岸如果合作起来，把金门与鼓浪屿两地的文化结合起来推向世界，则可以对这两个地方的文化记忆有保护功效，否则它就有可能会在现代化进程中逐步消失，两岸在这方面的合作当然属非传统安全合作之范畴，也是能够促进两岸关系和谐发展的合作。两岸可以联合起来向联合国申报世界文化遗产，这就需要福建与金门两个地方，联合开展跨区域跨地区的治理模式，这是针对两岸传统文化的保护，当然是非传统安全议题的范畴，但对两岸双方而言都是有百利而无一害。

二、两岸非传统安全合作的意识要增强

两岸要大力增强非传统安全合作的意识。两岸非传统安全合作的最大功效在于它可以避免两岸在政治及军事领域的对立，推动两岸的合作与利益的增进，从而达到双赢之目的。以中美两国在非传统安全领域的合作为例，很显然中美两国在传统安全领域的敌对关系客观存在，特别是美国始终把中国大陆视为挑战其霸权地位的重要潜在威胁者，但中美却能够在非传统安全领域展开一系列

合作，特别是这种合作能够得到两国跨政府跨领域的大力推动，中美在非传统安全领域的成功合作确实对于两岸非传统合作有很大的启示意义。即两岸在非传统安全合作中，虽然不能完全排除政治因素的干扰，但却不宜完全以政治视角来看待非传统安全之合作，特别是在一些低政治的领域，两岸双方都应切实减少和降低政治因素的干扰力道，全力推进合作的开展。

两岸非传统安全合作的意识，主要包括以下：一是要有政治的意识。两岸事无小事，双方都要细心呵护。海峡两岸要从政治的高度来看待双方的合作。这里所指的政治意识，就是两岸都应将两岸非传统安全合作视为是一个国家内部的合作关系，是海峡两岸中国人自己的事情。二是要有政策配合的意识。既然两岸非传统安全领域的多数议题是公共政策议题，是治理的议题，因此，两岸都需要尽量减少对这些议题的政治联想，让其真正回归到政策执行层面的范畴。同时，两岸公权力部门过去八年所建立起来的联系窗口应继续强化合作的意识。三是要有永续发展的意识。永续发展是很多非传统安全议题合作中的重要主旨。特别是在生态安全合作中，永续发展无疑是其中的核心所在。以闻名于世的云南咖啡豆为例，尽管其产量庞大，目前它还只是一个经济概念，但背后却隐藏着非传统安全的概念和元素。因为台湾民众对咖啡的依赖程度很大，咖啡已成为台湾不少人特别是青年群体每天生活都离不开的重要食物。如果两岸能够共同把云南咖啡豆做好做强，做成具有中国特色的文化商品，在台湾民众品尝与消费过程中，云南咖啡豆就成了两岸文化认同的重要象征，它本身又是中国特色的，有效地把两岸经济资本转化为文化资本，这本身就是两岸非传统安全合作的重要一环。同时，台湾少数民族文化也是呈现多样性的特色。如果把台湾少数民族的文化变成经济资本来运作，则很容易被台湾社会部分人质疑为"统战"。但如果能够让台湾少数民族文化永续发展，大陆可以向台湾少数民族地区提供环保技术以及医疗设备等，则会被台湾社会更好地接受。事实上，上述做法本身就是非传统安全合作的内容，但思维和意识不同，其所取得的效果自然大有区别。

三、两岸非传统安全合作要强化民间的参与

当前两岸非传统安全合作中，最大的问题就是民间力量纳入不够，这也是两岸非传统安全合作的成效没有得到很好彰显，不少民众特别是台湾民众对两岸合作无感的重要原因所在。目前的情况是两岸非传统安全合作过于强调对口，

而与民间层面的结合比较缺乏。这在一定程度上使公权力部门有时成为两岸非传统安全合作的阻力。

两岸非传统安全合作中民间力量参与不足的原因很多，主要还在于两岸对民间组织和民间力量参与社会治理相关制度安排存在很大的差异性。当前大陆与台湾对社会组织及社会力量介入公共管理领域的相关制度有明显的差异。台湾社会的民间组织非常发达，民间组织的触角已伸入台湾社会治理的各个角落，其优势非常明显，而大陆社会，民间组织的发展程度不一，在整个社会治理中所扮演的角色近年来虽然有所提升，但仍然严重不足。公权力部门在大陆社会的治理中仍然扮演重要的关键角色，占据绝对主导地位。两岸如果仍然是各自管理其内部事务，则这种差异性及其冲撞自然不存在，但两岸非传统安全合作彰显的是治理的概念，而治理则是需要更多的主体参与其中，民间组织显然是一个主要的角色。以两岸食品安全为例，要保障两岸的食品安全仅仅依靠两岸公权力部门的推动与管理显然远远不够，因为食品安全监管的重点不只是生产环境，还包括各个流通环节，而这些环节往往是公权力部门监管能力有所不及之处，民间组织广泛参与可以弥补公权力部门的不足和漏洞，这就需要动员社会力量的广泛参与才行。同样，毒品防范也是一项典型的非传统安全议题，民间力量也可以扮演一定的角色。在毒害防范方面，台湾的一些社区就做得非常不错。这说明很多非传统安全议题不只是公权力部门单独就能够做好的，它也不是政府和公权力部门的专职，善用民间力量来加以配合，其效果就会更好。因此，在两岸非传统安全合作中，两岸公权力部门应善用民间的力量，特别是做好政府与民间的对接与合作。例如，未来两岸可以在很多非传统安全领域的合作中，更多地让民间组织打头阵，大陆也可以透过民间组织来与台湾的民间组织开展交流，让民间力量得以释放，这样也会让台湾民众对两岸非传统安全合作更加有感。

四、两岸非传统安全合作要在政治思维与政策运用之间取得平衡

两岸非传统安全合作状况之评估，主要有政治思维和政策运用两个层面。但目前主要还是体现在政治层面的分量较重，而政策层面的运用较少。由于两岸之间的合作牵涉到两岸公权力部门之间跨部会、跨领域的合作层次，其推动自然较难进行。而两岸官方的政治互信又严重不足，特别是如果公权力部门把学界完全排斥，则很容易使两岸双方在非传统安全合作中，更多地是考虑利害

关系，最终有可能会导致非传统安全议题非但没有成为两岸合作的选项，反而成为某种现实的威胁。因此，对于两岸双方而言，对于非传统安全的认知和定性非常重要，是将其定性为合作，还是威胁，将在很大程度上影响到双方对于合作的意愿与执行的力度。而这些归根到底还是政策运用与政治思维的选择问题。从目前现实情况来看，政策运用到两岸之间的非传统安全合作之情形确实相对比较少见，也非常缺乏，公权力部门往往冲在第一位，民间力量无法参与其中，所以一旦出现问题就把矛头指向两岸的公权力部门，也在一定程度上削弱了公权力部门的威信。事实上它也使两岸非传统安全合作的成效无法得到最大程度的彰显，或者根本就不明显。

从政策运用的功能来推动两岸非传统安全合作比较合适。因为非传统安全合作需要跨公权力部门跨领域才能成功推动。两岸的非传统安全合作常常是以学界研究为起点。但现实中往往是双方有一点共识之后，公权力部门就把学界推开或人为加以排斥，使原来两岸互动的机制被彻底抛弃掉，其合作成效自然不会太大。因为学界的力量消失了，推动两岸非传统安全合作的动力自然下降，两岸又回到原点，这对两岸非传统安全合作是极大的伤害。

五、两岸非传统安全合作的目标要清晰

对于未来两岸非传统安全领域的合作，其目标一定要清晰，这样才能使两岸关系的发展更为健康和顺利。针对民进党全面执政下民共互动存在很大障碍的新情势，两岸非传统安全领域合作的目标应包括以下几方面：

首先，两岸非传统安全合作的首要目标是要为维持两岸交流的正常秩序创造更为有利的条件。当前海峡两岸每年往来的总人次已接近千万的庞大规模。两岸社会互动的规模之大，是世界上其他地方所无法比拟的。因此，两岸都有责任和义务来维持好两岸交流的正常秩序。事实上，在两岸尚未最终完全统一之前，维持两岸正常交流交往的秩序才是最为重要的目标和取向。正常的两岸交流秩序对两岸关系健康发展至关重要，两岸双方都要努力减少来自政治因素的干扰，这也符合两岸各自的重大利益。

其次，两岸非传统安全合作的重要目的就是要增进两岸人民的利益。长期以来，非传统安全威胁严重影响到两岸人民的根本利益，两岸双方都有责任去推动合作。例如，跨两岸之间的犯罪行为，诸如经济犯罪、诈骗犯罪、走私毒品犯罪等，不但影响到两岸交流的正常秩序，而且也会对两岸人民的利益造成

重大的损害。两岸在这方面应该加强合作，切实以维护和增进两岸人民的根本利益为出发点。

最后，两岸非传统安全合作的目标就是要建立起制度化的合作机制，推动两岸在非传统安全领域合作的可持续发展。非传统安全领域的诸多议题与两岸政治关系的连接度较低，两岸应减少政治因素的干扰，推动两岸非传统安全合作朝常态化、规范化方向发展，从而使海峡两岸非传统安全合作能够有持续发展的前景。当然，两岸关系的敏感性与特殊性决定了两岸之间的任何合作，甚至包括非传统安全领域的合作在内，都无法完全脱离两岸政治关系的发展状态，这就需要两岸双方能够根据历史与现实，达成最低程度的政治共识。

六、两岸非传统安全合作的路径要多元化

海峡两岸非传统安全合作的路径一定逐步朝多元化的方向推进，从而使两岸合作的成效能够更加彰显，前景更为广阔。当前民进党在台湾全面执政，由于蔡英文当局不愿意接受九二共识及其核心意涵，两岸关系陷入某种僵局，海峡两岸之间的互信基础受到很大的破坏，无疑给两岸开展非传统安全合作带来了重大的隐患和挑战。因此，在双方尚未达成最低程度的政治共识的情势下，两岸应创造条件，强化多元路径，夯实两岸合作的基础。具体而言，可以从以下方面入手：

一是强化交流，这是非常重要的一环。在民共互信不足的背景下，两岸双方要想维持在非传统安全领域之合作，就需要透过强化交流来加以弥补。建议双方可以透过学术研讨会及专业座谈会等形式来加强沟通，寻求学理上的共识，为非传统安全合作增加学术支撑。二是双方要加强基层的联系。非传统安全合作的最终落实要依赖于两岸基层机构的执行与配合。因此，未来两岸应强化县市交流，特别是县市业务主管部门的合作应得到强化，两岸透过这种交流互动，来推进合作需求的上升。三是两岸未来宜强化行业协会的交流与合作。从过去的经验来看，两岸的非传统安全合作常常是由两岸的行业协会牵线或组织实施。因此，在未来双方无法开展官方互动的限制下，两岸行业协会则可以扮演起相对重要的角色。

七、两岸非传统安全合作的成效要彰显

两岸在非传统安全领域的合作成效一定要彰显出来，这才会使两岸民众对

合作充满期待，也才会使两岸之间的合作行稳致远。当然，彰显并不是目的，而是手段，彰显的主要目的是让两岸民众对非传统安全领域的合作有感，支持两岸在非传统安全领域开展更为广泛更为深入的合作。

而要让两岸合作的成效能够彰显，重点就是要强化对两岸非传统安全合作的相关议题进行新闻宣传，要让其社会效应在两岸社会和民众之间引起共鸣，引导两岸民众支持非传统安全领域的合作。两岸非传统安全合作的成效要得到彰显，还需要强化其动力。民进党执政时期，两岸互信基础有所不足，因此，推进两岸在非传统安全领域合作的困难大为增加，在这种情势下需要强化其动力基础。首先，两岸要强化合作的利益基础。利益是推动两岸在非传统安全领域合作的最大动力所在。两岸之间的非传统安全合作必须要有利益方面的驱动诱因。没有利益增长的合作，其可持续性自然受到怀疑。其次，两岸还应强化合作的情感基础。两岸同属中华民族，在两岸合作中要以同胞的同理心来看待。再次，两岸在非传统安全合作中还应强化广大民众的支持与参与，群众基础至关重要。两岸合作只有获得了大多数民众的信赖与支持，这种合作的动力才会强大。第四，两岸合作的重点要放在民生领域，这也是两岸民众最为有感之处。例如，两岸应强化在食品安全、公共卫生安全以及打击犯罪等非传统安全领域之合作力度。这些领域直接牵涉到两岸民众的感受，因此其支持意愿更为强劲。最后，两岸非传统安全合作的相关进展都要及时进行公布。增加两岸社会和民众的广泛支持。

第二节　两岸非传统安全合作的实施路径

一、政治路径

两岸问题的核心还在于政治。两岸政治互信状况是影响两岸合作包括非传统安全合作的重要决定性因素。从过去两岸在非传统安全领域的合作实践来观察，两岸关系发展状况在根本上决定着两岸非传统安全合作的程度及效果。因此，在两岸尚未最终达成政治解决的情势下，要推动两岸非传统安全领域的合作，还是需要从政治这个根上入手才行。

两岸非传统安全合作的政治路径，说到底还是两岸在政治领域的互信建立问题。具体包括两岸关系和平发展的政治基础及两岸共识等等。两岸要推动在非传统安全领域的深入合作，就需要共同坚持一个中国原则等两岸和平发展的政治基础，现阶段具体来讲就是"九二共识"、反对"台独"等两岸共识。两岸关系不是国与国的关系，它是一个中国内部的双方关系。虽然 1949 年以来两岸尚未最终完成统一，但两岸同属一个国家的国际法律地位并未根本性改变，这是由国际法及国际政治现实所决定的，也为目前海峡两岸双方各自法律规定所彰显。因此，两岸双方只有均坚持与认同一个中国原则，两岸合作的互信基础才得以存在。这也是两岸开展非传统安全合作的必要前提。此外，两岸在非传统安全合作的具体实践中也需要坚持一中原则。如果在合作中违背这一原则，则也会对两岸非传统安全合作产生负面的影响与牵制，不但不利于双方互信的积累，而且也会对两岸非传统安全合作产生消极影响。

二、经济路径

两岸在非传统安全合作中还需要强化经济路径。尽管两岸至今尚未解决政治分歧，但两岸关系的发展却展示出旺盛的生命力，其根源就在于两岸在经济方面的合作非常频繁。两岸非传统安全需要一定的物质基础来加以推动和强化保障。离开经济路径的非传统安全合作，则成为无源之水、无本之木。加强两岸经济路径，就需要实现两岸经济关系发展的全面正常化，厚植两岸经济合作的基础，密切两岸经济利益关系，从而为两岸非传统安全合作提供更为强大的物质保障基础。

三、社会路径

两岸之所以开展非传统安全合作，其根本原因还在于海峡两岸双方社会有其现实需求性。非传统安全威胁给两岸社会和民众都造成了严重的损害，两岸只有携手应对非传统安全的威胁，才能确保两岸人民的根本利益。因此，两岸在非传统安全合作中有必要强调社会路径的建设。事实上，两岸非传统安全合作只有得到两岸社会及人民的支持才可能持久开展与彰显实效。因此，两岸在非传统安全合作中，一定要以维护两岸人民的现实利益为出发点，让两岸人民对非传统安全合作有感，自觉成为推动两岸非传统安全合作的重要动力。

四、文化路径

两岸同文同种，有共同的文化传统和历史文化记忆，这是两岸人民情感割裂不断的重要基础。因此，两岸在推动非传统安全合作中还需要有意识地建构文化路径。因此，需要重视两岸文化的交流合作，拓展两岸文化交流的模式，努力寻求两岸文化核心价值对接，加强两岸在文化古迹和非物质文化遗产的保护、传承和利用等方面的交流合作。在增进文化认同的同时也要旗帜鲜明地反对"文化台独"，切实增强台湾同胞对中华文化的认同意识。

五、制度路径

两岸非传统安全合作具有一般意义上的非传统安全合作之特点，而制度化合作则是所有非传统安全合作的重要保障。两岸开展平等协商，并建立制度性保障机制，是实现两岸关系和平发展的必经之路。这种制度化协商机制应具有规范性、权威性和约束性，不会因为台湾政局的变化而出现周期性的调整，也不应因为某些长期存在的分歧而影响两岸关系和平发展。两岸遇到的任何小问题，都要有相应的机制加以应对。唯如此，才可以为两岸之间的意见交换与协商提供工作平台。

六、价值路径

两岸非传统安全合作中还应追求价值层面的内涵。价值是两岸合作得以深化与长久持续的重要基础。两岸合作需要彰显的价值应包括和平价值、民族价值等内涵。在两岸非传统安全合作中，两岸双方都要有意识地宣传其正面价值，从而增强支持两岸开展非传统安全合作的民意基础，为两岸合作累积更大的能量和更强的支撑力道。

附录

一、两会有关协议与共识

01.《海峡两岸避免双重课税及加强税务合作协议》

为促进海峡两岸经济合作，海峡两岸关系协会与财团法人海峡交流基金会就避免双重课税及加强税务合作事宜，经平等协商，达成协议如下：

一、适用范围

双方同意本协议适用于海峡两岸一方或双方居民（居住者）及对其所得征收的所有税收。

二、税款征收

双方同意对一方居民（居住者）来源于另一方的所得按下列规定课税。

（一）营业利润

一方居民（居住者）企业在另一方营业取得的利润，在未构成常设机构的情况下，另一方予以免税或不予课税。一方如对关联企业间交易进行转让定价（移转订价）调整，另一方应作合理对应调整。

（二）海运及空运收入

一方海、空运输企业在另一方经营取得的收入及利润，另一方予以免税或不予课税（包括营业税、增值税或类似税收）。

（三）投资所得及财产收益

一方居民（居住者）从另一方取得的股息（股利）、利息及特许权使用费（权利金），另一方可以课税，但可相互给予优惠税率。

一方居民（居住者）从另一方取得的财产转让收益及不动产使用收益，另一方可以课税。

（四）个人劳务所得

一方居民（居住者）以独立身份或以受雇形式在另一方从事个人劳务活动

取得的所得，另一方可以课税。

（五）其他所得

本协议上述未列举的其他所得按各自规定办理。

三、消除双重课税方法

双方同意当一方居民（居住者）在另一方取得所得并依本协议规定在另一方缴税时，该一方应依有关规定消除双重课税。

四、非歧视待遇

双方同意一方居民（居住者）在相同情况下，在另一方负担的税收或有关条件，应与另一方居民（居住者）可能负担的税收或有关条件一致。

五、相互协商

双方同意建立两岸税务联系机制，由双方税务主管部门协商解决因解释或实施本协议时所发生的困难或疑义，以及消除双重课税等事宜。

六、资讯交换

双方同意相互交换为实施本协议或为课征本协议所含税种（税目）相关且必要的资讯，并负保密义务。所交换的资讯不可用于任何其他用途。

七、协助征税

双方同意在各自有关规定均可以进行协助征税时，双方税务主管部门将进一步协商确定具体协助征收方式。

八、文书格式

基于本协议所进行的业务联系，应使用双方商定的文书格式。

九、业务交流

双方同意通过人员互访、培训或工作会议等形式，加强两岸税务方面的交流与合作。

十、联系主体

（一）本协议议定事项，由双方税务主管部门指定的联络人相互联系实施。

（二）本协议其他相关事宜，由海峡两岸关系协会与财团法人海峡交流基金会联系。

十一、协议履行与变更

（一）双方应遵守协议。协议附件与本协议具有同等效力。

（二）协议变更，应经双方协商同意，并以书面形式确认。

十二、未尽事宜

本协议如有未尽事宜，双方得以适当方式另行商定。

十三、生效

本协议签署后，双方应各自完成相关程序并以书面通知另一方。本协议自双方均收到对方通知后次日起生效。

本协议之规定适用于：

（一）源泉（就源）扣缴税款：本协议生效之次年一月一日（含当日）以后实际给付金额。

（二）其他税款：本协议生效之次年一月一日（含当日）以后开始之课税年度之所得。

（三）资讯交换：本协议生效之次年一月一日（含当日）以后开始之课税年度之资讯。

本协议于八月二十五日签署，一式四份，双方各执两份。本协议的附件构成本协议的一部分。四份文本中对应表述的不同用语所含意义相同，四份文本具有同等效力。

附件：海峡两岸避免双重课税及加强税务合作具体安排

02.《海峡两岸避免双重课税及加强税务合作具体安排》

为实施本协议，双方议定具体安排如下：

一、适用范围

（一）适用对象

1. 本协议所称居民（居住者），按各自税务规定对居民（居住者）的定义处理。但不包括仅就该一方所得而负有该一方纳税义务的人。

2. 虽有前述规定，依第三方法律设立的任何实体，其实际管理机构（处所）在协议一方者，视为该一方的居民（居住者）。

3. 前述实际管理机构（处所），指企业实际作出其整体营业所必须的重大管理及经营决策的机构（处所）。所称实际管理机构（处所）在协议一方，指企业同时符合下列规定者：

（1）作出重大经营管理、财务管理及人事管理决策的人为该一方居住的个人或总机构在该一方的企业，或作出该等决策的机构（处所）在该一方。

（2）财务报表、会计账簿记录、董事会议记录（董事会议事录）或股东会议记录（股东会议事录）的制作或储存机构（处所）在该一方。

（3）实际执行主要经营活动的机构（处所）在该一方。

4. 个人同为双方居民（居住者）时，其身份按永久住所、主要利益中心所在地、经常居所依序决定。对居民（居住者）个人身份的决定如有疑义，或个人以外的人同为双方居民（居住者）时，由双方税务主管部门商定。

（二）适用现行税种（税目）

大陆方面为个人所得税及企业所得税。

台湾方面为营利事业所得税、综合所得税及所得基本税额。

二、常设机构及营业利润

（一）常设机构

1. 本协议所称常设机构，指企业从事全部或部分营业的固定营业场所。包括：管理处、分支机构、办事处、工厂、工作场所、矿场、油井或气井、采石场或任何其他天然资源开采场所。

2. 建筑工地、建筑（营建）或安装工程或与其有关的监督管理活动，以存续期间超过十二个月者，构成常设机构。

3. 一方企业直接或通过雇员或雇用的其他人员，在另一方为同一个项目（计画案）或相关联的项目（计画案）提供的劳务（服务），包括咨询劳务（服务），仅以在有关纳税年度开始或结束的任何十二个月连续或累计超过一百八十三天者，构成常设机构。

4. 常设机构不包括下列情形：

（1）专为储存、展示或交付（运送）属于该企业的货物或商品的目的而使用的设施。

（2）专为储存、展示或交付（运送）的目的，或专为供其他企业加工的目的，而储备属于该企业的货物或商品。

（3）专为该企业采购货物或商品或搜集资讯的目的，或专为该企业从事广告、资讯提供、科学研究或具有准备或辅助性质的类似活动，所设置的固定营业场所。

（4）专为从事以上活动的结合所设置的固定营业场所。但以该结合的固定营业场所整体活动具有准备或辅助性质者为限。

5. 代表一方企业的人（具有独立身份的代理人除外），有权以该企业的名义在另一方签订契约，并经常行使该权力，其为该企业所从事的任何活动，视为该企业在另一方有常设机构。但其经由固定营业场所仅从事前述常设机构不包括情形的活动，该固定营业场所不视为常设机构。

6. 一方企业仅通过经纪人、一般佣金代理人或其他具有独立身份的代理人，以常规的经营方式（以通常的营业方式），在另一方从事营业者，不得视为在另一方有常设机构。

7. 一方居民（居住者）公司，控制或受控于另一方居民（居住者）公司或在另一方从事营业的公司（不论其是否通过常设机构或其他方式），此项事实不使任何一方公司构成另一方公司的常设机构。

（二）营业利润

1. 一方居民（居住者）企业如经由其在另一方的常设机构从事营业，另一方可就该企业的利润课税，但以归属于该常设机构的利润为限。

2. 一方居民（居住者）企业通过其在另一方的常设机构从事营业，双方在归属该常设机构的利润时，应将该常设机构视为在相同或类似条件下从事相同或类似活动的独立企业，并以完全独立的方式与该常设机构所属的企业从事交易所应获得的利润相同。

3. 计算常设机构的利润时，应准予减除为该常设机构营业目的而发生的费用，包括行政及一般管理费用，不论该费用在何处发生。

4. 如果一方惯例依企业总利润按比例分配予所属各单位利润的方法，计算确定应归属于常设机构的利润，前述规定不得排除该一方的分配惯例。但采用该分配方法所得到的结果，应与前述规定的原则一致。

5. 常设机构仅为该企业采购货物或商品，不得对该常设机构归属利润。

6. 前述有关常设机构利润的归属，除有正当且充分的理由外，每年应采用相同方法确定。

7. 利润中如包括本协议营业利润以外的所得项目，各该所得项目的规定不受本规定影响。

三、关联企业

（一）本协议所称关联企业，指企业间有下列情况之一：

1. 一方企业直接或间接参与另一方企业的管理、控制或资本。

2. 同一人直接或间接参与一方企业及另一方企业的管理、控制或资本。

（二）关联企业间商业或财务关系方面所设定的条件不同于独立企业，以致本应归属而未归属于其中一企业的利润，可以计入该企业的利润，据以课税。

（三）一方已对前述本应归属而未归属于该企业的利润课税时，另一方如认为该项调整符合独立交易（常规交易）原则，应对该部分利润所课征的税额作适当调整。在确定此项调整时，应考虑（考虑）本协议其他相关规定，如有必要，双方税务主管部门应相互协商。

四、海运及空运收入

（一）本协议所称海运及空运收入，指以船舶或航空器经营海、空运输业务的收入及利润，并包括下列项目：

1. 以计时、计程或光船方式出租船舶或航空器。

2. 使用、维护或出租运送货物或商品的货柜（包括货柜运输的拖车及相关设备）。

前述使用、维护或出租应以船舶或航空器经营海、空运输业务的附带活动为限。

（二）参与联营或其他经营机构取得的收入及利润，属于本协议规定的海运及空运收入及利润范围，但以归属于参与上述经营的比例所取得的收入及利润为限。

五、投资所得

（一）股息（股利）

1. 股息（股利）受益所有人如为一方居民（居住者），在受益所有人为公司且直接持有给付股息（股利）的公司百分之二十五以上资本的情况下，另一方所课征税额不超过股息（股利）总额的百分之五；在其他情况下，所课征税额不超过股息（股利）总额的百分之十。本规定不影响对该公司用以发放股息（股利）的利润的课税。

2. 本协议所称股息（股利），指以股份或非债权关系参与利润分配的其他权利所取得的所得，以及按照分配利润的公司是其居民（居住者）一方的税务规定，视同股份所得同样课税的其他公司权利取得的所得。

3. 一方居民（居住者）公司从另一方取得利润或所得，其所给付的股息（股利）或其未分配利润（未分配盈余），即使全部或部分来自另一方的利润或所得，另一方不得对该给付的股息（股利）或未分配利润（未分配盈余）课税。但给付予另一方居民（居住者）的股息（股利），或据以给付股息（股利）的股份与另一方常设机构或固定处所有实际关联者除外。

（二）利息

1. 利息受益所有人如为一方居民（居住者），另一方所课征税额不超过利息总额的百分之七。

2. 下列范围的利息，利息来源地一方应予免税：

（1）给付予另一方的公共服务部门或另一方公共服务部门完全所有的金融机构的利息，或给付予该等部门或机构为促进出口（外销）所提供、担保（保证）或保险的贷款利息。

（2）经双方税务主管部门确认为促进出口（外销）目的的金融机构所提供、担保（保证）或保险的贷款利息。

3. 本协议所称利息，指从各种债权所取得（孳生）的所得，不论有无抵押担保及是否有权参与债务人利润的分配，尤指债券或信用债券的所得，包括附属于该等债券的溢价收入及奖金。但延迟给付的违约金，非本协议所称利息。

4. 利息给付人与受益所有人间，或上述二者与其他人间有特殊关系，所给付的利息数额，超过给付人与受益所有人在无特殊关系时所同意的数额，本协议有关利息的规定仅适用于后者的数额。在此情况下，对该超过给付数额的部分，应按各方规定课税，但应考虑（考虑）本协议其他相关规定。

（三）特许权使用费（权利金）

1. 特许权使用费（权利金）受益所有人如为一方居民（居住者），另一方所课征税额不超过特许权使用费（权利金）总额的百分之七。

2. 本协议所称特许权使用费（权利金），指使用或有权使用文学、艺术或科学作品（包括电影影片、供广播或电视使用的影片、磁带、录音带）的著作权、专利权、商标权，设计或模型、计划、秘密配方或制造程序，或有关工业、商业、科学经验的资讯，所给付的各种款项。其不包括因使用或有权使用任何工业、商业或科学设备所给付的款项。

3. 特许权使用费（权利金）给付人与受益所有人间，或上述二者与其他人间有特殊关系，所给付的特许权使用费（权利金）数额，超过给付人与受益所有人在无特殊关系时所同意的数额，本协议有关特许权使用费（权利金）的规定仅适用于后者的数额。在此情况下，对该超过给付数额的部分，应按各方规定课税，但应考虑（考虑）本协议其他相关规定。

（四）股息（股利）、利息、特许权使用费（权利金）的受益所有人如为一方居民（居住者），经由其所得来源的另一方的常设机构从事营业或固定处所从事独立个人劳务（执行业务），且与该所得给付有关的股份、债务、权利或财产与该常设机构或固定处所有实际关联时，应适用有关营业利润或独立个人劳务

（执行业务）的规定。

（五）由一方居民（居住者）所给付的利息及特许权使用费（权利金），视为源自该一方。利息及特许权使用费（权利金）给付人如在一方有常设机构或固定处所，而与利息及特许权使用费（权利金）给付有关的债务及权利与该常设机构或固定处所有关联，且该利息及特许权使用费（权利金）由该常设机构或固定处所负担，不论该利息及特许权使用费（权利金）给付人是否为该一方居民（居住者），该利息及特许权使用费（权利金）视为源自该常设机构或固定处所所在的一方。

六、财产收益

（一）一方居民（居住者）使用或转让位于另一方的不动产所产生的所得（包括农业或林业所得），另一方可以课税。

（二）一方企业转让其在另一方常设机构营业资产中的动产而取得的收益，或一方居民（居住者）转让其在另一方从事独立个人劳务（执行业务）的固定处所的动产而取得的收益，包括转让该常设机构（单独或连同整个企业）或固定处所而取得的收益，另一方可以课税。

（三）转让经营海、空运输业务的船舶或航空器，或附属于该等船舶或航空器营运的动产而取得的收益，仅由转让人为其居民（居住者）的一方课税。

（四）一方居民（居住者）转让股份，且该股份的百分之五十以上价值直接或间接来自另一方的不动产，其取得的收益，另一方可以课税。

（五）除前述转让股份规定外，一方居民（居住者）转让其在另一方居民（居住者）公司资本中的股份或其他权利取得的收益，仅由转让人为其居民（居住者）的一方课税。但是如果转让人为其居民（居住者）的一方对来自于另一方的该项收益免税，且该转让人在转让行为前的十二个月内，曾经直接或间接持有该另一方公司至少百分之二十五资本，另一方可以课税。

（六）转让上述财产以外的其他财产所取得的收益，仅由该转让人为其居民（居住者）的一方课税。

七、个人劳务所得

（一）独立个人劳务（执行业务）

1. 一方居民（居住者）在另一方因从事独立个人劳务（执行业务）或其他具有独立性质活动所取得的所得，有下列情况之一，另一方可以课税：

（1）该居民（居住者）为执行活动而在另一方有固定处所。但另一方仅就归属于该固定处所的所得课税。

（2）该居民（居住者）在有关纳税年度开始或结束的任何十二个月期间，在另一方连续或累计居留一百八十三天以上。但另一方仅就该居民（居住者）在另一方执行该等活动而取得的所得课税。

2. 本协议所称独立个人劳务（执行业务），指具有独立性质的科学、文学、艺术、教育或教学等活动，及医师、律师、工程师、建筑师、牙医师及会计师等独立性质的活动。

（二）受雇劳务

一方居民（居住者）因受雇而在另一方提供劳务所取得的报酬，同时符合下列三个条件时，仅由该一方课税：

1. 该居民（居住者）在有关纳税年度开始或结束的任何十二个月期间，在另一方连续或累计居留不超过一百八十三天。

2. 该项报酬非由为另一方居民（居住者）的雇主所给付或代表雇主给付。

3. 该项报酬非由该雇主在另一方的常设机构或固定处所负担。

（三）董事报酬

一方居民（居住者）因担任另一方居民（居住者）公司董事职务而取得报酬及其他类似给付，另一方可以课税。

（四）表演人及运动员

1. 一方居民（居住者）为表演人，如音乐家或戏剧、电影、广播、电视演艺人员，或为运动员，在另一方从事个人活动而取得的所得，另一方可以课税，不受有关独立个人劳务（执行业务）及受雇劳务规定的限制。

2. 表演人或运动员从事个人活动的所得，如不归属于该表演人或运动员本人而归属于其他人，活动举行地的一方可以课税，不受有关营业利润、独立个人劳务（执行业务）及受雇劳务规定的限制。

3. 表演人或运动员在一方从事活动所取得的所得，如该活动完全或主要由双方或任一方的公共服务部门所资助，或基于公益慈善目的所举办，该一方应予免税。

（五）养老金

因过去雇佣关系，源自一方而给付予另一方居民（居住者）的养老金或其他类似给付，及依一方社会保险制度规定给付予另一方居民（居住者）的养老金或其他给付，仅由该一方课税。

（六）公共服务

一方公共服务部门给付予其派驻另一方为该等部门提供劳务的一方人民的报酬，仅由派驻方课税。但为一方公共服务部门所经营的事业提供劳务而取得的薪津、工资或其他类似报酬及养老金，不适用本规定。

（七）学生

学生专为教育或训练目的而在一方停留，且在停留该一方时或之前为另一方的居民（居住者），其为生活、教育或训练目的而取得的所得，该一方应予免税。

八、其他所得

其他所得的所得人如为一方居民（居住者），经由其所得来源的另一方的常设机构从事营业或固定处所从事独立个人劳务（执行业务），且与该所得给付有关的权利或财产与该常设机构或固定处所有实际关联时，应适用有关营业利润或独立个人劳务（执行业务）的规定。

九、消除双重课税方法

（一）在大陆

1. 大陆居民（居住者）从台湾取得的所得，按照本协议规定在台湾缴纳的税额，允许在对该居民（居住者）征收的大陆税收中抵免。但抵免额不应超过对该项所得按照大陆税务规定计算的税额。

2. 从台湾取得的所得是台湾居民（居住者）公司给付予大陆居民（居住者）公司的股息（股利），而大陆居民（居住者）公司直接或间接持有给付股息（股利）的公司股份不少于百分之十的，该项抵免应考虑给付该股息（股利）公司就该项所得缴纳的台湾税收。

（二）在台湾

台湾居民（居住者）取得来自大陆的所得，依本协议规定在大陆就该所得缴纳的税额，应准予扣抵大陆对该居民（居住者）所课征的税额（如系股息（股利），不包括用以发放该股息（股利）的利润所缴纳的税额）。但扣抵数额不得超过台湾依其税务规定对该所得课征的税额。

十、非歧视待遇

（一）一方的居民（居住者）在另一方所负担的税收或相关要求，不应较另一方的居民（居住者）在相同情况下，负担不同或较重的任何税收或相关要求。

（二）一方企业在另一方设有常设机构，另一方对该常设机构不应课征较从事相同活动的另一方企业不利的税收。

（三）一方企业给付予另一方居民（居住者）的利息、特许权使用费（权利金）及其他款项，在计算该企业应课税利润时，应与在相同情况下给付该一方居民（居住者）同样准予扣除（减除）。

（四）一方企业的资本全部或部分由一个或一个以上的另一方居民（居住者）直接或间接持有或控制者，该企业不应较该一方其他类似企业负担不同或较重的任何税收或相关要求。

（五）非歧视待遇规定不应解释为一方给予其居民（居住者）的税收优惠或抵免税规定，应同样给予另一方的居民（居住者）。

（六）前述规定仅适用于本协议适用的税种（税目）。

十一、相互协商

（一）任何人如认为一方或双方的行为，导致或将导致对其不符合本协议规定的课税时，可以不论各自救济规定，向其为居民（居住者）一方的税务主管部门提出申诉。此项申诉应于首次接获不符合本协议规定的课税通知起三年内提出。

（二）一方税务主管部门如认为该申诉合理，且其本身无法获致适当的解决，应致力与另一方税务主管部门相互协商解决，以避免发生不符合本协议规定的课税。达成的协商决定应予执行，不受各自规定的期间限制。

十二、资讯交换

（一）一方依本协议所取得的任何资讯，应比照该一方依有关规定取得的资讯作密件处理，且仅能提供给与本协议规定税种（税目）的核定、征收、执行、行政救济有关人员或部门。上述人员或部门应仅为前述税务目的而使用该资讯，包括不得将该资讯用于刑事案件。

（二）前述规定不得解释为一方有下列义务：

1. 执行与一方或另一方有关规定或行政惯例不一致的行政措施。

2. 提供依一方或另一方有关规定或正常行政程序无法获得的资讯。

3. 提供可能泄露任何贸易、营业、工业、商业、专业秘密或贸易过程的资讯，或有违公共政策的资讯。

4. 执行自动或自发性资讯交换。

十三、其他规定

（一）一方居民（居住者）或与该居民（居住者）有关的人，以取得本协议的利益为主要目的或主要目的之一者，该居民（居住者）不可以享受本协议规定的减税或免税。

（二）本协议不应被解释为排除一方执行其关于防止规避税负的规定及措施。如上述规定导致双重课税时，双方税务主管部门应相互协商，以避免双重课税。

03.《海峡两岸民航飞行安全与适航合作协议》

为保障海峡两岸民用航空飞行安全与维护公众利益，促进民用航空发展，海峡两岸关系协会与财团法人海峡交流基金会就两岸民航飞行安全与适航合作事宜，经平等协商，达成协议如下：

一、合作原则与目标

双方同意本着保障飞行安全与平等互惠原则，在专业务实的基础上，加强飞行安全与适航业务交流与合作，共同推动建立两岸飞行安全与适航监管机制，增进两岸民用航空发展。

二、合作范围

双方同意开展海峡两岸民用航空飞行安全与适航领域的交流与合作，采取包括但不限于以下措施：

（一）规范领域

参照航空惯例加强合作，建立两岸飞行标准与适航业务交流合作平台，积极推动飞行标准与适航管理合作。

（二）监管机制

建立两岸飞行标准与适航监督管理合作机制，确保飞行标准与适航有效监管。

（三）证照管理

就两岸航空机构、航空产品及航空人员等证照管理有关事宜，作出具体安排。

（四）专业认可

就飞行标准与适航有关专业认可事项，作出具体安排。

（五）信息交换与通报

加强上述合作领域相关信息交换与通报。

（六）其它合作事项

三、合作形式

双方同意就前述交流与合作领域采取如下措施：

（一）成立专业工作小组，共同商定具体实施计划，并可根据需要形成相关领域的合作文件。

（二）以技术合作、专家会议、信息交流、人员互访及业务培训等方式，开展两岸飞行标准与适航的交流与合作。

（三）指定专业工作小组联络人负责相关领域业务的日常联络及工作方案的实施。

四、相互协助

双方同意对执行本协议的相关活动提供必要的协助和便利。

五、通报事项

双方同意建立联系与通报机制，及时通报意外事件信息，相互提供一切及时和必要的协助，共同保障航空运输及旅客人身财产安全。

六、紧急事件处理

双方同意建立意外突发事件协调处理机制，及时通报，快速核查，紧急磋商，并相互提供协助。

七、文书格式

双方同意信息交换、通报、查询及业务联系，使用商定的文书格式。

八、联系主体

（一）本协议议定事项，由双方业务主管部门指定的联络人相互联系实施。

（二）本协议其他相关事宜，由海峡两岸关系协会与财团法人海峡交流基金会联系。

九、协议履行及变更

双方应遵守协议。

协议变更，应经双方协商同意，并以书面方式确认。

十、争议解决

因适用本协议所生争议，双方应尽速协商解决。除另有约定外，协商应于请求提出后30个工作日内举行。

十一、未尽事宜

本协议如有未尽事宜，双方得以适当方式另行商定。

十二、签署生效

本协议签署后，双方应各自完成有关程序并以书面通知对方，本协议自双方均收到对方通知后次日起生效。

本协议于八月二十五日签署，一式四份，双方各执两份。四份文本中对应表述的不同用语所含意义相同，四份文本具有同等效力。

04.《海峡两岸地震监测合作协议》

为保障两岸人民福祉及生命财产安全，提升两岸地震防灾减灾能力，促进两岸地震合作与发展，海峡两岸关系协会与财团法人海峡交流基金会就两岸地震监测合作事宜，经平等协商，达成协议如下：

一、合作范围

双方同意本着平等互惠原则，就两岸地震监测业务等事宜进行下列交流合作：

（一）地震监测业务合作：

1.地震活动监测合作；

2.灾害性地震的沟通；

（二）地震监测应用技术交流合作；

（三）地震防灾宣传和科普教育；

（四）双方同意的其他地震合作事项。

二、合作事宜

双方同意地震监测业务主管部门进行下列地震监测交流与合作事宜：

（一）地震监测业务合作

1.地震活动监测合作

通过双方商定的地震站数据资料及时交换，监测台湾海峡及邻近地区地震活动。

就地震监测技术进行经验交流及合作开发。

双方地震速报信息交换，任一方发布地震相关信息时，依双方商定方式立即传达相关报告。

2.灾害性地震的沟通

任一方发生灾害性地震，应通知对方。如接获对方查询时，应尽速给予响应及协助，双方可就余震相关信息交换意见。

双方加强地震预测研究的交流，但任一方不得以任何形式发布对方可能发生灾害性地震的预测讯息。

双方指定联系及通报沟通的单位和人员，应建立通报沟通作业流程，平时定期进行通报沟通测试。

（二）地震监测应用技术交流合作

就地震监测的前瞻性发展、地震速报预警的技术开发、地震背景与前兆分析、地震预测研究及地震监测在防灾减灾的应用等议题进行经验交流与合作开发。

（三）地震防灾宣传和科普教育

定期交流地震防灾宣传和科普教育经验，交换最新公众宣传资料。

（四）双方同意的其他地震合作事项。

三、合作方式

双方同意就上述合作范围与事宜采取如下方式：

（一）以合作研究、工作会议、考察访问、技术人员交流及举办研讨会等方式进行交流与合作；

（二）原则上每年举行一次工作业务交流会议或研讨会，由双方轮流主办；

（三）双方同意的其他增进地震合作方式。

四、联系主体

本协议议定事项，由双方地震业务主管部门指定的联络人相互联系实施。

本协议其他事宜，由海峡两岸关系协会与财团法人海峡交流基金会联系。

五、工作规划

双方同意设置工作组，负责商定具体工作规划、方案。

工作组应于本协议生效后三个月内召开首次会议，商讨双方联系及通报沟通窗口、信息交换与通报的项目、内容、格式、方式、频率及工作业务交流会议、交流活动等相关事宜。

六、保密义务

双方同意对于执行本协议相关活动所获得信息，遵守约定的保密要求。

七、限制用途

双方同意仅依请求目的使用对方提供的资料，不得以任何形式转让、提供给第三方。但双方另有约定者，不在此限。

八、文书格式

双方同意信息交换、通报、查询及业务联系等，使用商定的文书格式。

九、协议履行及变更

双方应遵守协议。

本协议变更，应经双方协商同意，并以书面形式确认。

十、争议解决

因适用本协议所生争议，双方应尽速协商解决。除另有约定外，协商应于请求提出后十五个工作日内举行。

十一、未尽事宜

本协议如有未尽事宜，双方得以适当方式另行商定。

十二、签署生效

本协议签署后，双方应各自完成相关程序并以书面通知对方。本协议自双方均收到对方通知后次日起生效。

本协议于二月二十七日签署，一式四份，双方各执两份。四份文本中对应表述的不同用语所含意义相同，四份文本具有同等效力。

05.《海峡两岸气象合作协议》

为保障两岸人民福祉及生命财产安全，提升两岸气象观测、预报及气象灾害警报能力，促进两岸气象合作与发展，海峡两岸关系协会与财团法人海峡交流基金会就两岸气象合作事宜，经平等协商，达成协议如下：

一、合作范围

双方同意进行下列交流合作：

（一）气象业务交流与合作：

1. 灾害性天气业务合作；

2. 气象资料与信息交换；

（二）气象业务技术交流合作；

（三）气象业务人员交流；

（四）双方同意的其他气象合作事项。

二、合作事宜

（一）气象业务交流与合作

1. 灾害性天气业务合作

就台风、暴雨、热浪、寒潮等重大灾害性天气系统，在观测、监测、预测、预报及警报等方面进行及时、持续通报与沟通。如接获对方查询，应尽快给予回应及协助。

双方指定联系及通报沟通的单位与人员，应建立通报业务流程，平时定期进行通报沟通测试。

2.气象资料与信息交换

就气象业务相关规定及制度规范等信息进行交流。

就气象观测、监测、预测、预报及警报等信息与产品，定期进行交换及经验交流。

双方商定的其他气象资料和产品的交换。

（二）气象业务技术交流合作

就开发气象相关业务系统、灾害潜势预报警报、气候资源利用、气象灾害风险评估等业务技术进行交流及合作开发。

就气象业务发展，包括最新气象业务技术、天气监测和预报在防灾减灾的应用、特定或个案天气监测及预报等成果进行交流。

就台风、暴雨及强对流天气进行联合观测实验，并针对两岸共同关注的气象业务技术进行合作研究。

（三）气象业务人员交流

双方人员每年原则上举行一次工作业务交流会议，或气象业务相关研讨会，由双方轮流主办。

积极推动气象业务人员互访，进行技术交流以提升业务人员的专业素质。

（四）双方同意的其他气象合作事项。

三、联系主体

本协议议定事项，由双方气象业务主管部门指定的联络人相互联系实施。

本协议其他事宜，由海峡两岸关系协会与财团法人海峡交流基金会联系。

四、工作规划

双方同意设置工作组，负责商定具体工作规划、方案。

工作组应于本协议生效后二个月内召开首次会议，商讨双方联系及通报沟通窗口等相关事宜。

五、保密义务

双方同意对于执行本协议相关活动所获相关资料及其他信息予以保密。但依请求目的使用者，不在此限。

六、限制用途

双方同意仅依请求目的使用对方提供的资料，不得以任何形式转让、提供给第三方。但双方另有约定者，不在此限。

七、文书格式

双方同意信息交换、通报、查询及业务联系等，使用商定的文书格式。

八、协议履行及变更

双方应遵守协议。

本协议变更，应经双方协商同意，并以书面形式确认。

九、争议解决

因适用本协议所生争议，双方应尽速协商解决。除另有约定外，协商应于请求提出后十五个工作日内举行。

十、未尽事宜

本协议如有未尽事宜，双方得以适当方式另行商定。

十一、签署生效

本协议签署后，双方应各自完成相关程序并以书面通知对方。本协议自双方均收到对方通知后次日起生效。

本协议于二月二十七日签署，一式四份，双方各执两份。四份文本中对应表述的不同用语所含意义相同，四份文本具有同等效力。

06.《海峡两岸服务贸易协议》

为加强海峡两岸经贸关系，促进服务贸易自由化，依据《海峡两岸经济合作框架协议》及世界贸易组织《服务贸易总协定》，海峡两岸关系协会与财团法人海峡交流基金会经平等协商，达成协议如下：

第一章　总则

第一条　目标

本协议致力于：

一、逐步减少或消除双方之间涵盖众多部门的服务贸易限制性措施，促进双方服务贸易进一步自由化及便利化；

二、继续扩展服务贸易的广度和深度；

三、增进双方在服务贸易领域的合作。

第二条　定义

就本协议而言：

一、"服务贸易"指：

（一）自一方内向另一方内提供服务；

（二）在一方内向另一方的服务消费者提供服务；

（三）一方服务提供者通过在另一方内的商业存在提供服务；

（四）一方服务提供者通过在另一方内的自然人存在提供服务。

二、"服务部门"指：

（一）对于一具体承诺，指一方承诺表中列明的该项服务的一个、多个或所有次部门；

（二）在其他情况下，指该服务部门的全部，包括其所有的次部门。

三、"人"指自然人或法人。

四、"法人"指根据两岸任一方相关规定在该方设立的实体。

五、"服务提供者"指两岸任一方提供服务的任何人。如该服务不是由法人直接提供，而是通过分支机构或代表处等其他形式的商业存在提供，则该服务提供者（即该法人）仍应通过该商业存在享有本协议所给予的待遇。此类待遇应扩大至提供该服务的存在方式，但不需扩大至该服务提供者位于提供服务的一方之外的任何其他部分。

六、"服务消费者"指接受或使用服务的任何人。

七、"措施"指两岸任一方的规定、规则、程序、决定或任何其他形式的措施。

八、"一方影响服务贸易的措施"包括关于下列事项的措施：

（一）服务的购买、支付或使用；

（二）与服务提供有关，且该方要求向公众普遍提供的服务的获得和使用；

（三）另一方的人为在该方内提供服务的存在，包括商业存在。

九、"商业存在"指任何类型的商业或专业机构，包括以下列方式在一方内提供服务：

（一）设立、收购或维持一法人，或

（二）设立或维持一分支机构或代表处。

第三条　范围

一、本协议适用于双方影响服务贸易的措施。

二、本协议不适用于：

（一）公共采购；

（二）在一方内为行使公共部门职权时提供的服务；

（三）一方提供的补贴或补助，或者附加于接受或持续接受这类补贴的任何条件。但如果前述补贴显着影响一方在本协议下所作具体承诺，另一方可请求磋商，以友好解决该问题。应另一方请求，一方应尽可能提供与本协议下所作具体承诺有关的补贴讯息；

（四）两岸间航空运输安排，即《海峡两岸空运协议》与《海峡两岸空运补充协议》及其后续修正文件所涵盖的措施及内容；

（五）与两岸间航空运输安排的行使直接有关的服务，但不包括《海峡两岸经济合作框架协议》及其后续协议项下的服务贸易市场开放承诺表所列措施；

（六）双方有关海运协议的相关措施，但不包括《海峡两岸经济合作框架协议》及其后续协议项下的服务贸易市场开放承诺表所列措施；

（七）双方同意的其他服务或措施。

三、世界贸易组织《服务贸易总协定》关于自然人流动的附件经必要调整后适用于本协议。

四、双方各级业务主管部门及其授权的机构应履行本协议项下的义务和承诺。

第二章　义务与规范

第四条　公平待遇

一、一方对于列入其在世界贸易组织中所作服务贸易具体承诺减让表、《海峡两岸经济合作框架协议》附件四"服务贸易早期收获部门及开放措施"及本协议附件一"服务贸易具体承诺表"的服务部门，在遵守前述减让表、开放措施或承诺表所列任何条件和资格的前提下，就影响服务提供的所有措施而言，对另一方的服务和服务提供者所给予的待遇，不得低于其给予该一方同类服务和服务提供者的待遇。

二、本条第一款不适用于一方现有的不符措施及其修改，但该一方应逐步减少或消除该等不符措施，且对该等不符措施的任何修改或变更，不得增加对另一方服务和服务提供者的限制。

三、根据本条第一款所作的具体承诺不得解释为要求任一方对于因相关的服务或服务提供者的非当地特性而产生的任何固有的竞争劣势作出补偿。

四、一方可对另一方的服务和服务提供者给予与该一方同类服务和服务提供者形式上相同或不同的待遇，以满足本条第一款要求。如此类形式上相同或不同的待遇改变竞争条件，且与另一方的同类服务或服务提供者相比有利于该一方的服务或服务提供者，则应被视为较为不利的待遇。

五、关于一方影响服务贸易的措施，除符合世界贸易组织《服务贸易总协定》第二条第二款规定的豁免外，该一方对另一方的服务和服务提供者所给予的待遇，不得低于该一方给予的普遍适用于其他任何世界贸易组织成员的同类服务和服务提供者的待遇。

六、本条第五款不适用于一方现有的不符措施及其修改，但该一方应逐步减少直至消除该等不符措施，且对该等不符措施的任何修改或变更，不得增加对另一方服务和服务提供者的限制。

第五条　讯息公开与提供

一、一方应依其规定，及时公布或用其他方式使公众知悉普遍适用的或针对另一方与服务贸易有关的措施。

二、应另一方请求，一方应依其规定，及时就已公布并影响另一方服务提供者的措施的变化提供讯息。

三、一方不得要求另一方提供一经披露即妨碍执行相关规定或有违公共利益，或损害特定企业正当商业利益的机密讯息。

第六条　管理规范

一、一方对已作出具体承诺的部门，应确保所有影响服务贸易的普遍适用措施以合理、客观且公正的方式实施。

二、双方应依其规定赋予受影响的服务提供者对业务主管部门作出的决定申请行政救济的权利，并确保该行政救济程序提供客观和公正的审查。

三、对已作出具体承诺的服务，如提供此种服务需要取得许可，则一方业务主管部门应依其规定在申请人提出完整的申请资料后的一定期间内，将申请的审核结果通知申请人。应申请人请求，该一方业务主管部门应提供有关申请的讯息，不得有不当迟延。

四、为确保有关资格要求、资格程序、技术标准和许可要求的各项措施不构成不必要的服务贸易壁垒，对于一方已作出具体承诺的部门，该方应致力于确保上述措施：

（一）依据客观及透明的标准，例如提供服务的能力；

（二）不得比为确保服务品质所必需的限度更难以负担；

（三）如属许可程序，则该程序本身不成为对服务提供的限制。

五、一方可依其规定或其他经双方同意的方式，承认另一方服务提供者在该另一方已获得的实绩、经历、许可、证明或已满足的资格要求。

六、在已就专业服务作出具体承诺的部门，一方应提供适当程序，以验证另一方专业人员的能力。

第七条　商业行为

一、一方应确保该方内的任何垄断服务提供者在相关市场提供垄断服务时，并未采取违反其在本协议附件一及《海峡两岸经济合作框架协议》附件四中所作承诺的行为。

二、一方的垄断服务提供者直接或经关联企业，参与其垄断权范围外且属该方具体承诺表中服务的竞争时，该方应确保该服务提供者不滥用其垄断地位在该方内采取违反此类承诺的行为。

三、一方有理由认为另一方的垄断服务提供者的行为违反本条第一款或第二款规定时，在该方请求下，经双方协商，可由另一方提供有关经营的讯息。

四、一方在形式上或事实上授权或设立且实质性阻止少数几个服务提供者在该方内相互竞争时，本条第一款及第二款规定应适用于此类服务提供者。

五、除本条第一款至第四款所指的商业行为外，服务提供者的相关商业行为可能会抑制竞争，从而限制服务贸易。在此情形下，一方应就另一方请求进行磋商，以期消除此类商业行为。被请求方对此类请求应给予充分和积极的考虑，并尽可能提供与所涉事项有关且可公开获得的非机密讯息。被请求方依其规定，在与请求方就保障机密性达成一致的前提下，应向请求方提供其他可获得的讯息。

第八条　紧急情况的磋商

若因实施本协议对一方的服务部门造成实质性负面影响，受影响的一方可要求与另一方磋商，积极寻求解决方案。

第九条　支付和转移

除本协议第十条规定的情况外，一方不得对与其具体承诺有关的经常项目交易的对外资金转移和支付实施限制。

第十条　确保对外收支平衡的限制

一方对外收支出现或可能出现严重失衡时，可依规定或惯例暂时限制与服务贸易相关的资金转移和支付，但实施该等限制应遵循公平、非歧视和善意的原则。

第十一条　例外

本协议的任何规定不得解释为妨碍一方采取或维持与世界贸易组织《服务贸易总协定》规则相一致的例外措施。

第十二条　合作

双方应本着互惠互利的原则，加强各个服务部门的合作，以进一步提升双方服务部门的能力、效率与竞争力。

第三章　具体承诺

第十三条　市场开放

对于本协议第二条第一款所指的服务提供模式的市场开放，一方对另一方的服务和符合本协议附件二及本协议其他所列条件的服务提供者给予的待遇，不得低于该方在本协议附件一及《海峡两岸经济合作框架协议》附件四中列明的内容和条件。对以本协议第二条第一款第一项、第三项所指模式提供的服务，如一方就其作出市场开放承诺，则该方应允许相关的资本移动。

第十四条　其他承诺

双方可就影响服务贸易，但不属于依本协议第十三条列入具体承诺表的措施，包括资格、标准、许可事项或其他措施，展开磋商，并将磋商结果列入具体承诺表。

第十五条　具体承诺表

一、双方经过磋商达成的具体承诺表，作为本协议附件一。

二、具体承诺表应列明：

（一）作出承诺的部门或次部门；

（二）市场开放承诺；

（三）本协议第十四条所述其他承诺；

（四）双方同意列入的其他内容。

三、本协议附件一所列金融服务部门的开放承诺方式不受本条第二款规定的限制。

四、本协议附件一及《海峡两岸经济合作框架协议》附件四所列服务部门及市场开放承诺适用本协议附件二关于服务提供者的具体规定。

第十六条　逐步减少服务贸易限制

一、为逐步减少或消除双方之间涵盖众多部门的服务贸易限制性措施，促进服务贸易自由化，经双方同意，可在互惠互利的基础上，就服务贸易的进一步市场开放展开磋商。

二、依据本条第一款展开磋商形成的结果，构成本协议的一部分。

三、任一方均可在本协议规定的开放承诺的基础上自主加速开放或消除限制性措施。

第十七条 承诺表的修改

一、在承诺表中任何承诺实施之日起三年期满后的任何时间，一方可依照本条规定修改或撤销该承诺。如该承诺不超出其在世界贸易组织承诺水平，则对该承诺的修改不得比修改前更具限制性。

二、修改一方应将本条第一款所述修改或撤销承诺的意向，在不迟于实施修改或撤销的预定日期前三个月通知另一方。

三、应受影响一方的请求，修改一方应与其进行磋商，以期就必要的补偿性调整达成一致，调整后结果不得低于磋商前具体承诺的总体开放水平。

四、如双方无法就补偿性调整达成一致，可根据本协议第二十条规定解决。修改一方根据争端解决结果完成补偿性调整前，不得修改或撤销其承诺。

第四章 其他条款

第十八条 联系机制

一、双方同意由两岸经济合作委员会服务贸易工作小组负责处理本协议及与服务贸易相关事宜，由双方业务主管部门各自指定的联络人负责联系，必要时，经双方同意，可指定其他单位负责联络。

二、服务贸易工作小组可视需要设立工作机制，处理本协议及与服务贸易相关的特定事项。

第十九条 审议

自本协议生效之日起十二个月后，双方可每年召开会议审议本协议，以及双方同意的其他与服务贸易相关的议题。

第二十条 争端解决

双方关于本协议解释、实施和适用的争端，应依《海峡两岸经济合作框架协议》第十条规定处理。

第二十一条 文书格式

基于本协议所进行的业务联系，应使用双方商定的文书格式。

第二十二条 附件

本协议的附件构成本协议的一部分。

第二十三条　修正

本协议修正，应经双方协商同意，并以书面形式确认。

第二十四条　生效

一、本协议签署后，双方应各自完成相关程序并以书面通知另一方。本协议自双方均收到对方通知后次日起生效。

二、本协议附件一所列内容应于本协议生效后尽速实施。

本协议于六月二十一日签署，一式四份，双方各执两份。四份文本中对应表述的不同用语所含意义相同，四份文本具有同等效力。

附件一　服务贸易具体承诺表
附件二　关于服务提供者的具体规定

07.《海峡两岸投资保护和促进协议》

为保护海峡两岸投资者权益，促进相互投资，创造公平投资环境，增进两岸经济繁荣，依据《海峡两岸经济合作框架协议》第五条规定，海峡两岸关系协会与财团法人海峡交流基金会经平等协商，达成协议如下：

第一条

定义

本协议内：

一、"投资"指一方投资者依照另一方的规定，在该另一方所投入的具有投资特性的各种资产，包括但不限于：

（一）动产、不动产及其他财产权利；

（二）企业的股份或出资额及其他形式的参股；

（三）金钱请求权或其他具有经济价值的履行请求权；

（四）知识产权、企业名称及商号、商誉；

（五）交钥匙、工程建造、管理、生产、收益分配及其他类似合同权利；

（六）经营特许权，包括培育、耕作的特许权利，以及勘探、开采、提炼或开发自然资源的特许权利；

（七）各种担保债券、信用债券、贷款及其他形式的债。

投资特性指资本或其他资源的投入、对收益或利润的期待和对风险的承担。作为投资的资产发生任何符合投资所在地相关规定的形式上变化，不影响其作为投资的特性。

二、"投资者"指在另一方从事投资的一方自然人或一方企业：

（一）一方自然人指持有一方身份证明文件的自然人；

（二）一方企业指根据一方规定在该方设立的实体，包括公司、信托、商行、合伙或其他组织；

（三）根据第三方规定设立，但由本款第一项或第二项的投资者所有或控制的任何实体，亦属一方企业。

三、"收益"指投资所产生的收入，包括利润、股息、利息、资本利得、提成费和其他合法收入。

四、"措施"指包括任何影响投资者或投资的规定、政策或其他行政行为。

五、"两岸投资争端解决机构"指本协议生效后，经双方确认并书面通知的仲裁机构、调解中心及其他调解机构。

第二条

适用范围和例外

一、本协议应适用于一方对另一方投资者及其投资采取或维持的措施。

二、本协议应适用于一方投资者在另一方于本协议生效前或生效后的投资，但不适用于本协议生效前已解决的本协议第十三条第一款所指的"投资争端"。

三、本协议适用于任一方各级主管部门及该类部门授权行使行政职权的机构所采取或维持的措施。

四、一方可采取、维持或执行其认为必要的任何措施，以确保其重大的安全利益。

五、一方基于非任意与非不合理歧视的原则，且对贸易或投资不构成隐性限制，可于下列情形采取或维持对投资的限制措施：

（一）为遵守与本协议不相抵触的规定所采取的必要措施；

（二）为保护人类、动物或植物的生命或健康所采取的必要措施；

（三）为保护可耗尽的自然资源所采取的必要措施。

六、一方基于审慎理由可采取或维持与金融服务有关的措施。该等措施包括但不限于：

（一）为保护投资者、存款人、保单持有人或金融服务提供者对其负有忠实义务的人所采取的措施；

（二）为确保金融体系运作与稳定所采取的措施。

七、本协议不适用于：

（一）公共采购；

（二）由一方提供的补贴或补助。

八、除下列情形外，本协议不适用于任一方的税收措施：

（一）如一方投资者以书面形式向另一方税收主管部门主张该另一方的税收措施涉及本协议第七条的规定，双方税收主管部门应于六个月内共同决定该措施是否构成征收。如该税收措施构成征收，则本协议应适用于该措施。

（二）如双方税收主管部门未能在六个月内一致认定该税收措施不构成征收，该一方投资者可依本协议第十三条及附件的规定寻求解决。

第三条

投资待遇

一、一方应确保给予另一方投资者及其投资公正与公平待遇，并提供充分保护与安全：

（一）"公正与公平待遇"指一方的措施应符合正当程序原则，且不得对另一方投资者拒绝公正与公平审理，或实行明显的歧视性或专断性措施。

（二）"充分保护与安全"指一方应采取合理、必要的措施，保护另一方投资者及其投资的安全。

一方违反本协议其他条款，不构成对本款的违反。

二、双方应加强投资者及相关人员在投资中的人身自由与安全保障，依各自规定的时限履行与人身自由相关的通知义务，完善既有通报机制。

三、一方对另一方投资者就其投资的运营、管理、维持、享有、使用、出售或其他处置所给予的待遇，不得低于在相似情形下给予该一方投资者及其投资的待遇。

四、一方对另一方投资者就其投资的设立、扩大、运营、管理、维持、享有、使用、出售或其他处置所给予的待遇，不得低于在相似情形下给予任何第三方投资者及其投资的待遇。

五、本条第三款及第四款不适用于一方现有的不符措施及其修改，但一方应逐步减少或消除该等不符措施，且对该等不符措施的任何修改或变更，不得增加对另一方投资者及其投资的限制。

六、另一方投资者不得援引本条第四款的规定，要求适用本协议以外的争端解决程序。

第四条

透明度

一、一方应依其规定及时公布或用其他方式使公众知悉普遍适用的或针对另一方与投资有关的规定、措施、程序等。

二、应另一方请求，一方应依其规定，就已公布并影响另一方投资者的规定、措施、程序的变化提供讯息。

第五条

逐步减少投资限制

一、双方同意，本着互利互惠的原则接受并保护相互投资。

二、双方同意，逐步减少或消除对相互投资的限制，创造公平的投资环境，努力促进相互投资。

第六条

投资便利化

一、双方同意逐步简化投资申请文件和审核程序。

二、双方同意相互提供投资便利，包括：

（一）一方对另一方投资者取得投资讯息、相关营运证照，以及人员进出和经营管理等提供便利；

（二）一方对另一方及其投资者举办说明会、研讨会及其他有利于投资的活动提供便利。

第七条

征收

一、除符合下列所有条件外，一方不得对另一方投资者在该一方的投资或收益采取征收（包括直接征收和间接征收）：

（一）基于公共利益；

（二）依照一方规定及正当程序；

（三）非歧视性且非任意的；

（四）依据本条第四款给予补偿。

二、间接征收指效果等同于直接征收的措施。确定一项或一系列措施是否构成间接征收应以事实为依据逐案评估，并应考虑以下因素：

（一）该措施对投资的经济影响，但仅对投资的经济价值有负面影响，不足以推断构成间接征收；

（二）该措施在范围或适用上对另一方投资者及其投资的歧视程度；

（三）该措施对另一方投资者明显、合理的投资期待的干预程度；

（四）该措施的采取是否出于善意并以公共利益为目的，且措施和目的之间是否符合比例原则。

三、双方为保护公众健康与安全、环境等正当公共福利所采取的非歧视性管制措施，不构成间接征收。

四、本条第一款所称的补偿应以征收时或征收为公众所知时（以较早者为准）被征收投资或收益的公平市场价值为基准，并应加计征收之日起至补偿支付之日止，按合理商业利率计算的利息。补偿的支付不应迟延，并应可有效实现、兑换及自由转移。

第八条

损失补偿

一方投资者在另一方的投资或收益，如因发生在该另一方的武装冲突、紧急状态或其他类似事件而遭受损失，另一方给予其恢复原状、补偿或其他解决方式的待遇，应不低于相似条件下给予该另一方投资者或任何第三方投资者的待遇中最优者。

第九条

代位

一、一方指定的机构根据其与投资有关的货币汇兑、征收等非商业风险的担保、保证或保险合同给付一方投资者后，可以在与投资者同等的范围内代位行使该投资者的权利和请求权，并承担该投资者与投资相应的义务。

二、一方应将其依本条第一款指定的机构及其变更通知另一方。

第十条

转移

一、一方应依其规定准许另一方投资者转移其投资及收益，包括但不限于：

（一）设立、维持和扩大投资的资本；

（二）利润、股息、利息、资本利得、提成费及其他与知识产权相关的费用；

（三）与投资合同相关的支付，包括贷款协议产生的相关款项；

（四）出售或清算全部或部分投资所得款项；

（五）自然人投资者与该项投资相关的收入和报酬；

（六）根据第七条和第八条所获得的款项；

（七）依本协议附件第三款所获得的补偿。

二、除本协议另有规定外，双方应保证本条第一款转移以可自由兑换的货币或双方同意且按当时规定可汇兑的货币，以转移当日的市场汇率不延迟地进行。

三、基于公平、公正、非歧视的原则，一方可于下列情况下，诚信适用相关规定阻止或延迟转移，不受本条第一款及第二款的限制：

（一）破产、无力偿还或保护债权人利益；

（二）有价证券、期货、期权和其他衍生品的发行、买卖、交易、处理；

（三）刑事犯罪侦查或行政处罚调查中的必要保全措施；

（四）现金或其他货币工具必要的转移申报；

（五）确保司法裁判或行政处罚决定的执行。

四、一方对外收支出现或可能出现严重失衡时，可依规定或惯例暂时限制转移，但实施该等限制应遵循公平、非歧视和善意的原则。

第十一条

拒绝授予利益

第三方的自然人或企业所有或控制的一方企业如在该一方未从事实质性商业经营，则另一方有权拒绝授予该企业在本协议项下的利益。

第十二条

本协议双方的争端解决

双方关于本协议解释、实施和适用的争端，应依《海峡两岸经济合作框架协议》第十条规定处理。

第十三条

投资者与投资所在地一方争端解决

一、一方投资者主张另一相关部门或机构违反本协议规定的义务，致该投资者受到损失所产生的争端（以下称"投资争端"），可依下列方式解决：

（一）争端双方友好协商解决；

（二）由投资所在地或其上级的协调机制协调解决；

（三）由本协议第十五条所设投资争端协处机制协助解决；

（四）因本协议所产生的投资者与投资所在地一方的投资补偿争端，可由投资者提交两岸投资争端解决机构通过调解方式解决，两岸投资争端解决机构应每半年将投资补偿争端的处理情况通报本协议第十五条的投资工作小组；

（五）依据投资所在地一方行政复议或司法程序解决。

二、投资者根据本条第一款第四项解决投资补偿争端，适用本协议附件的规定。

三、协议生效后，双方应尽快交换并公布本条第一款第四项规定的两岸投资争端解决机构名单。双方经协商可调整该机构名单。

四、如投资者已选择依本条第一款第五项解决，除非符合投资所在地一方相关规定，投资者不得再就同一争端提交两岸投资争端解决机构调解。

五、本协议生效前已进入司法程序的本条第一款所指的"投资争端"，除非当事双方同意并符合投资所在地一方相关规定，不适用本条第一款第四项规定的调解程序。

第十四条

投资商事争议

一、双方确认，一方投资者与另一方自然人、法人、其他组织依相关规定及当事人意思自治原则签订商事合同时，可约定商事争议的解决方式和途径。

二、一方投资者与另一方自然人订立商事合同时，可就有关投资所产生的商事争议订立仲裁条款。如未订立仲裁条款，可于争议发生后协商提交仲裁解决。

三、一方投资者与另一方法人或其他组织订立商事合同时，可就有关投资所产生的商事争议订立仲裁条款。如未订立仲裁条款，可于争议发生后协商提交仲裁解决。

四、商事争议的当事双方可选择两岸的仲裁机构及当事双方同意的仲裁地点。如商事合同中未约定仲裁条款，可于争议发生后协商提交两岸的仲裁机构，在当事双方同意的仲裁地点解决争议。

五、双方确认，商事合同当事人可依据相关规定申请仲裁裁决的认可与执行。

第十五条

联系机制

一、双方同意由两岸经济合作委员会投资工作小组负责处理本协议相关事宜，由双方业务主管部门各自指定的联络人负责联络。

二、投资工作小组设立下列工作机制，处理与本协议相关的特定事项：

（一）投资争端协处机制：协助处理投资者与投资所在地一方的投资争端，

并相互通报处理情况；

（二）投资咨询机制：交换投资讯息、开展投资促进、推动投资便利化、提供纠纷处理及与本协议相关事项的咨询；

（三）经双方同意的其他与本协议相关的工作机制。

第十六条

文书格式

基于本协议所进行的业务联系，应使用双方商定的文书格式。

第十七条

修正

本协议的修正，应经双方协商同意，并以书面形式确认。

第十八条

生效

本协议签署后，双方应各自完成相关程序并以书面通知另一方。本协议自双方均收到对方通知后次日起生效。

本协议于八月九日签署，一式四份，双方各执两份。本协议的附件构成本协议的一部分。四份文本中对应表述的不同用语所含意义相同，四份文本具有同等效力。

08.《投资补偿争端调解程序》

一、调解原则及程序

（一）一方投资者依据本协议第十三条第一款第四项提出调解申请后，两岸投资争端解决机构应依其规则受理申请，启动调解程序。两岸投资争端解决机构应客观、公正、公平及合理地处理投资补偿争端。争端双方应积极、诚信参与调解，不得无故拖延。

（二）除争端双方另有约定外，调解过程不公开。

（三）除争端双方同意公开的事项外，两岸投资争端解决机构及其工作人员、调解员对投资争端案件应保守秘密。

二、调解成立

（一）调解员应保持中立，促使争端双方达成合意。

（二）争端双方经调解达成合意，调解员应根据合意内容制作调解协议，由争端双方及调解员在调解协议上签字或盖章，并加盖两岸投资争端解决机构印章。

（三）双方应确保建立、完善与调解协议执行相关的制度。投资者可依据执行地一方相关规定申请调解协议的执行。

三、补偿方式

投资补偿争端的补偿方式以下列类型为限：

（一）金钱补偿及适当利息；

（二）返还财产，或以补偿金和相应利息代替财产返还；

（三）争端双方同意的其他合法补偿方式。

四、调解请求权的消灭

自投资者知道或应当知道另一方违反本协议义务之日起，如超过三年未行使调解请求权，则该请求权消灭。但因不可抗力导致的延误，不计入前述三年期间内。

五、调解信息的使用限制

如投资补偿争端依本协议第十三条第一款第四项所规定的程序仍无法解决，除争端双方另有约定外，任何一方均不得在其后就同一争端进行的行政或司法程序中，援引对方当事人和调解员在前述程序中所做出的任何陈述、承认和让步，作为不利于对方当事人的资料或证据。

六、调解规则的通报

两岸投资争端解决机构的调解规则应向本协议第十五条的投资工作小组进行通报。

09.《海峡两岸海关合作协议》

为促进两岸经贸交流与发展，海峡两岸关系协会与财团法人海峡交流基金会依据《海峡两岸经济合作框架协议》（以下简称 ECFA）第六条有关规定，就两岸海关合作事宜，经平等协商，达成协议如下：

第一章　总则

第一条　定义

在本协议中，

海关程序指双方海关及行政相对人应遵守的相关程序及规定；

海关合作指双方为执行海关规定而进行的各项合作；

运输工具指用以载运人员、货物、物品进出境的各种船舶、车辆及航空器；

请求方海关指请求协助的一方海关；

被请求方海关指被请求协助的一方海关。

第二条　范围

本协议适用于执行海关程序及进行海关合作的相关事宜。

第三条　目标

本协议目标为：

一、促进双方海关程序的简化及协调，提高通关效率，便利 ECFA 的执行。

二、便利两岸人员及货物的往来，促进两岸贸易便利与安全。

第二章　海关程序

第四条　便利化

一、双方应确保海关程序及其执行具有可确定性、一致性及透明性，其海关估价、商品归类等规定应与世界贸易组织或世界海关组织有关规定相一致。

二、双方应采取适当措施，以便利货物、物品及运输工具的通关，并逐步应用信息技术，促进无纸化通关的发展。

第五条　风险管理

双方海关应注重识别高风险企业及货物，实施经认证的经营者（以下简称 AEO）认证制度，便利货物通关。

第六条　透明度

双方海关应采取包括但不限于以下措施提高透明度：

一、公布与行政相对人权利义务有关的规定。

二、设置必要的咨询点，受理行政相对人相关业务咨询。

三、一方海关规定有重大修正，且可能对本协议的实施产生实质影响时，应及时通知另一方海关。

四、应一方海关请求，另一方海关应就已公布并影响行政相对人规定的变动情况提供信息。

第七条　行政救济

双方海关的规定应赋予行政相对人对海关作出的决定申请行政救济的权利。

第三章　海关合作

第八条　合作内容

双方海关在包括但不限于以下领域内进行合作：

一、相互通报有关海关规定；及时交换与 ECFA 货物贸易有关的海关估价、商品归类及原产地确定所需的证件、文书等相关资料。

二、为正确计征 ECFA 货物贸易进口货物关税，主动或应请求提供及核查海关估价、商品归类及原产地确定有关信息。

三、进行查处走私相关合作与技术交流，主动或应请求提供查处走私及其他违反海关规定行为的情报资料与协助。

四、对通关过程中产生的问题应及时进行沟通协调，采取必要措施予以解决。

五、对各自海关监管中应用的风险管理方法，选取可行项目进行合作。

六、逐步实施 AEO 相互承认并给予通关便利。

七、对各自海关监管中应用无线射频识别技术（RFID）的方法，进行交流与合作。

八、加强在海关特殊监管区域海关管理方面的交流与合作。

九、建立与 ECFA 货物贸易有关的海关电子信息交换系统。

十、对暂准货物通关事项进行合作。

十一、进行海关贸易统计合作，定期交换贸易统计数据，进行贸易统计制度、方法、统计数据差异分析等技术交流。

十二、进行人员互访、交流、观摩学习及专题研讨。

第四章　请求程序

第九条　请求的方式

请求方海关应以书面方式提出请求，并附所需文件。如情况紧急，请求方海关可提出口头请求，但应尽速以书面方式加以确认。

第十条　请求的内容

一、依据本协议所提出的请求应包括下列内容：

（一）提出请求的海关；

（二）请求的目的及理由；

（三）请求事项的相关情况；

（四）请求采取的措施；

（五）涉及有关规定的说明；

（六）答复时限及联络方式；

（七）其他经双方海关同意应说明的事项。

二、被请求方海关必要时可要求请求方海关对上述请求进行更正或补充。

第十一条　请求的执行

一、被请求方海关应在其权限及能力范围内采取合理的执行措施。

二、被请求方海关可依请求提供经过适当认证的文件资料及其他对象。除被特别要求书面文件外，被请求方海关可传送电子信息并提供必要的说明。

三、若请求事项涉及被请求方海关以外的其他相关部门，被请求方海关应将该项请求转送相关部门，并将处理情况通知请求方海关。

四、被请求方海关可按请求方海关的要求执行有关请求，除非该要求与被请求方海关的规定或做法相抵触。

第五章　其他

第十二条　联系机制

一、双方同意，由两岸经济合作委员会海关合作工作小组负责处理本协议及海关合作相关事宜，由双方海关各自指定的联络人负责联络，并建立联络热线，以保障协议的顺利实施。必要时，经双方同意，可指定其他单位负责联络特定事项。

二、海关合作工作小组可视需要成立工作分组负责处理本协议有关事宜，并向海关合作工作小组报告。

三、双方海关视需要举行会议，以评估本协议执行情况及研究解决有关问题。

第十三条　保密义务

一、依据本协议所取得的任何信息，应受到在接受方取得同类信息所应受到相同程度的保护。

二、一方海关对所提供信息的保密性有特殊要求并说明理由，另一方海关应给予特殊保护。

三、如未事先获得被请求方海关的书面同意，请求方海关不得将取得的信息转交其他单位及人员，亦不得在司法及行政程序中作为证据使用。

第十四条　费用

一、双方海关就执行请求所产生的一切费用，原则上应放弃获得补偿的要求。如执行请求需要支付巨额或特别性质的费用，双方海关应商定执行该项请求的条件及有关费用负担的办法。

二、双方海关可就执行本协议第八条规定的合作事项所产生费用的补偿问题另行商定。

第十五条　文书格式

基于本协议所进行的业务联系，应使用双方商定的文书格式。

第十六条　修正

本协议修正，应经双方协商同意，并以书面形式确认。

第十七条　生效

本协议签署后，双方应各自完成有关程序并以书面通知另一方。本协议自双方均收到对方通知后次日起生效。

本协议于八月九日签署，一式四份，双方各执两份。四份文本中对应表述的不同用语所含意义相同，四份文本具有同等效力。

10.《海峡两岸核电安全合作协议》

"安全第一"是核电应用普遍遵守的基本原则，攸关人的健康、安全、财产及环境。为保障两岸人民福祉，提升两岸核电运转安全，加强核电安全资讯透明化，促进两岸核电安全资讯及经验交流，海峡两岸关系协会与财团法人海峡交流基金会就两岸核电安全合作事宜，经平等协商，达成协议如下：

一、合作范围

双方同意本着平等互惠原则，就两岸核电安全及事故紧急通报等事宜，在下列领域进行交流合作：

（一）核电安全法规与标准

核电安全相关之法规、标准、导则、参考文献等资讯交流。

（二）核电安全分析与审查评估经验

核电安全分析与审查评估之方法、流程、报告、参考文献及安全分析审查评估所需使用之相关工具发展等资讯交换及经验交流。

（三）核电安全监督方法与经验

核电安全监督架构作业方式、报告、参考文献等资讯交换及经验交流。

（四）核电厂基本资讯

核电厂机组运转、工作人员辐射剂量、环境辐射监测、安全指标、异常事件及机组兴建进度等相关基本资讯定期交换。

（五）核安事件安全评估与运转经验回馈

就国际核安事件分级（INES）各级之重要核电机组异常事件，定期交换调查报告、改进措施及后续安全监督报告，并进行经验交流。

（六）核电厂老化管理

核电厂老化管理、评估、监督、现场查证等资讯交换及经验交流。

（七）核电安全研究经验

核电安全研究发展，包含燃料安全、热传流力、数位仪控、防火安全、人因工程、风险评估、地震与海啸防护、事故分析与评估及非破坏检测品质验证等资讯交换及经验交流。

（八）核电厂事故紧急通报

任一方发生国际核安事件分级（INES）二级及二级以上或引发大众关注之事件，事故（件）方在通报相关方面的同时，应通报对方，并持续沟通及通报完整即时之相关资讯，如接获对方查询时，应尽速给予回应与协助。双方指定联系及事故通报的单位与人员，平时定期进行通报测试。

核电厂事故通报内容包括事故电厂名称、事故发生时间及可能原因、机组最新状况、放射性物质外释状况、未来可能影响及进行评估的相关资料、已采取的防护措施等。必要时，双方得商定增加通报内容。

事故方应积极协助确认对方人民在事故方受影响地区的安全情况，并提供必要协助。

（九）核电厂环境辐射监测资讯

进行环境辐射监测资讯交换及符合公认标准之环境样品放射性分析比对之交流。

（十）核电厂事故紧急应变及准备之经验

核电厂事故紧急应变经验交流，包含应变计划、平时准备、民众防护行动、复原规划等。

（十一）核电安全资讯公开之经验

核电安全资讯公开，包含资讯透明化、民众参与、科普实务等经验交流。

（十二）双方同意之其他核电安全合作事项。

二、合作方式

双方同意核电安全及紧急应变主管部门以下列方式进行核电安全事宜的交流与合作：

（一）双方人员每年至少举行一次工作业务交流会议，由双方轮流主办。

（二）推动人员参访、举办研讨会等交流活动。

（三）发生核电厂重要事件或紧急事故时，进行通报、资讯交换、查询与公开。

（四）双方同意的其他增进核电安全之合作方式。

三、联系主体

本协议议定事项，由双方核电安全及紧急应变主管部门指定的联络人相互联系实施。

本协议其他事宜，由海峡两岸关系协会与财团法人海峡交流基金会联系。

四、工作规划

双方同意设置工作组，负责商定具体工作规划、方案。

工作组应于本协议生效后二个月内召开首次会议，商讨双方联系及事故通报窗口、资讯交换与通报的项目、内容、格式、方式、频率及工作业务交流会议、交流活动等相关事宜。

五、限制用途

双方同意仅依请求目的使用对方提供的资料。但双方另有约定者，不在此限。

六、文书格式

双方同意资讯交换、通报、查询及业务联系等，使用商定的文书格式。

七、协议履行及变更

双方应遵守协议。

协议变更，应经双方协商同意，并以书面方式确认。

八、争议解决

因适用本协议所生争议，双方应尽速协商解决。除另有约定外，协商应于请求提出后十个工作日内举行。

九、未尽事宜

本协议如有未尽事宜，双方得以适当方式另行商定。

十、签署生效

本协议签署后，双方应各自完成相关程序并以书面通知对方。本协议自双方均收到对方通知后次日起生效。

本协议于十月二十日签署，一式四份，双方各执两份。（记者杨丽陈佳慧）

11.《海峡两岸医药卫生合作协议》

本于维护人的健康价值，保障海峡两岸人民健康权益，促进两岸医药卫生合作与发展，海峡两岸关系协会与财团法人海峡交流基金会就两岸医药卫生合作事宜，经平等协商，达成协议如下：

第一章　总则

一、合作领域

双方同意本着平等互惠原则，在下列领域进行交流合作：

（一）传染病防治；

（二）医药品安全管理及研发；

（三）中医药研究与交流及中药材安全管理；

（四）紧急救治；

（五）双方同意的其他领域。

二、合作方式

双方同意以下列方式进行医药卫生业务交流与合作：

（一）推动业务主管部门人员定期工作会晤、考察参访、技术交流及举办研讨会等；

（二）交换、通报、查询及公布相关业务资讯、制度规范及实际运作措施；

（三）双方同意的其他合作方式。

三、联系主体

本协议议定事项，由双方相关业务主管部门指定的联络人相互联系实施。必要时，经双方同意得指定其他单位进行联系。

本协议其他相关事宜，由海峡两岸关系协会与财团法人海峡交流基金会联系。

四、工作规划

双方同意分别设置下列工作组，负责商定具体工作规划、方案：

（一）传染病防治工作组；

（二）医药品安全管理及研发工作组；

（三）中医药研究与交流及中药材安全管理工作组；

（四）紧急救治工作组；

（五）检验检疫工作组；

（六）双方商定设置的其他工作组。

各工作组应于本协议生效后三个月内召开会议，商讨资讯交换和通报项目、内容、格式、频率及联系窗口等相关事宜。

必要时，各工作组得商定变更相关事宜，并得另设工作分组。

第二章　传染病防治

五、合作范围

双方同意就可能影响两岸人民健康之传染病的检疫与防疫、资讯交换与通报、重大传染病疫情处置、疫苗研发及其他事项，进行交流与合作。

传染病范围、类别依双方各自规定及商定办理。

六、检疫与防疫措施

双方同意依循公认检疫防疫准则所规范的核心能力，加强合作，采取必要检疫及防疫措施，避免或减少传染病传播至对方。

双方同意对在己方发现对方的疑似或确诊传染病病人，进行适当处置或协助返回原居住地治疗。

七、传染病疫情资讯交换与通报

双方同意平时应以书面方式定期互相交换传染病疫情及卫生检疫等资讯。

双方同意尽速通报可能或已构成重大突发公共卫生事件的传染病疫情，并持续沟通及通报相关资讯。如接获对方查询时，应尽速给予回应与协助。

重大疫情通报的内容，包括病例定义、实验室检验数据、疫情来源、病例数、死亡数及采取的防治措施等。必要时，双方得商定变更通报内容。

如有对方人民在发生重大疫情方受感染的资讯，该方应通报对方。

八、重大疫情处置

发生重大疫情方，应即时采取有效监测及处置措施；必要时，得请求对方积极提供协助。

发生重大疫情方，于对方请求时，应提供疫情调查情况，并积极考虑协助对方实地了解疫情。

九、共同关切的传染病防治交流与合作

双方同意就共同关切的传染病防治策略、检疫标准、处置措施及其实务演练、检验技术与实验室标本以及疫苗研发等，进行交流与合作。

第三章　医药品安全管理及研发

十、合作范围

本协议所称医药品，指药品、医疗器材、保健食品（健康食品）及化妆品，不包括中药材。

双方同意就两岸医药品的非临床检测、临床试验、上市前审查、生产管理、上市后管理等制度规范，及技术标准、检验技术与其他相关事项，进行交流与合作。

十一、品质与安全管理

双方同意就下列两岸医药品事项，建立合作机制：

（一）非临床试验管理规范（GLP）、临床试验管理规范（GCP）及生产管理规范（GMP）的检查；

（二）不良反应及不良事件通报、处置与追踪；

（三）伪、劣、禁及违规医药品的稽查，并交换资讯及追溯其来源。

十二、协处机制

双方同意建立两岸重大医药品安全事件协处机制，采取下列措施妥善处理：

（一）紧急磋商，交换相关资讯；

（二）采取控制措施，防止事态蔓延；

（三）提供实地了解便利；

（四）核实发布资讯，并相互通报；

（五）提供事件原因分析，及时通报调查及处理结果；

（六）督促应负责的厂商及其负责人妥善处理纠纷，并就受损害厂商及消费者权益的保障，给予积极协助。

十三、标准规范协调

双方同意在医药品安全管理公认标准（ICH、GHTF等）的原则下，加强合作，积极推动双方技术标准及规范的协调性，以提升医药品的安全、有效性。

在上述基础上，进行医药品检验、审批（查验登记）及生产管理规范检查合作，探讨逐步采用对方执行的结果。

十四、临床试验合作

双方同意就彼此临床试验的相关制度规范、执行机构及执行团队的管理、受试者权益保障和临床试验计划及试验结果审核机制等，进行交流与合作。

在符合临床试验管理规范（GCP）标准下，以减少重复试验为目标，优先以试点及专案方式，积极推动两岸临床试验及医药品研发合作，并在此基础上，探讨逐步接受双方执行的结果。

第四章　中医药研究与交流及中药材安全管理

十五、合作范围

双方同意就中药材品质安全保障措施、中医药诊疗方法研究、中医药学术研究及其他相关事项，进行交流与合作。

十六、品质安全

双方同意进行下列合作：

（一）中药材品质安全标准及检验方法的交流合作；

（二）相互协助中药材检验证明文件查核及确认。

十七、输出检验措施

双方同意采取措施，保障输往对方的中药材符合品质安全要求：

（一）输入方应及时通知输出方最新制度规范、检验标准、检测方法及限量要求，并由输出方转知相关机构及企业，要求企业对输往对方的中药材，依输入方要求取得检验证明文件，保证品质和安全；

（二）输出方应对申报输出的中药材实施检验，并对输入方多次通报的品质安全不合格项目，根据需要实施密集输出检验。

十八、通报及协处机制

双方同意建立两岸中药材重大的安全事件、不良反应及品质安全问题通报及协处机制，并依第十二条所定措施妥善处理。

十九、中医药研究与交流

双方同意共同商定中医药研究与交流优先合作项目，建立交流平台，积极举办交流活动，促进中医药发展。

第五章　紧急救治

二十、合作范围

双方同意就两岸重大意外事件所致伤病者的紧急救治措施、资讯交换及伤病者转送等事项，进行交流与合作。

二十一、紧急救治措施

双方同意对在己方因重大意外事件所致伤病的对方人民，提供紧急救治，协助安排收治医院，并采取其他适当医疗措施。

二十二、紧急救治资讯交换

双方同意重大意外事件发生方，应尽速提供对方伤病者名册、伤病情形、收治医院和联系方式，以及其他相关资讯。

二十三、紧急伤病者转送协助

双方同意重大意外事件发生方，于对方请求时，应积极协助办理伤病者转送事宜。

第六章　附则

二十四、保密义务

双方同意对于执行本协议相关活动所获个人资料、营业秘密及其他资讯予以保密。但依请求目的使用者，不在此限。

二十五、限制用途

双方同意仅依请求目的使用对方提供的资料。但双方另有规定者，不在此限。

二十六、文书格式

双方同意资讯交换、通报、查询及业务联系等，使用商定的文书格式。

二十七、协议履行与变更

双方应遵守协议。

本协议变更，应经双方协商同意，并以书面形式确认。

二十八、争议解决

因适用本协议所生争议，双方应尽速协商解决。除另有约定外，协商应于请求提出后十五个工作日内举行。

二十九、未尽事宜

本协议如有未尽事宜，双方得以适当方式另行商定。

三十、签署生效

本协议签署后，双方应各自完成相关程序并以书面通知对方。本协议自双方均收到对方通知后次日起生效。

本协议于十二月二十一日签署，一式四份，双方各执两份。

12.《海峡两岸知识产权保护合作协议》

为保障海峡两岸人民权益，促进两岸经济、科技与文化发展，海峡两岸关系协会与财团法人海峡交流基金会就两岸知识产权（智慧财产权）保护合作事宜，经平等协商，达成协议如下：

一、合作目标

双方同意本着平等互惠原则，加强专利、商标、著作权及植物新品种权（植物品种权）（以下简称品种权）等两岸知识产权（智慧财产权）保护方面的交流与合作，协商解决相关问题，提升两岸知识产权（智慧财产权）的创新、应用、管理及保护。

二、优先权利

双方同意依各自规定，确认对方专利、商标及品种权第一次申请日的效力，并积极推动作出相应安排，保障两岸人民的优先权权益。

三、保护品种

双方同意在各自公告的植物品种保护名录（植物种类）范围内受理对方品种权的申请，并就扩大植物品种保护名录（可申请品种权之植物种类）进行协商。

四、审查合作

双方同意推动相互利用专利检索与审查结果、品种权审查和测试等合作及协商。

五、业界合作

双方同意促进两岸专利、商标等业界合作，提供有效、便捷服务。

六、认证服务

双方同意为促进两岸著作权贸易，建立著作权认证合作机制，于一方音像（影音）制品于他方出版时，得由一方指定之相关协会或团体办理著作权认证，并就建立图书、软件（电脑程序）等其他作品、制品认证制度交换意见。

七、协处机制

双方同意建立执法协处机制，依各自规定妥善处理下列知识产权（智慧财产权）保护事宜：

（一）打击盗版及仿冒，特别是查处经由网络（网路）提供或帮助提供盗版图书、音像（影音）及软件（电脑程序）等侵权网站，以及在市场流通的盗版及仿冒品；

（二）保护驰名（著名）商标、地理标志或著名产地名称，共同防止恶意抢注行为，并保障权利人行使申请撤销被抢注驰名（著名）商标、地理标志或著名产地名称的权利；

（三）强化水果及其他农产品虚伪产地标识（示）之市场监管及查处措施；

（四）其他知识产权（智能财产权）保护事宜。

在处理上述权益保护事宜时，双方可相互提供必要的资讯，并通报处理结果。

八、业务交流

双方同意开展知识产权（智慧财产权）业务交流与合作事项如下：

（一）推动业务主管部门人员进行工作会晤、考察参访、经验和技术交流、举办研讨会等，开展相关业务培训；

（二）交换制度规范、数据文献资料（资料库）及其他相关资讯；

（三）推动相关文件电子交换合作；

（四）促进著作权集体管理组织交流与合作；

（五）加强对相关企业、代理人及公众的宣导；

（六）双方同意之其他合作事项。

九、工作规划

双方同意分别设置专利、商标、著作权及品种权等工作组，负责商定具体工作规划及方案。

十、保密义务

双方同意对于在执行本协议相关活动中所获资讯予以保密。但依请求目的使用者，不在此限。

十一、限制用途

双方同意仅依请求目的使用对方提供之资料。但双方另有约定者，不在此限。

十二、文书格式

双方同意交换、通报、查询资讯及日常业务联系等，使用商定的文书格式。

十三、联系主体

本协议议定事项，由双方业务主管部门指定的联络人相互联系实施。必要时，经双方同意得指定其他单位进行联系。

本协议其他相关事宜，由海峡两岸关系协会与财团法人海峡交流基金会联系。

十四、协议履行与变更

双方应遵守协议。

本协议变更，应经双方协商同意，并以书面形式确认。

十五、争议解决

因适用本协议所生争议，双方应尽速协商解决。

十六、未尽事宜

本协议如有未尽事宜，双方得以适当方式另行商定。

十七、签署生效

本协议签署后，双方应各自完成相关程序并以书面通知对方。本协议自双方均收到对方通知后次日起生效。

本协议于六月二十九日签署，一式四份，双方各执两份。

13.《海峡两岸农产品检疫检验合作协议》

为保障海峡两岸农业生产安全与人民健康，促进两岸农产品贸易发展，海峡两岸关系协会与财团法人海峡交流基金会就两岸农产品检疫检验合作事宜，经平等协商，达成协议如下：

一、合作原则与目标

双方同意本着互信互惠原则，在科学务实的基础上，加强检疫检验合作与交流，协商解决农产品（含饲料）贸易中的检疫检验问题，防范动植物有害生物传播扩散，确保农产品质量安全。

二、业务交流

双方同意建立业务会商、研讨、互访、考察及技术合作机制。必要时，可成立工作小组开展检疫检验专项领域技术合作研究。

三、讯息查询

（一）双方同意提供检疫检验规定、标准、程序等讯息查询，并给予必要协助。

（二）双方同意加强农药及动物用药残留等安全卫生标准交流，协调处理标准差异问题。

四、证明文件核查

双方同意建立检疫检验证明文件核查及确认机制，防范伪造、假冒证书行为。

五、通报事项

（一）双方同意及时通报进出口农产品重大疫情及安全卫生事件讯息。

（二）双方同意定期通报进出口农产品中截获的有害生物、检出的有毒有害物质及其他不合格情况。

六、紧急事件处理

双方同意建立重大检疫检验突发事件协处机制，及时通报，快速核查，紧急磋商，并相互提供协助。

七、考察确认

双方同意建立农产品安全管理追溯体系，协助进口方到出口农产品生产加工场所考察访问，对确认符合检疫检验要求的农产品，实施便捷的进口检疫检验措施。

八、文书格式

双方同意讯息通报、查询及业务联系，使用商定的文书格式。

九、联系主体

（一）本协议议定事项，由双方业务主管部门指定的联络人相互联系实施。必要时，经双方同意可指定其他单位联系实施。

（二）本协议其他相关事宜，由海峡两岸关系协会与财团法人海峡交流基金会联系。

十、协议履行及变更

（一）双方应遵守协议。

（二）协议变更，应经双方协商同意，并以书面方式确认。

十一、争议解决

因适用本协议所生争议，双方应尽速协商解决。

十二、未尽事宜

本协议如有未尽事宜，双方得以适当方式另行商定。

十三、签署生效

本协议自签署之日起各自完成相关准备后生效，最迟不超过九十日。

本协议于十二月二十二日签署，一式四份，双方各执两份。

14.《海峡两岸共同打击犯罪及司法互助协议》

为保障海峡两岸人民权益，维护两岸交流秩序，海峡两岸关系协会与财团法人海峡交流基金会就两岸共同打击犯罪及司法互助与联系事宜，经平等协商，达成协议如下：

第一章　总则

一、合作事项

双方同意在民事、刑事领域相互提供以下协助：

（一）共同打击犯罪；

（二）送达文书；

（三）调查取证；

（四）认可及执行民事裁判与仲裁裁决（仲裁判断）；

（五）移管（接返）被判刑人（受刑事裁判确定人）；

（六）双方同意之其他合作事项。

二、业务交流

双方同意业务主管部门人员进行定期工作会晤、人员互访与业务培训合作，交流双方制度规范、裁判文书及其他相关资讯。

三、联系主体

本协议议定事项，由各方主管部门指定之联络人联系实施。必要时，经双方同意得指定其他单位进行联系。

本协议其他相关事宜，由海峡两岸关系协会与财团法人海峡交流基金会联系。

第二章　共同打击犯罪

四、合作范围

双方同意采取措施共同打击双方均认为涉嫌犯罪的行为。

双方同意着重打击下列犯罪：

（一）涉及杀人、抢劫、绑架、走私、枪械、毒品、人口贩运、组织偷渡及跨境有组织犯罪等重大犯罪；

（二）侵占、背信、诈骗、洗钱、伪造或变造货币及有价证券等经济犯罪；

（三）贪污、贿赂、渎职等犯罪；

（四）劫持航空器、船舶及涉恐怖活动等犯罪；

（五）其他刑事犯罪。

一方认为涉嫌犯罪，另一方认为未涉嫌犯罪但有重大社会危害，得经双方同意个案协助。

五、协助侦查

双方同意交换涉及犯罪有关情资，协助缉捕、遣返刑事犯与刑事嫌疑犯，并于必要时合作协查、侦办。

六、人员遣返

双方同意依循人道、安全、迅速、便利原则，在原有基础上，增加海运或空运直航方式，遣返刑事犯、刑事嫌疑犯，并于交接时移交有关证据（卷证）、签署交接书。

受请求方已对遣返对象进行司法程序者，得于程序终结后遣返。

受请求方认为有重大关切利益等特殊情形者，得视情决定遣返。

非经受请求方同意，请求方不得对遣返对象追诉遣返请求以外的行为。

第三章　司法互助

七、送达文书

双方同意依己方规定，尽最大努力，相互协助送达司法文书。

受请求方应于收到请求书之日起三个月内及时协助送达。

受请求方应将执行请求之结果通知请求方，并及时寄回证明送达与否的证明资料；无法完成请求事项者，应说明理由并送还相关资料。

八、调查取证

双方同意依己方规定相互协助调查取证，包括取得证言及陈述；提供书证、物证及视听资料；确定关系人所在或确认其身分；勘验、鉴定、检查、访视、调查；搜索及扣押等。

受请求方在不违反己方规定前提下，应尽量依请求方要求之形式提供协助。

受请求方协助取得相关证据资料，应及时移交请求方。但受请求方已进行侦查、起诉或审判程序者，不在此限。

九、罪赃移交

双方同意在不违反己方规定范围内，就犯罪所得移交或变价移交事宜给予协助。

十、裁判认可

双方同意基于互惠原则，于不违反公共秩序或善良风俗之情况下，相互认可及执行民事确定裁判与仲裁裁决（仲裁判断）。

十一、罪犯移管（接返）

双方同意基于人道、互惠原则，在请求方、受请求方及被判刑人（受刑事裁判确定人）均同意移交之情形下，移管（接返）被判刑人（受刑事裁判确定人）。

十二、人道探视

双方同意及时通报对方人员被限制人身自由、非病死或可疑为非病死等重要讯息，并依己方规定为家属探视提供便利。

第四章　请求程序

十三、提出请求

双方同意以书面形式提出协助请求。但紧急情况下，经受请求方同意，得以其他形式提出，并于十日内以书面确认。

请求书应包含以下内容：请求部门、请求目的、事项说明、案情摘要及执行请求所需其他资料等。

如因请求书内容欠缺致无法执行请求，可要求请求方补充资料。

十四、执行请求

双方同意依本协议及己方规定，协助执行对方请求，并及时通报执行情况。

若执行请求将妨碍正在进行之侦查、起诉或审判程序，可暂缓提供协助，并及时向对方说明理由。

如无法完成请求事项，应向对方说明并送还相关资料。

十五、不予协助

双方同意因请求内容不符合己方规定或执行请求将损害己方公共秩序或善良风俗等情形，得不予协助，并向对方说明。

十六、保密义务

双方同意对请求协助与执行请求的相关资料予以保密。但依请求目的使用者，不在此限。

十七、限制用途

双方同意仅依请求书所载目的事项，使用对方协助提供之资料。但双方另有约定者，不在此限。

十八、互免证明

双方同意依本协议请求及协助提供之证据资料、司法文书及其他资料，不要求任何形式之证明。

十九、文书格式

双方同意就提出请求、答复请求、结果通报等文书，使用双方商定之文书格式。

二十、协助费用

双方同意相互免除执行请求所生费用。但请求方应负担下列费用：

（一）鉴定费用；

（二）笔译、口译及誊写费用；

（三）为请求方提供协助之证人、鉴定人，因前往、停留、离开请求方所生之费用；

（四）其他双方约定之费用。

第五章　附则

二十一、协议履行与变更

双方应遵守协议。

协议变更，应经双方协商同意，并以书面形式确认。

二十二、争议解决

因适用本协议所生争议，双方应尽速协商解决。

二十三、未尽事宜

本协议如有未尽事宜，双方得以适当方式另行商定。

二十四、签署生效

本协议自签署之日起各自完成相关准备后生效，最迟不超过六十日。

本协议于四月二十六日签署，一式四份，双方各执两份。

15.《海峡两岸食品安全协议》

为增进海峡两岸食品安全沟通与互信，保障两岸人民安全与健康，海峡两岸关系协会与财团法人海峡交流基金会就两岸食品安全事宜，经平等协商，达成协议如下：

一、信息（讯息）通报

双方同意相互通报涉及两岸贸易的食品安全信息（讯息），并就涉及影响两岸民众健康的重大食品安全信息（讯息）及突发事件，进行即时通报，提供完整信息（讯息）。

针对前项查询请求，应迅速回应并提供必要协助。

二、协处机制

双方同意建立两岸重大食品安全事件协处机制，采取下列措施妥善处理：

（一）紧急磋商、交换相关信息（讯息）；

（二）暂停生产、输出相关产品；

（三）即时下架、召回相关产品；

（四）提供实地了解便利；

（五）核实发布信息（讯息），并相互通报；

（六）提供事件原因分析及改善计划；

（七）督促责任人妥善处理纠纷，并就确保受害人权益给予积极协助；

（八）双方即时相互通报有关责任查处情况。

三、业务交流

双方同意建立两岸业务主管部门专家定期会商及互访制度，就双方食品安全制度规范、检验技术及监管措施进行业务交流及信息（讯息）交换。

四、文书格式

双方信息（讯息）通报、查询及业务联系，使用双方商定的文书格式。

五、联系主体

（一）本协议议定事项，由双方食品安全等业务主管部门指定的联络人相互联系实施。必要时，经双方同意得指定其他单位联系实施。

（二）本协议其他相关事宜，由海峡两岸关系协会与财团法人海峡交流基金会联系。

六、协议履行及变更

双方应遵守协议。

协议变更，应经双方协商同意，并以书面方式确认。

七、争议解决

因适用本协议所生争议，双方应尽速协商解决。

八、未尽事宜

本协议如有未尽事宜，双方得以适当方式另行商定。

九、签署生效

本协议自双方签署之日起七日后生效。

本协议于十一月四日签署，一式四份，双方各执两份。

16.《海峡两岸关于大陆居民赴台湾旅游协议》

为增进海峡两岸人民交往，促进海峡两岸之间的旅游，海峡两岸关系协会与财团法人海峡交流基金会，就大陆居民赴台湾旅游等有关两岸旅游事宜，经平等协商，达成协议如下：

一、联系主体

（一）本协议议定事宜，双方分别由海峡两岸旅游交流协会（以下简称海旅会）与台湾海峡两岸观光旅游协会（以下简称台旅会）联系实施。

（二）本协议的变更等其他相关事宜，由海峡两岸关系协会与财团法人海峡交流基金会联系。

二、旅游安排

（一）双方同意赴台旅游以组团方式实施，采取团进团出形式，团体活动，整团往返。

（二）双方同意按照稳妥安全、循序渐进原则，视情对组团人数、日均配额、停留期限、往返方式等事宜进行协商调整。具体安排详见附件一。

三、诚信旅游

双方应共同监督旅行社诚信经营、诚信服务，禁止"零负团费"等经营行为，倡导品质旅游，共同加强对旅游者的宣导。

四、权益保障

（一）双方应积极采取措施，简化出入境手续，提供旅行便利，保护旅游者正当权益及安全。

（二）双方同意各自建立应急协调处理机制，相互配合，化解风险，及时妥善处理旅游纠纷、紧急事故及突发事件等事宜，并履行告知义务。

五、组团社与接待社

（一）双方各自规范组团社、接待社及领队、导游的资质，并以书面方式相互提供组团社、接待社及领队、导游的名单。

（二）组团社和接待社应签订商业合作合同（契约），并各自报备，依照有关规定办理业务。

（三）组团社和接待社应按市场运作方式，负责旅游者在旅游过程中必要的医疗、人身、航空等保险。

（四）组团社和接待社在旅游者正当权益及安全受到威胁和损害时，应主动、及时、有效地妥善处理。

（五）双方对损害旅游者正当权益的旅行社，应分别予以处理。

（六）双方应分别指导和监督组团社和接待社保护旅游者正当权益，依合同（契约）承担旅行安全保障责任。

六、申办程序

组团社、接待社应分别代办并相互确认旅游者的通行手续。旅游者持有效证件整团出入。

七、逾期停留

双方同意就旅游者逾期停留问题建立工作机制，及时通报信息，经核实身份后，视不同情况协助旅游者返回。任何一方不得拒绝送回或接受。

八、互设机构

双方同意互设旅游办事机构，负责处理旅游相关事宜，为旅游者提供快捷、便利、有效的服务。

九、协议履行及变更

（一）双方应遵守协议。协议附件与本协议具有同等效力。

（二）协议变更，应经双方协商同意，并以书面形式确认。

十、争议解决

因适用本协议所生争议，双方应尽速协商解决。

十一、未尽事宜

本协议如有未尽事宜，双方得以适当方式另行商定。

十二、签署生效

本协议自双方签署之日起七日后生效。

本协议于六月十三日签署，一式四份，双方各执两份。

附件：一、海峡两岸旅游具体安排

二、海峡两岸旅游合作规范

海峡两岸关系协会   财团法人海峡交流基金会

会长   董事长

陈云林   江丙坤

附件一

海峡两岸旅游具体安排

依据本协议第二条，议定具体安排如下：

一、接待一方旅游配额以平均每天三千人次为限。组团一方视市场需求安排。第二年双方可视情协商作出调整。

二、旅游团每团人数限十人以上，四十人以下。

三、旅游团自入境次日起在台停留期间不超过十天。

四、自七月十八日起正式实施赴台旅游，于七月四日启动赴台旅游首发团。

附件二

海峡两岸旅游合作规范

依据本协议第四条、第五条、第七条，两岸旅游业者应遵守如下规范：

一、海旅会和台旅会提供的组团社和接待社名单内容包括：旅行社名称、负责人、地址、电话、传真、电子邮件、联系人及其移动电话等信息。若组团社或接待社的相关信息发生变动，应即时以书面方式通知对方。

二、台旅会应设置旅游咨询服务及投诉热线，以便旅游者咨询及投诉。

三、海旅会和台旅会作为处理旅游纠纷、逾期停留、紧急事故及突发事件的联系主体，各自建立应急协调处理机制，及时交换信息，密切配合，妥善解决赴台旅游过程中出现的问题。

四、组团社应向接待社提供旅游团旅客名单及相关信息，组团社应为旅游团配置领队，接待社应为旅游团配置导游。旅游过程中出现的问题，由领队和导游共同协商，妥善处理，并分别向组团社和接待社报告。

五、接待一方应向组团社提供接待旅游团团费参考价。

六、接待社不得引导和组织旅游者参与涉及赌博、色情、毒品及有损两岸关系的活动。

七、组团社、接待社均不得转让配额及旅游团。接待社不得接待非组团社的旅游者，不得接待持其他证件的旅游者。如有违反，应分别予以处理。

八、旅游者未按规定时间返回，均视为在台逾期停留。因自然灾害、重大疾病、紧急事故、突发事件、社会治安等不可抗力因素在台逾期停留之旅游者，接待社和组团社应安排随其他旅游团返回。无正当理由、情节轻微者，接待社和组团社应负责安排随其他旅游团返回。不以旅游为目的、蓄意逾期停留情节严重者，由台旅会和海旅会与双方有关方面联系，安排从其他渠道送回；须经必要程序者，于程序完成后即时送回。

九、旅游者逾期停留期间及送回所需交通等费用，由逾期停留者本人承担。若其无能力支付，由接待社先行垫付，并于逾期停留者送回之日起三十天内，凭相关费用票据向组团社索还。组团社可向逾期停留者追偿。

17.《两岸关挂号函件查询、补偿事宜协议》

海峡两岸关系协会、中国通信学会邮政专业委员会与财团法人海峡交流基金会，就两岸挂号函件查询及补偿事宜，经过协商，达成以

下协议：

一、开办范围

本协议所称挂号函件系指信函、明信片、邮简、印刷物、新闻纸、杂志及

盲人文件。上述开办范围双方得以书面协议增减。

二、联系方式

挂号函件之查询由中国通信学会邮政专业委员会与财团法人海峡交流基金会或其指定之邮件处理中心（航邮中心）相互联系。

其他相关事宜由海峡两岸关系协会与财团法人海峡交流基金会相互联系。

三、传递方法

挂号函件通过第三地转运办理。

四、查询期限

挂号函件查询，应自原寄件人交寄次日起十二个月内提出。

五、答复期限

接受查询一方应于收受查询文件之日起三个月内答复。

六、缮发验单

一方接收他方封来之函件总包，遇有挂号函件遗失、被窃或毁损等情形，应即缮发验单，由对方迅予查复。

七、各自理赔

挂号函件发生遗失、被窃或毁损等情形，概由原寄一方负责补偿，不相互结算。

八、文件格式

双方各依邮政惯例印制查询表格、验单、答复函及简函，相互认可后使用。

九、协议履行、变更与终止

双方应遵守协议。

协议变更与终止，应经双方协商同意。

十、争议解决

因适用本协议所生争议，双方应尽速协商解决。

十一、未尽事宜

本协议如有未尽事宜，双方得以适当方式另行商定。

十二、生效实施

本协议自双方签署之日起三十日后生效实施。

18.《海峡两岸金融合作协议》

为促进海峡两岸金融交流与合作，推动两岸金融市场稳定发展，便利两岸经贸往来，海峡两岸关系协会与财团法人海峡交流基金会就两岸金融监督管理与货币管理合作事宜，经平等协商，达成协议如下：

一、金融合作

双方同意相互协助履行金融监督管理与货币管理职责，加强金融领域广泛合作，共同维护金融稳定。

（一）金融监督管理

双方同意由两岸金融监督管理机构就两岸银行业、证券及期货业、保险业分别建立监督管理合作机制，确保对互设机构实施有效监管。

双方银行业、证券及期货业、保险业等金融监督管理机构得依行业惯例，就合作事宜作出具体安排。

（二）货币管理

双方同意先由商业银行等适当机构，通过适当方式办理现钞兑换、供应及回流业务，并在现钞防伪技术等方面开展合作。逐步建立两岸货币清算机制，加强两岸货币管理合作。

（三）其他合作事项

双方同意就两岸金融机构准入及开展业务等事宜进行磋商。

双方同意鼓励两岸金融机构增进合作，创造条件，共同加强对双方企业金融服务。

二、交换资讯

双方同意为维护金融稳定，相互提供金融监督管理与货币管理资讯。对于可能影响金融机构健全经营或金融市场安定的重大事项，双方尽速提供。

提供资讯的方式与范围由双方商定。

三、保密义务

双方同意对于所获资讯，仅为金融监督管理与货币管理目的使用，并遵守保密要求。

有关第三方请求提供资讯之处理方式，由双方监督管理机构另行商定。

四、互设机构

双方同意在本协议生效后，由两岸金融监督管理机构考虑互惠原则、市场特性及竞争秩序，尽快推动双方商业性金融机构互设机构。

有关金融机构赴对方设立机构或参股的资格条件以及在对方经营业务的范围，由双方监督管理机构另行商定。

双方同意对于金融机构赴对方设立机构或参股的申请，相互征求意见。

五、检查方式

双方同意依行业惯例与特性，采取多种方式对互设金融机构实施检查。检查方式由双方监督管理机构另行商定。

六、业务交流

双方同意通过人员互访、培训、技术合作及会议等方式，加强金融监督管理与货币管理合作。

七、文书格式

双方资讯交换、征询意见等业务联系，使用双方商定的文书格式。

八、联系主体

（一）本协议议定事项，由双方金融监督管理机构、货币管理机构指定的联络人相互联系实施。必要时，经双方同意得指定其他单位进行联系。

（二）本协议其他相关事宜，由海峡两岸关系协会与财团法人海峡交流基金会联系。

九、协议履行及变更

双方应遵守协议。

协议变更，应经双方协商同意，并以书面形式确认。

十、争议解决

因执行本协议所生争议，双方应尽速协商解决。

十一、未尽事宜

本协议如有未尽事宜，双方得以适当方式另行商定。

十二、签署生效

本协议自签署之日起各自完成相关准备后生效，最迟不超过六十日。

19.《海峡两岸邮政协议》

为扩大两岸邮政业务合作，便利两岸人民联系与交流，海峡两岸关系协会与财团法人海峡交流基金会就两岸直接邮政合作事宜，经平等协商，达成协议如下：

一、业务范围

双方同意开办两岸直接平常和挂号函件（包括信函、明信片、邮简、印刷品、新闻纸、杂志、盲人文件）、小包、包裹、特快专递（快捷邮件）、邮政汇兑等业务，并加强其他邮政业务合作。

二、封发局

大陆方面邮件封发局为：北京、上海、广州、福州、厦门、西安、南京、成都；台湾方面邮件封发局为：台北、高雄、基隆、金门、马祖。双方可视需要，增加或调整邮件封发局，并由增加或调整一方通知对方。

三、邮件运输

双方同意通过空运或海运直航方式将邮件总包运送至对方邮件处理中心。

四、规格及限定

双方同意商定邮件尺寸、重量等规格，并尊重对方禁限寄规定。

五、账务结算

双方同意建立邮政业务账务处理直接结算关系。

六、文件格式

处理邮件使用的袋（吊）牌、清单、邮袋、查询表格等，依双方认可之格式。

七、邮件查询

挂号函件、小包、包裹及特快专递（快捷邮件）等邮件业务的查询，由双方邮件处理中心相互联系，并应提供便捷的业务联系渠道。

八、查询期限

挂号函件、包裹之查询，应自原寄件人交寄之次日起六个月内提出；特快专递（快捷邮件）自交寄之次日起三个月内提出。

九、补偿责任

双方对于互相寄递的挂号函件、包裹发生遗失及其内容全部或一部分遗失、被窃或毁损等情形，应由责任方负责补偿，并相互结算。

特快专递（快捷邮件）之遗失、内件被窃或毁损等情形，概由原寄一方自行负责补偿，不相互结算。

十、联系主体

（一）本协议议定事项，由海峡两岸邮政交流协会与财团法人台湾邮政协会相互联系。具体邮政业务由双方邮件处理中心联系实施。

（二）本协议其他相关事宜，由海峡两岸关系协会与财团法人海峡交流基金会联系。

十一、协议履行及变更

双方应遵守协议。

协议变更，应经双方协商同意，并以书面方式确认。

十二、争议解决

因适用本协议所生争议，双方应尽速协商解决。

十三、未尽事宜

本协议如有未尽事宜，双方得以适当方式另行商定。

十四、签署生效

本协议自双方签署之日起四十日内生效。

本协议于十一月四日签署，一式四份，双方各执两份。

20.《海峡两岸空运协议》

为促进海峡两岸经贸关系发展，便利两岸人民往来，海峡两岸关系协会与财团法人海峡交流基金会就两岸空运直航事宜，经平等协商，达成协议如下：

一、空中航路

双方同意开通台湾海峡北线空中双向直达航路，建立两岸空（航）管部门的直接交接程序。

双方同意继续磋商开通台湾海峡南线空中双向直达航路及其他更便捷的航路。

二、承运人

双方同意两岸资本在两岸登记注册的航空公司，经许可得从事两岸间航空客货运输业务。

三、直航航点

双方同意根据市场需求开放适宜客货直航的航点。

四、定期航班

双方同意尽可能在本协议实施半年内就定期客货运航班作出安排。

五、货运包机

双方同意开通两岸货运直航包机，运载两岸货物。

六、客运包机

双方同意在两岸周末包机的基础上，增加包机航点、班次，调整为客运包机常态化安排。

七、公务（商务）包机

双方同意视情开办非营利性公务（商务）包机。

八、准用条款

双方同意客货运包机等相关事宜，准用《海峡两岸包机会谈纪要》的规定。

九、联系主体

（一）本协议议定事项，由海峡两岸航空运输交流委员会与台北市航空运输商业同业公会相互联系。必要时，经双方同意得指定其他单位进行联系。

（二）本协议其他相关事宜，由海峡两岸关系协会与财团法人海峡交流基金会联系。

十、协议履行及变更

（一）双方应遵守协议。协议附件与本协议具有同等效力。

（二）协议变更，应经双方协商同意，并以书面方式确认。

十一、争议解决

因适用本协议所生争议，双方应尽速协商解决。

十二、未尽事宜

本协议如有未尽事宜，双方得以适当方式另行商定。

十三、签署生效

本协议自双方签署之日起四十日内生效。

本协议于十一月四日签署，一式四份，双方各执两份。

附件：海峡两岸空中航路、客货运包机安排

海峡两岸关系协会　　　　　　　　　　财团法人海峡交流基金会
会长　陈云林　　　　　　　　　　　　董事长　江丙坤

附件：海峡两岸空中航路、客货运包机安排

依据本协议第一条、第三条、第五条及第六条，议定具体安排如下：

一、直达航路

双方同意由两岸空（航）管部门以适当方式，就建立北线上海与台北飞行（航）情报区直达航路、空（航）管交接程序进行联系并作出具体安排。

北线飞航路线为：

自 B576 BERBA 点（N27°04′41″ E123°00′00″）经双方议定之航管交接点 A 点（N 27°26′20″ E122°25′19″）至东山双向使用。

二、货运包机

（一）承运人：双方同意各自指定二或三家航空公司经营货运包机业务。

（二）航点：大陆方面同意开放上海（浦东）、广州，台湾方面同意开放桃园、高雄小港作为货运包机航点。

（三）班次：双方每月共飞六十个往返班次，每方三十个往返班次．其中，双方上海（浦东）、广州两个航点每月每航点各飞十五个往返班次。在每年十月至十一月间的货运旺季，双方可各自增加十五个往返班次。

（四）商务安排：双方航空公司采商业合作方式经营，并向双方航空主管部门备案后实施。

三、客运包机

（一）航点：大陆方面同意在现有北京、上海（浦东）、广州、厦门、南京五个周末包机航点的基础上，开放成都、重庆、杭州、大连、桂林、深圳、武汉、福州、青岛、长沙、海口、昆明、西安、沈阳、天津、郑州等十六个航点作为客运包机航点。台湾方面同意将已开放的桃园、高雄小港、台中清泉岗、台北松山、澎湖马公、花莲、金门、台东等八个航点作为客运包机航点。

（二）班次：双方每周七天共飞不超过一百零八个往返班次，每方各飞不超过五十四个往返班次。其中台湾方面至上海（浦东）的班次不超过二十个往返班次。今后视市场需求适时增减班次。

（三）其他事宜：客运包机常态化安排实现后，此前的节日包机安排不再执行。春节期间可视情适量增加临时包机。

（四）邮件运输：双方同意利用客运包机运送双方邮件。

21.《海峡两岸海运协议》

为实现海峡两岸海上客货直接运输，促进经贸交流，便利人民往来，海峡两岸关系协会与财团法人海峡交流基金会就两岸海运直航事宜，经平等协商，达成协议如下：

一、经营资格

双方同意两岸资本并在两岸登记的船舶，经许可得从事两岸间客货直接运输。

二、直航港口

双方同意依市场需求等因素，相互开放主要对外开放港口。

三、船舶识别

双方同意两岸登记船舶自进入对方港口至出港期间，船舶悬挂公司旗，船艉及主桅暂不挂旗。

四、港口服务

双方同意在两岸货物、旅客通关入境等口岸管理方面提供便利。

五、运力安排

双方按照平等参与、有序竞争原则，根据市场需求，合理安排运力。

六、税收互免

双方同意对航运公司参与两岸船舶运输在对方取得的运输收入，相互免征营业税及所得税。

七、海难救助

双方积极推动海上搜救、打捞机构的合作，建立搜救联系合作机制，共同保障海上航行和人身、财产、环境安全。发生海难事故，双方应及时通报，并按照就近、就便原则及时实施救助。

八、辅助事项

双方在船舶通信导航、证照查验、船舶检验、船员服务、航海保障、污染防治及海事纠纷调处等方面，依航运惯例、有关规范处理，并加强合作。

九、互设机构

双方航运公司可在对方设立办事机构及营业性机构，开展相关业务。

十、联系主体

（一）本协议议定事项，由海峡两岸航运交流协会与台湾海峡两岸航运协会联系实施。必要时，经双方同意得指定其他单位进行联系。

（二）本协议其他相关事宜，由海峡两岸关系协会与财团法人海峡交流基金会联系。

十一、协议履行及变更

（一）双方应遵守协议。协议附件与本协议具有同等效力。

（二）协议变更，应经双方协商同意，并以书面方式确认。

十二、争议解决

因适用本协议所生争议，双方应尽速协商解决。

十三、未尽事宜

本协议如有未尽事宜，双方得以适当方式另行商定。

十四、签署生效

本协议自双方签署之日起四十日内生效。

本协议于十一月四日签署，一式四份，双方各执两份。

附件：海峡两岸直航船舶、港口安排

海峡两岸关系协会　　　　　　　　　财团法人海峡交流基金会

会长　陈云林　　　　　　　　　　　董事长　江丙坤

附件：海峡两岸直航船舶、港口安排

依据本协议第一条、第二条，议定具体安排如下：

一、两岸资本并在香港登记的船舶比照直航船舶从事两岸间海上直接运输，在进出两岸港口期间，其船舶识别方式比照《港台海运商谈纪要》有关香港船舶的规定。

二、目前已经从事两岸试点直航（境外航运中心）运输、两岸三地集装箱（货柜）班轮运输、砂石运输的两岸资本权宜船，经特别许可，可按照本协议有关船舶识别等规定，从事两岸间海上直接运输。

三、双方现阶段相互开放下列港口：

大陆方面为六十三个港口，包括：丹东、大连、营口、唐山、锦州、秦皇岛、天津、黄骅、威海、烟台、龙口、岚山、日照、青岛、连云港、大丰、上海、宁波、舟山、台州、嘉兴、温州、福州、松下、宁德、泉州、肖厝、秀屿、漳州、厦门、汕头、潮州、惠州、蛇口、盐田、赤湾、妈湾、虎门、广州、珠海、茂名、湛江、北海、防城、钦州、海口、三亚、洋浦等四十八个海港，以及太仓、南通、张家港、江阴、扬州、常熟、常州、泰州、镇江、南京、芜湖、马鞍山、九江、武汉、城陵矶等十五个河港。

台湾方面为十一个港口，包括：基隆（含台北）、高雄（含安平）、台中、花莲、麦寮、布袋（先采专案方式办理）等六个港口，以及金门料罗、水头、马祖福澳、白沙、澎湖马公等五个"小三通"港口。

双方同意视情增加开放港口。

22.《海峡两岸经济合作框架协议》

序言

海峡两岸关系协会与财团法人海峡交流基金会遵循平等互惠、循序渐进的原则，达成加强海峡两岸经贸关系的意愿；

双方同意，本着世界贸易组织（WTO）基本原则，考虑双方的经济条件，逐步减少或消除彼此间的贸易和投资障碍，创造公平的贸易与投资环境；通过签署《海峡两岸经济合作框架协议》（以下简称本协议），进一步增进双方的贸易与投资关系，建立有利于两岸经济繁荣与发展的合作机制；

经协商，达成协议如下：

第一章 总则

第一条 目标

本协议目标为：

一、加强和增进双方之间的经济、贸易和投资合作。

二、促进双方货物和服务贸易进一步自由化，逐步建立公平、透明、便利的投资及其保障机制。

三、扩大经济合作领域，建立合作机制。

第二条 合作措施

双方同意，考虑双方的经济条件，采取包括但不限于以下措施，加强海峡两岸的经济交流与合作：

一、逐步减少或消除双方之间实质多数货物贸易的关税和非关税壁垒。

二、逐步减少或消除双方之间涵盖众多部门的服务贸易限制性措施。

三、提供投资保护，促进双向投资。

四、促进贸易投资便利化和产业交流与合作。

第二章 贸易与投资

第三条 货物贸易

一、双方同意，在本协议第七条规定的"货物贸易早期收获"基础上，不迟于本协议生效后六个月内就货物贸易协议展开磋商，并尽速完成。

二、货物贸易协议磋商内容包括但不限于：

（一）关税减让或消除模式；

（二）原产地规则；

（三）海关程序；

（四）非关税措施，包括但不限于技术性贸易壁垒（TBT）、卫生与植物卫生措施（SPS）；

（五）贸易救济措施，包括世界贸易组织《关于实施1994年关税与贸易总协定第六条的协定》、《补贴与反补贴措施协定》、《保障措施协定》规定的措施及适用于双方之间货物贸易的双方保障措施。

三、依据本条纳入货物贸易协议的产品应分为立即实现零关税产品、分阶段降税产品、例外或其他产品三类。

四、任何一方均可在货物贸易协议规定的关税减让承诺的基础上自主加速实施降税。

第四条 服务贸易

一、双方同意，在第八条规定的"服务贸易早期收获"基础上，不迟于本协议生效后六个月内就服务贸易协议展开磋商，并尽速完成。

二、服务贸易协议的磋商应致力于：

（一）逐步减少或消除双方之间涵盖众多部门的服务贸易限制性措施；

（二）继续扩展服务贸易的广度与深度；

（三）增进双方在服务贸易领域的合作。

三、任何一方均可在服务贸易协议规定的开放承诺的基础上自主加速开放或消除限制性措施。

第五条 投资

一、双方同意，在本协议生效后六个月内，针对本条第二款所述事项展开磋商，并尽速达成协议。

二、该协议包括但不限于以下事项：

（一）建立投资保障机制；

（二）提高投资相关规定的透明度；

（三）逐步减少双方相互投资的限制；

（四）促进投资便利化。

第三章 经济合作

第六条 经济合作

一、为强化并扩大本协议的效益，双方同意，加强包括但不限于以下合作：

（一）知识产权保护与合作；

（二）金融合作；

（三）贸易促进及贸易便利化；

（四）海关合作；

（五）电子商务合作；

（六）研究双方产业合作布局和重点领域，推动双方重大项目合作，协调解决双方产业合作中出现的问题；

（七）推动双方中小企业合作，提升中小企业竞争力；

（八）推动双方经贸社团互设办事机构。

二、双方应尽速针对本条合作事项的具体计划与内容展开协商。

第四章　早期收获

第七条　货物贸易早期收获

一、为加速实现本协议目标，双方同意对附件一所列产品实施早期收获计划，早期收获计划将于本协议生效后六个月内开始实施。

二、货物贸易早期收获计划的实施应遵循以下规定：

（一）双方应按照附件一列明的早期收获产品及降税安排实施降税；但双方各自对其他所有世界贸易组织成员普遍适用的非临时性进口关税税率较低时，则适用该税率；

（二）本协议附件一所列产品适用附件二所列临时原产地规则。依据该规则被认定为原产于一方的上述产品，另一方在进口时应给予优惠关税待遇；

（三）本协议附件一所列产品适用的临时贸易救济措施，是指本协议第三条第二款第五项所规定的措施，其中双方保障措施列入本协议附件三。

三、自双方根据本协议第三条达成的货物贸易协议生效之日起，本协议附件二中列明的临时原产地规则和本条第二款第三项规定的临时贸易救济措施规则应终止适用。

第八条　服务贸易早期收获

一、为加速实现本协议目标，双方同意对附件四所列服务贸易部门实施早期收获计划，早期收获计划应于本协议生效后尽速实施。

二、服务贸易早期收获计划的实施应遵循下列规定：

（一）一方应按照附件四列明的服务贸易早期收获部门及开放措施，对另一方的服务及服务提供者减少或消除实行的限制性措施；

（二）本协议附件四所列服务贸易部门及开放措施适用附件五规定的服务提供者定义；

（三）自双方根据本协议第四条达成的服务贸易协议生效之日起，本协议附件五规定的服务提供者定义应终止适用；

（四）若因实施服务贸易早期收获计划对一方的服务部门造成实质性负面影响，受影响的一方可要求与另一方磋商，寻求解决方案。

第五章　其他

第九条　例外

本协议的任何规定不得解释为妨碍一方采取或维持与世界贸易组织规则相一致的例外措施。

第十条　争端解决

一、双方应不迟于本协议生效后六个月内就建立适当的争端解决程序展开磋商，并尽速达成协议，以解决任何关于本协议解释、实施和适用的争端。

二、在本条第一款所指的争端解决协议生效前，任何关于本协议解释、实施和适用的争端，应由双方通过协商解决，或由根据本协议第十一条设立的"两岸经济合作委员会"以适当方式加以解决。

第十一条　机构安排

一、双方成立"两岸经济合作委员会"（以下简称委员会）。委员会由双方指定的代表组成，负责处理与本协议相关的事宜，包括但不限于：

（一）完成为落实本协议目标所必需的磋商；

（二）监督并评估本协议的执行；

（三）解释本协议的规定；

（四）通报重要经贸信息；

（五）根据本协议第十条规定，解决任何关于本协议解释、实施和适用的争端。

二、委员会可根据需要设立工作小组，处理特定领域中与本协议相关的事宜，并接受委员会监督。

三、委员会每半年召开一次例会，必要时经双方同意可召开临时会议。

四、与本协议相关的业务事宜由双方业务主管部门指定的联络人负责联络。

第十二条　文书格式

基于本协议所进行的业务联系，应使用双方商定的文书格式。

第十三条　附件及后续协议

本协议的附件及根据本协议签署的后续协议，构成本协议的一部分。

第十四条　修正

本协议修正，应经双方协商同意，并以书面形式确认。

第十五条　生效

本协议签署后，双方应各自完成相关程序并以书面通知另一方。本协议自双方均收到对方通知后次日起生效。

第十六条　终止

一、一方终止本协议应以书面通知另一方。双方应在终止通知发出之日起三十日内开始协商。如协商未能达成一致，则本协议自通知一方发出终止通知之日起第一百八十日终止。

二、本协议终止后三十日内，双方应就因本协议终止而产生的问题展开协商。

本协议于六月二十九日签署，一式四份，双方各执两份。四份文本中对应表述的不同用语所含意义相同，四份文本具有同等效力。

23.《海协会与海基会就两岸共同防御自然灾害达成共识》

2009 年 12 月 22 日，海峡两岸关系协会会长陈云林与台湾海峡交流基金会董事长江丙坤 22 日上午在台中市裕元花园酒店举行两会恢复协商以来的第四次会谈。

会谈中，两会均认为，两岸自然灾害频发，造成人民生命财产的损失。由于两岸在防御重大自然灾害方面已经累积许多的经验，双方可在地震、风灾、水灾等自然灾害的预报、预警及监测等方面加强资讯分享与交流，以共同提升各自在灾害防御及应变等方面的能力。两岸应强化在这一领域的合作，并鼓励双方专业机构通过举办学术研讨会、专业人员的交流互访、短期研究等方式建立合作的机制，作为资讯及经验交流等方面联系与合作的平台。

24.《汪辜会谈共同协议》

海峡两岸关系协会（以下简称海协）汪道涵会长与财团法人海峡交流基金

会（以下简称海基会）辜振甫董事长代表两会于本年4月27日至29日在新加坡进行会谈。本次会议为民间性、经济性、事务性与功能性之会谈，海基会邱进益副董事长与海协常务副会长唐树备、副会长兼秘书长邹哲开与海基会副董事长秘书长邱进益等参加会谈。双方达成以下协议：

一、本年度协商议题

双方确定今年内就"违反有关规定进入对方地区人员之遣返及相关问题"、"有关共同打击海上走私、抢劫等犯罪活动问题"、"协商两岸海上渔事纠纷之处理"、"两岸知识产权（智慧财产权）保护"及"两岸有关法院之间的联系与协助（两岸司法机关之相互协助）"（暂定）等议题进行事务性协商。

二、经济交流

双方均认为应加强两岸经济交流，互补互利。双方同意就台商在大陆投资权益及相关问题、两岸工商界人士互访等问题，择时择地继续进行商谈。

三、能源资源开发与交流

双方同意就加强能源、资源之开发与交流进行磋商。

四、文教科技交流

双方同意积极促进青少年互访交流、两岸新闻界交流以及科技交流。在年内举办青少年才艺竞赛及互访。促成青年交流、新闻媒体负责人及资深记者互访。促进科技人员互访、交换科技研究出版物以及探讨科技名词统一与产品规格标准化问题，共同促进电脑及其他产业科技之交流，相关事宜再行商谈。

五、签署生效

本共同协议自双方签署之日起三十日生效实施。

本共同协议于四月二十九日签署，一式四份，双方各执两份。

海峡两岸关系协会　　　　　　　　　　　财团法人海峡交流基金会

会长　汪道涵　　　　　　　　　　　　　董事长　辜振甫

25.《两岸联系与会谈制度协议》

海峡两岸关系协会（以下简称海协）与财团法人海峡交流基金会（以下简称海基会）为建立联系与会谈制度，经协商达成以下协议：

一、会谈

海协会长与海基会董事长，视实际需要，经双方同意后，就两会会务进行会谈，地点及相关问题另行商定。

海协常务副会长与海基会副董事长或两会秘书长，原则上每半年一次，在两岸轮流和商定之第三地，就两会会务进行会谈。

两会副秘书长、处长、主任级人员，就主管之业务，每季度在两岸择地会商。

二、事务协商

双方同意就两岸交流中衍生且有必要协商之事宜，尽速进行专案协商，并签署协议。

三、专业小组

双方同意因业务需要，各自成立经济小组与综合事务小组。

四、紧急联系

双方同意各自指定副秘书长作为紧急事件之联络人，相互联系并采行适当措施。

五、入出境往来便利

双方同意因本协议所定之事由，相互给予经商定之两会会务人员适当之入出境往来与查验通关等便利，其具体办法另行商定。

六、协议履行、变更与终止

双方应遵守协议。

协议变更或终止应经双方协商同意。

七、未尽事宜

本协议如有未尽事宜，双方得以适当方式另行商定。

八、签署生效

本协议自双方签署之日起三十日生效。

26.《两岸公证书使用查证协议》

海峡两岸关系协会、中国公证员协会与财团法人海峡交流基金会，就两岸公证书使用查证事宜，经协商达成以下协议：

一、联系主体

（一）关于寄送公证书副本及查证事宜，双方分别以中国公证员协会或有关省、自治区、直辖市公证员协会与财团法人海峡交流基金会相互联系。

（二）本协议其他相关事宜，由海峡两岸关系协会与财团法人海峡交流基金会联系。

二、寄送公证书副本

（一）双方同意相互寄送涉及继承、收养、婚姻、出生、死亡、委托、学历、定居、扶养亲属及财产权利证明公证书副本。

（二）双方得根据公证书使用需要，另行商定增、减寄送公证书副本种类。

三、公证书查证

（一）查证事由

公证书有下列情形之一，双方应相互协助查证：

1. 违反公证机关有关受理范围规定；

2. 同一事项在不同公证机关公证；

3. 公证书内容与户籍资料或其他档案资料记载不符；

4. 公证书内容自相矛盾；

5. 公证书文字、印鉴模糊不清，或有涂改、擦拭等可疑痕迹；

6. 有其他不同证据资料；

7. 其他需要查明事项。

（二）拒绝事由

未叙明查证事由，或公证书上另加盖有其他证明印章者，接受查证一方得附加理由拒绝该项查证。

（三）答复期限

接受查证一方，应于收受查证函之日起三十日内答复。

（四）查证费用

提出查证一方应向接受查证一方支付适当费用。

查证费用标准及支付方式由双方另行商定。

四、文书格式

寄送公证书副本、查证与答复，应经双方协商使用适当文书格式。

五、其他文书

双方同意就公证书以外的文书查证事宜进行个案协商并予协助。

六、协议履行、变更与终止

双方应遵守协议。

协议变更或终止，应经双方协商同意。

七、争议解决

因适用本协议所生争议，双方应尽速协商解决。

八、未尽事宜

本协议如有未尽事宜，双方得以适当方式另行商定。

九、签署生效

本协议自双方签署之日起三十日后生效实施。

27.《海峡两岸红十字会组织有关海上遣返协议》

海峡两岸红十字组织代表韩长林、陈长文等于1990年9月中旬在金门就双方参与见证其主管部门执行海上遣返事宜举行工作商谈，经充分交换意见后，达成协议。协议如下：

一、遣返原则

应确保遣返作业符合人道精神与安全便利的原则。

二、遣返对象

（一）违反有关规定进入对方地区的居民（但因捕鱼作业遭遇紧急避风等不可抗力因素必须暂入对方地区者，不在此列）。

（二）刑事嫌疑犯或刑事犯。

三、遣返交接地点

双方商定为马尾—马祖（马祖—马尾），但依被遣返人员的原居地分布情况及气候、海象等因素，双方得协议另择厦门—金门（金门—厦门）。

四、遣返程序

（一）一方应将被遣返人员的有关资料通知对方，对方应于二十日内核查答复，并按商定时间、地点遣返交接。如核查对象有疑问者，亦应通知对方以便复查。

（二）遣返交接双方均用红十字专用船，并用民用船只在约定地点引导。遣返船、引导船均悬挂白底红十字旗（不挂其他旗帜，不使用其他的标志）。

（三）遣返交接时，应由双方事先约定的代表二方签署交接见证书。

五、其他

双方应尽速解决有关技术问题，以期在短期内付诸实施。如有未尽事宜，双方得另行商定。

二、两岸商谈与对话一览表

1986 年

5 月 17—20 日，中国民航与台湾"台湾航空公司"在广州会面，处理王锡爵驾机来大陆台"华航"B198 号货机返台事宜。

1990 年

9 月 10 日，中国红十字总会与台湾红十字组织在金门，解决违反有关规定进入对方地区的居民和刑事嫌疑犯或刑事犯的遣返问题，达成《金门协议》。

1991 年

11 月 3—7 日，国台办副主任唐树备以个人名义与海基会副董事长陈长文在北京商谈合作打击台湾海峡海上走私、抢劫犯罪活动的程度性问题。

1992 年

海协部主任与海基会处长在北京会面，商谈两岸之间公证书使用和两岸挂号函件遗失查询及补偿业务问题。中国公证员协会、中国通信学会邮政专业委员会也参加了商谈。

1993 年

3 月 25—27 日，海协副秘书长、部主任与海基会处长在北京会面，讨论汪辜会谈预备性磋商的程序性事宜，并就"两岸公证书使用查证""两岸挂号函件查询、补偿事宜"两项协议草案达成一致意见。

4 月 8—11 日，海协负责人与海基会负责人在北京会面，进行汪辜会谈的预备磋商。两会负责人草签了《两岸公证书使用查证协议》《两岸挂号函件查询、补偿事宜协议》。

4 月 22—26 日，海协负责人与海基会负责人在新加坡会面，为汪辜会谈做最后准备。

4 月 27-29 日，海协会长汪道涵与海基会董事长辜振甫在新加坡会面，举行第一次汪辜会谈。就两会会务、两岸经济和文化科技交流等问题交换意见。签署了《汪辜会谈共同协议》《两岸公证书使用查证协议》和《两岸挂号函件查询、补偿事宜协议》。

8月30日至9月3日，海协副秘书长与海基会副秘书长在北京会面，讨论落实汪辜会谈有关协议和安排问题。

11月2—8日海协副秘书长与海基会副秘书长在厦门会面，协商解决"两岸劫机犯遣返""协商处理两岸海上渔事纠纷、违反有关规定进入对方地区人员遣返及相关事宜"三项事务性问题。公安部、农业部、福建省边防局官员以海协顾问名义参加商谈。

12月18—23日，海协副秘书长与海基会副秘书长在台北会面，协商解决"两岸劫机犯遣返""协商处理两岸海上渔事纠纷、违反有关规定进入对方地区人员遣返及相关事宜"三项事务性问题。

1994 年

2月1—4日，海协负责人与海基会负责人在北京会面，就上述三项议题和两岸经济、文教交流及开办两岸特快专递事宜交换意见，发表《共同新闻稿》。

3月25—30日，海协副秘书长与海基会副秘书长在北京会面，继续协商"两岸劫机犯遣返"等三项议题。

7月29—日至8月2日，海协副秘书长与海基会副秘书长在台北会面，继续协商"两岸劫机犯遣返"等三项议题。

8月3—8日，海协负责人与海基会负责人在台北会面，就解决上述三项议题中的症结问题达成文字共识，并就台商投资保护、维护两岸同胞权益等问题交换意见，发表了《共同新闻稿》。

11月23—26日，海协副秘书长与海基会副秘书长在南京会面，继续讨论"两岸劫机犯遣返"等三项议题。海基会推翻了两会负责人8月份在台北达成的共识。

1995 年

1月，海协负责人与海基会负责人在北京见面，就"两岸劫机犯遣返""违反有关规定进入对方地区人员遣返"两项议题达成一致的协议文本，但台湾当局拒绝签署。

5月26—29日海协负责人与海基会负责人在台北会面，进行第二次汪辜会谈第一次预备性磋商。双方商定当年7月在北京举行第二次汪辜会谈。但由于李登辉访美制造"两个中国"活动，两会事务性商谈被迫中止。

1998 年

4 月 22—25 日，海协副秘书长与海基会副秘书长在北京会面，就辜振甫来访事宜和开展两岸政治对话交换意见。

7 月 24—31 日，海协副秘书长与海基会副秘书长在台北会面，海协副秘书长率交流团赴台参访，继续就辜振甫来访事宜和开展两岸政治对话交换意见。

9 月 22—24 日，海协负责人与海基会负责人在北京会面，商定辜振甫来访安排。

10 月 14—19 日，海协会长汪道涵与海基会董事长辜振甫在上海与北京会面，在上海，汪、辜达成包括进行政治、经济对话和汪道涵适当时候访问台湾等四项共识。

1999 年

3 月 17—18 日，海协副秘书长与海基会副秘书长在台北会面，就汪道涵访台和两会对话安排事宜交换意见。

6 月 27—28 日，海协副秘书长与海基会副秘书长在北京会面，继续就汪道涵访台和两会对话安排事宜交换意见。原则确定汪道涵于当年秋天访台。7 月 9 日，李登辉抛出"两国论"，两会接触、交流、对话再次被迫中断。

2008 年

6 月，海协会与海基会在"九二共识"基础上恢复中断了 9 年的制度性协商。时任两会领导人陈云林、江丙坤在北京签署了《海峡两岸包机会谈纪要》《海峡两岸关于大陆居民赴台湾旅游协议》。

11 月，第二次会谈在台北举行，双方签署了《海峡两岸空运协议》《海峡两岸海运协议》《海峡两岸邮政协议》和《海峡两岸食品安全协议》。

2009 年

4 月，第三次会谈在南京举行，签署了《海峡两岸空运补充协议》《海峡两岸金融合作协议》《海峡两岸共同打击犯罪及司法互助协议》，并就大陆企业赴台投资事宜达成原则共识。至此，两岸实现全面、直接"三通"。

12 月，第四次会谈在台中市举行，签署了《海峡两岸渔船船员劳务合作协议》《海峡两岸农产品检疫检验合作协议》《海峡两岸标准计量检验认证合作协议》，并就两岸共同防御自然灾害达成共识。

2010 年

6 月，第五次会谈在重庆举行，签署了《海峡两岸经济合作框架协议》《海峡两岸知识产权保护合作协议》。两岸经济关系跨入新纪元。

12 月，第六次会谈在台北举行，签署了《海峡两岸医药卫生合作协议》。

2011 年

2011 年 10 月，第七次会谈在天津举行，签署了《海峡两岸核电安全合作协议》，公布了关于继续推进两岸投保协议协商和加强两岸产业合作两项共同意见。

2012 年

2012 年 8 月，第八次会谈在台北举行，签署了《海峡两岸投资保护和促进协议》《海峡两岸海关合作协议》，两会并发表有关投保协议人身自由与安全保护的共识。

2013 年

2013 年 6 月，第九次会谈在上海举行，新任两会领导人陈德铭、林中森签署了《海峡两岸服务贸易协议》。

2014 年

2014 年 2 月，第十次会谈在台北举行，签署了《海峡两岸气象合作协议》和《海峡两岸地震监测合作协议》两项协议。

2015 年

8 月 26 日，在福州举行的两岸两会领导人第十一次会谈取得新成果，双方举行签字仪式，签署《海峡两岸避免双重课税及加强税务合作协议》以及《海峡两岸民航飞行安全与适航合作协议》。

2016 年

1 月，为落实两岸领导人会面成果，海协会与台湾海基会就互设办事机构事宜举行了新一轮业务沟通。

参考文献

一、图书

余潇枫主编：《中国非传统安全研究报告（2011—2012）》，社会科学文献出版社 2012 年版。

苏起：《两岸波涛二十年纪实》，台北远见天下文化 2014 年版。

黄秋龙：《两岸总体安全下的非传统威胁》，台湾"法务部调查局"展望与探索杂志社 2011 年版。

黄秋龙：《非传统安全论与政策应用》，台北：结构群文化事业有限公司 2009 年版。

蔡明彦主编：《海洋安全与治理》，台北：鼎茂图书出版股份有限公司 2014 年版。

何思慎、王冠雄主编：《东海及南海争端与和平展望》，台北：远景基金会 2012 年版。

李陆平主编：《军队与非传统安全》，时事出版社 2009 年版。

[美] 查尔斯·派里等：《临危不乱：救灾外交、国家安全与国际合作》，台北："国防部史政"编译室 2011 年版。

陈先才：《台海危机管理模式研究》，九州出版社 2010 年版。

陈先才：《两岸关系和平发展的 33 个理由》，台北：华立图书股份有限公司 2015 年版。

王育才、游志仁主编：《国军从事非军事安全作为之角色》，台北："国防部军备局"生产制造中心北部印制厂 2010 年版。

童振源:《台湾经济关键下一步:两岸经济整合的趋势与挑战》,台湾新北:博硕文化股份有限公司 2014 年版。

财团法人群策会:《ECFA 的政经灾难》,台北财团法人群策会 2009 年版。

李晓敏:《非传统威胁下中国公民海外安全分析》,人民出版社 2011 年版。

方天赐等:《台湾与非传统安全》,台北:五南图书出版有限公司 2016 年版。

苏起、童振源主编:《两岸关系的机遇与挑战》,台北:五南图书出版有限公司 2013 年版。

蔡生当:《两岸交流与管理》,台北:黎明文化事业股份有限公司 2007 年版。

傅勇:《非传统安全与中国》,上海人民出版社 2007 年版。

王缉思:《中国学者看世界——非传统安全卷》,新世界出版社 2007 年版。

陆忠伟:《非传统安全论》,时事出版社 2003 年版。

谷慧敏:《旅游危机管理研究》,南开大学出版社 2007 年版。

蔡育岱、左正东主编:《中国大陆与非传统安全》,台北:翰卢图书出版公司 2014 年版。

杨毅主编:《国家安全战略概论》,时事出版社 2008 年版。

上海社科院世界经济与政治研究院:《中国与世界共同利益的互动》,时事出版社 2008 年版。

中国现代国际关系研究所:《全球战略大格局——新世纪中国的国际环境》,时事出版社 2000 年版。

苗兴壮:《突发事件应急静态系统建构》,人民出版社 2006 年版。

北京太平洋国际战略研究所:《应对危机——美国国家安全决策机制》,时事出版社 2001 年版。

二、期刊

王浦劬:《防治非典时期的政府双重管理问题分析》,载《北京大学学报》2003 年第 3 期。

朱景鹏:《区域主义、区域整合与两岸整合问题之探讨》,载《中国大陆研究》1999 年第 8 期。

林万亿:《中国移民对台湾社会的影响》,载《两岸交流与国家安全论文集》,台北财团法人群策会主办,2003年11月1—2日。

吴新兴:《整合理论:一些概念性的分析》,载《中国事务》2001年第5期,台北:新境界文教基金会。

熊光楷:《协力应对非传统安全威胁的新挑战》,千龙网2005年8月18日。

李少军:《论经济安全》,载《世界经济与政治》1998年第11期。

唐桦:《两岸非传统安全合作的SWOT分析与策略》,载《台湾研究集刊》2014年第1期。

陈先才:《两岸非传统安全合作面面观》,载《两岸关系》2011年第3期。

唐桦:《两岸非传统安全合作的形成条件与制度设计》,载《台湾研究》2013年第1期。

刘凌斌:《新形势下两岸非传统安全合作刍议》,载《台湾研究集刊》2011年第3期。

王昆义、蔡裕明:《全球化、人类安全与后SARS时代——两岸非传统安全的新议题》,载《世界经济与政治》2004年第7期。

童立群:《两岸安全管理:必要性、范围与模式建构》,载《台湾研究集刊》2015年第3期。

李鹏:《海峡两岸安全战略的认识落差和政策矛盾——《2002年中国的国防》与台湾2002版"国防报告书"之比较分析》,载《台湾研究集刊》2003年第1期。

沈惠平:《两岸不对称安全认知及对双方安全关系的影响》,载《厦门大学学报(哲社版)》2014年第5期。

吴建德、张蜀诚:《两岸军事安全互信机制之困境与可行方案探讨》,载《台海研究》2014年第1期。

俞新天:《破解两岸政治难题顺应潮流正其时也》,载《现代台湾研究》2013年第5期。

张祥山:《非传统不对称安全威胁初探》,载《展望与探索》2006年第11期,第 41 页。

俞晓秋：《国家安全的新焦点——非传统安全》，载《世界知识》2004 年 12 期，第 42 页。